U0663656

国家社科基金青年项目（12CJY061）
“村镇银行、政府治理与民间资本投入研究”成果

村镇银行发展

政府治理与民间资本投入

陆智强 著

Village Bank Development

Government Governance and Private Capital Investment

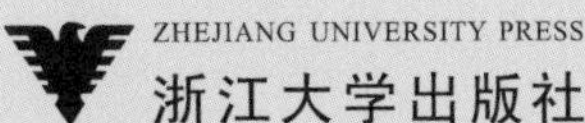

ZHEJIANG UNIVERSITY PRESS
浙江大学出版社

前　言

如何为"三农"提供有效的金融供给，一直是困扰我国金融实践的一大难题。始于2003年的银行业改革，将股份制改造作为中国银行业改革的方向，转换了银行业的经营机制，并有效地提升了中国银行业在世界范围内的竞争力。经过十多年的发展，中国银行业取得了令人惊叹的成就。但我们也应该注意到，银行业的这种商业化改革并没能解决困扰已久的农村金融服务匮乏现状，甚至加重了农村金融供给不足的程度。

为了解决当前农村金融服务匮乏的困境，中国银行业监督管理委员会于2006年12月颁布了《关于调整放宽农村地区银行业金融机构准入政策，更好支持社会主义新农村建设的若干意见》(以下简称《意见》)，由此拉开了我国村镇银行发展的帷幕。自《意见》发布以来，村镇银行得以在广大农村地区迅速建立，对构建产权多元、竞争充分、多层次、多主体的农村金融体系能够起到积极的推动作用。然而，村镇银行在发展中所逐步凸显出来的问题也不容忽视。首先，政府设定的"服务'三农'"宗旨与村镇银行自身的资本逐利性矛盾愈加突出，"农转非"现象、"假服务'三农'、真获利"现象已经在村镇银行重现。其次，村镇银行的主发起行制度与吸收民间资本的矛盾日趋明显，虽然国务院于2010年5月发布了《国务院关于鼓励和引导民间投资健康发展的若干意见》(以下简称"新36条")，提出鼓励民间资本发起或参与村镇银行等新型农村金融机构，但由于"新36条"缺乏后续的跟进政策和保障政策，导致设立村镇银行的"铁门"虽然打开，可当民间资本进入时，却撞上了"玻璃门"。由于这两类矛盾的存在，民间资本投资村镇银行的热情逐步消退、村镇银行建设速度放缓，从公司治理角度出发，研究改善村镇银行治理机制，促进村镇银行发展的相关理论尚未形成。

基于上述事实，本人将研究方向集中到农村金融机构治理领域。2012年，本人先后主持了国家社科基金项目“村镇银行、政府治理与民间资本投入”（项目号：12CJY061）和浙江省自然科学基金青年项目“村镇银行‘三类代理’问题研究”（项目号：LQ12G03005），发表《基于机构观与功能观融合视角下的村镇银行制度分析——以辽宁省30家村镇银行的调查为例》（《农业经济问题》2015年第1期）、《金融发展水平、大股东持股比例与村镇银行投入资本》（《中国农村经济》2015年第3期）等多篇学术论文，并在这些研究成果中获得启发，开始了本书的写作。

本书紧扣我国村镇银行发展中存在的问题，根据村镇银行建设中各参与主体效用函数、博弈关系和政府治理村镇银行的特点，提出了村镇银行发展中政府治理与民间资本投入的理论分析框架，综合运用经济学、管理学、统计学和运筹学等多学科知识，解决村镇银行发展中政府治理与民间资本投入所存在的问题，提出了一套建立健全村镇银行运营与民间资本投入的监督与激励机制，并提出了促进我国村镇银行发展的政策建议，为我国村镇银行建设中的政府治理、吸引民间资本投入等问题提供了科学、可行的思路和方案。在研究过程中，本书综合运用多种统计与计量分析方法对村镇银行股权结构安排、政府治理与民间资本投入关系以及村镇银行发展效果进行了实证检验。现有关于村镇银行的研究，不是基于发展状况、经营管理、业务范围等视角，或是借助小规模数据或调研案例揭示村镇银行发展的实际情况，就是基于治理模式、机制设计、发展战略等视角，从理论上提出促进村镇银行发展的政策建议。虽然，近年来村镇银行发展速度、资本投入、政府治理等问题开始受到关注，但系统的实证分析远未形成，鲜有利用大样本数据从治理角度实证研究村镇银行发展的研究成果。

受空间、时间、技术等研究条件限制，本书并没有从学理上深入研究影响村镇银行发展的其他因素，但这并不代表村镇银行发展仅受政府治理与民间资本投入的影响，而是在当前发展阶段，政府治理水平和民间资本投入状况是影响村镇银行发展的两个重要因素。因此，本书着重从这两方面对村镇银行发展进行研究。随着研究条件的成熟以及相关研究成果的不断推进，村镇银行发展的影响因素、效果评价与经济后果等相关问题值得我们继续深入研究。

目　　录

第1章　总　论 …………………………………………………………… (1)

1.1　研究背景与意义 …………………………………………………… (1)

1.2　研究目标与思路 …………………………………………………… (6)

1.3　研究方法与内容 …………………………………………………… (8)

1.4　研究创新与不足 …………………………………………………… (10)

第2章　理论回顾与借鉴 …………………………………………………… (12)

2.1　商业银行发展理论回顾与借鉴 …………………………………… (12)

2.2　政府治理理论回顾与借鉴 ………………………………………… (19)

2.3　资本投入理论回顾与借鉴 ………………………………………… (25)

第3章　政府治理、民间资本投入与村镇银行发展:一个分析框架 …………………………………………………………………………… (32)

3.1　村镇银行发展的理论内涵 ………………………………………… (32)

3.2　村镇银行发展的政府治理机制 …………………………………… (43)

3.3　村镇银行发展的民资投入机制 …………………………………… (54)

3.4　村镇银行发展中政府治理机制的博弈分析 ……………………… (58)

3.5　资本投入中股权结构安排的博弈分析 …………………………… (76)

第4章　村镇银行发展中政府治理与民间资本投入现状分析 ……… (83)

4.1　村镇银行发展中政府治理与民间资本投入的基本情况 …………………………………………………………………………… (83)

4.2 村镇银行发展中政府治理与民间资本投入的发展趋势 …… (101)
4.3 村镇银行发展存在的问题 …… (109)
第5章 村镇银行发展中主发起行与民间资本股权结构安排实证分析 …… (113)
5.1 村镇银行股权结构安排的研究假说 …… (113)
5.2 村镇银行股权结构安排的实证方法 …… (116)
5.3 村镇银行股权结构安排的回归分析 …… (118)
5.4 本章小结 …… (125)
第6章 村镇银行发展中政府治理与民间资本投入关系实证分析 …… (126)
6.1 政府治理与民间资本投入关系的制度背景 …… (126)
6.2 政府治理与民间资本投入关系的假说提出 …… (129)
6.3 政府治理与民间资本投入关系的实证方法 …… (131)
6.4 政府治理与民间资本投入关系的回归分析 …… (136)
6.5 本章小结 …… (144)
第7章 政府治理、民间资本投入与村镇银行发展:效果评价 …… (146)
7.1 民间资本与村镇银行发展关系的效果分析 …… (146)
7.2 政府治理与村镇银行发展关系的效果分析 …… (149)
7.3 基于政府治理与民资投入的村镇银行发展综合评价 …… (155)
第8章 基于政府治理与民间资本投入的村镇银行发展案例分析 …… (157)
8.1 案例村镇银行基本运行情况分析 …… (157)
8.2 案例村镇银行政府治理情况分析 …… (177)
8.3 案例村镇银行民资投入情况分析 …… (181)
第9章 基于政府治理与民间资本投入的村镇银行发展国际经验 …… (188)
9.1 欧美国家微型金融机构政府治理与资本投入的经验 …… (188)
9.2 亚洲国家微型金融机构政府治理与资本投入的经验 …… (193)
9.3 国外微型金融机构政府治理与资本投入的启示 …… (198)

第10章 研究结论与建议 …… (200)
10.1 研究结论 …… (200)
10.2 政策建议 …… (203)
附 件 村镇银行治理水平调查问卷 …… (207)
参考文献 …… (212)
索 引 …… (233)
后 记 …… (235)

第1章 总 论

1.1 研究背景与意义

1.1.1 研究背景

1. 农村金融发展的迫切需求

如何为“三农”提供有效的金融供给，一直是困扰我国金融实践的重大难题。始于2003年的银行业改革，将股份制改造作为中国银行业改革的方向，转换了银行业的经营机制，并有效地提升了中国银行业在世界范围内的竞争力。经过十多年的发展，中国银行业取得了令人惊叹的成就：2012年，中国工商银行、中国农业银行、中国建设银行、中国银行、交通银行、招商银行6家银行跻身世界500强企业；2013年，中国银行、工商银行跻身全球系统重要性银行之列①；2014年，中国四大国有银行被评选为全球最富有银行②。虽然我国银行业的改革在全球范围内取得了不小成就，但我们也应该注意到，银行业的这种商业化改革并没能解决困扰已久的农村金融服务匮

① 巴塞尔银行监管委员会设计了全球系统重要性银行的评定标准，包括银行规模、与其他银行的关联度、业务或市场中的可替代性，以及银行在全球市场的影响力。目前，全球共有30家银行入选该名单。

② 美媒 incomefile 根据2013年全球银行的资产以及客户情况，进行了此次评选。

乏现状,甚至加重了农村金融供给不足的程度。

长期以来,在我国二元金融体系安排下,中国农村金融的落后成为制约农村经济发展的瓶颈。早在20世纪90年代中后期,国有金融机构就开始大规模撤出农村地区(林毅夫,2005;何广文,2002;张杰,2003)。以农信社为代表的农信金融机构成为农村金融市场上提供金融服务的主要正规金融机构。农信社成立60多年来,为农民增收、农业增效、农村增彩做出了重要贡献,但其曲折复杂的发展道路,也积累了大量风险隐患,服务偏离"三农"现象愈发普遍,"八二"定律[①]、后置风控、内部人控制等问题十分严峻。长此以往,农村信用社有成为农村资金"抽水机"的风险。

应该说,中国农村金融改革一直没有中断过,但长期以来一直都是以存量改革作为我们改革的主导思路。受各种因素的制约,中国农村金融的这种存量改革进展极其缓慢。为了解决当前农村金融匮乏的困境,银监会在2006年12月20日发布了《关于调整放宽农村地区银行业金融机构准入政策,更好支持社会主义新农村建设的若干意见》(以下简称《意见》)。《意见》中指出,为解决农村地区银行业金融机构网点覆盖率低、金融供给不足、竞争不充分等问题,银监会适度调整和放宽农村地区银行业金融机构准入政策,降低准入门槛,促进农村地区形成投资多元、种类多样、覆盖全面、治理灵活、服务高效的银行业金融服务体系。从2007年起,新型农村金融机构逐步设立,标志着农村金融改革进入了增量改革阶段。

在此次农村金融改革中,银监会积极支持和引导境内外银行资本、产业资本和民间资本新设以下三类银行业金融机构:一是村镇银行;二是社区性信用合作组织;三是贷款公司。其中,村镇银行作为此次金融改革的发展重点,得到了各方的重视。村镇银行是指经中国银行业监督管理委员会依据有关法律、法规批准,由境内外金融机构、境内非金融机构企业法人、境内自然人出资,在农村地区设立的主要为当地农民、农业和农村经济发展提供金融服务的银行业金融机构。不同于现有银行业金融机构的分支机构,村镇

① 这里的"八二"定律是指,涉农信贷相比于资金业务和企业贷款,业务数量是八比二,而资金规模则是二比八。

银行属于一级法人机构，村镇银行在设立条件方面对所有社会资本放开①、对所有金融机构放开。因此，以村镇银行为代表的新型农村金融机构设立被誉为我国农村金融改革的重大突破，满足农村金融发展的迫切需求。

2. 丰富民资流向的现实需要

民间金融在我国有着悠久的历史，在其漫长的发展阶段之中，既有过高峰，也经历过低谷。在新中国成立后的近 30 年里，民间金融活动在我国各地区处于自发状态，且规模较小。改革开放后，随着我国商品经济的发展，民间经济开始呈现活跃势头，民间金融活动也随之逐渐活跃起来，它最先活跃于广大农村地区，尤其是浙江、福建、广东等沿海地区。有数据显示，从 1986 年开始，农村民间金融规模超过正规信贷规模，以每年 19％的速度稳步增长。20 世纪 90 年代中期以后，随着我国金融改革的深化和金融监管的加强，民间金融活动纷纷转向地下，其发展受到一定程度的抑止。进入 21 世纪后，民间金融逐渐复苏，其规模呈现不断上升趋势。

民间金融的发展在一定程度上推动了我国农村的城市化进程。由于正规金融的条件限制，农村经济对金融支持的需求无法在这一金融体制下获得满足，而民间金融以其顺应生产、发展规律的优点，为农村的经济发展注入了充足的资金，对“三农”起到重要支持作用。但由于其法律地位缺失，游离于监管之外，民间借贷行为的风险控制长期以来存在隐患。特别是民间金融中的“黑色”部分②，一旦发生问题可能会造成金融混乱，影响社会稳定。

由于政府一直在民间资本进入金融领域合法化方面态度不明朗，使得民间资本长期以地下非正规金融形式存在，一方面扭曲了市场供求关系，加剧了供给短缺；另一方面偏离了均衡价格，导致了供给的高价，进而出现民间资本投资无路、小微企业求资无门的矛盾。由此可见，“只堵不疏”难以解决民间资本的根本问题。为此，近年来，金融监管当局积极推进民间金融的阳光化进程，鼓励民间资本出资设立金融机构。2010 年 3 月，国务院发布

---

① 村镇银行虽然对所有社会资本放开，但在《村镇银行管理暂行规定》中却对发起人和各类资本的出资比例提出了要求，发起人必须是银行业金融机构，且其持股比例不得低于村镇银行股本总额的 20％。单个自然人股东或非银行金融机构持股比例不得超过村镇银行股本总额的 10％。

② 民间金融有“灰色”和“黑色”之分。“灰色”民间金融一般是指合理不合法，但对社会无害的金融活动，如亲友借贷等。“黑色”民间金融一般是指不合理也不合法，而且对社会有害的金融活动，如地下钱庄、非法集资等。

《国务院关于鼓励和引导民间投资健康发展的若干意见》,提出鼓励民间资本发起或参与村镇银行等新型农村金融机构,这标志着民间资本首次迈入银行业大门。2014 年 12 月,银监会发布的《关于进一步促进村镇银行健康发展的指导意见》(以下简称《指导意见》),明确提出降低主发起行持股比例、稳步提高民间资本持股比例的意见①。民间资本进驻村镇银行,一方面有助于改善村镇银行治理结构,另一方面有利于民间资本阳光化。村镇银行设立既是农村金融发展的迫切需求,也是丰富民资流向的现实需要。

3. 建设村镇银行的目标冲突

自《指导意见》发布以来,以村镇银行为代表的新型农村金融机构得以在广大农村地区迅速发展,其适应农村经济发展、满足农民金融需求的作用逐步得到发挥,有利于民间资本进一步释放活力,从增量角度改善了农村金融结构和布局(何广文,2008),对构建产权多元、竞争充分、多层次、多主体的农村金融体系能够起到积极的推动作用(王曙光,2008)。

中国银行业协会披露数据显示,截至 2014 年年底,全国已经组建村镇银行 1233 家,其中批准开业 1152 家;负债总额 6847 亿元,比上年增长 1433 亿元,占比 26%;各项存款余额 5808 亿元,比上年增长 1176 亿元,占比 25%;资产总额 7973 亿元,比上年增长 1685 亿元,占比 27%;各项贷款余额 4862 亿元,比上年增长 1234 亿元,占比 34%,其中,农户贷款余额达到 2111 亿元,小微企业贷款余额达到 2405 亿元,两小贷款占比达到 92.9%②。村镇银行的设立有力地支持了当地农村经济发展,有效地满足当地"三农"发展需要。

然而,村镇银行在发展中所逐步凸显出来的问题也不容忽视。如刘渝阳(2007)对村镇银行试点调查发现,农户并没能成为村镇银行的服务主体,村镇银行对农户的贷款只占 43%。此外,以村镇银行为代表的新型农村金融机构自身还面临着资金少、信誉弱、网点少、风险高等发展瓶颈限制,与农村信用社相比缺乏根本性创新(何广文,2010)。如果这些问题无法得到有效解决,村镇银行难免由于资本逐利性而退出农村金融市场。

事实上,政府部门设立村镇银行的初衷是增加农村金融供给、服务"三农",因此,村镇银行自设立以来就肩负着"服务'三农'"的社会使命。此外,

---

① 在《指导意见》中,银监会将主发起行最低持股比例由 20%降至 15%。

② 数据来源于中国银行业监督管理委员会网站:http://www.cbrc.gov.cn/index.html。

村镇银行自身还有着获利目标以维持财务可持续性。现实中，农村经济作为“弱质经济”很难为金融机构提供获利保障，村镇银行为了实现获利目标很可能会采取服务对象非农化、资金逃离等机会主义行为“逃离”农村，进而违背了服务“三农”的社会使命。当前，政府设定的“服务‘三农’”宗旨与村镇银行自身的资本逐利性矛盾愈加突出，“农转非”现象、“假服务‘三农’、真获利”现象已经在村镇银行重现。

为了便于对村镇银行实施监管，银监会在《村镇银行管理暂行规定》(2007)中明确提出村镇银行最大股东或唯一股东必须是银行业金融机构，在村镇银行经营管理中实行主发起行负责制度，该规定明确提出单一自然人持股比例、单一其他非银行企业法人持股比例不得超过10%。虽然银监会后续出台的《关于进一步促进村镇银行健康发展的指导意见》将主发起行持股比例降低为15%，但没能提高民间资本的最高持股比例。当前60%以上的村镇银行为主发起行绝对控股，民企股东缺少“话语权”。可以说，设立村镇银行的“铁门”虽然打开，可当民间资本进入时却撞上了“玻璃门”，银监会有关村镇银行最大股东必须是银行业金融机构的硬性规定与吸引民间资本的矛盾日趋明显。

4. 政府参与治理的现实需要

农村金融具有天然的脆弱性，农村金融生态环境恶劣、金融风险加剧等因素阻碍了农村金融的发展，资金在获利性驱动下会自然地从农村流入城市。然而，完全由市场主导的资金分配机制并不是社会最优的，如果大量资金从“三农”中抽离，这种持续单向流动将使各种资源过度聚集到城市，造成农业、农村的凋敝和城市资源过剩，进而可能会引起经济停滞和社会崩溃。那么，从社会学角度出发，增加对“三农”金融供给，除了有助于改善“三农”经济外，更重要的是能够获得巨大的社会效益。因此，政府部门参与农村金融治理是非常必要的。

事实上，在信贷资金分配上支持“三农”，不仅是各级政府部门的目标，也是各级政府部门的责任。在市场经济环境中，政府无法直接参与各类经济活动，因此，政府在金融方面支持“三农”的社会目标主要是通过各类农村金融机构来实现的。当前，村镇银行已经承担了服务“三农”这一重任，为了避免村镇银行在经营管理中出现资金外流、服务非农等去农化现象，防止村镇银行“逃离”农村金融市场，政府部门必然需要参与到村镇银行治理中来，实施监督与激励并行的一系列政府治理手段，调和村镇银行的“社会使命”

和获利之间的目标冲突,使村镇银行真正"扎根"农村。

此外,获利是村镇银行能够长期服务农村地区、稳定地吸收民间资本的关键所在,也是提高民间资本投资热情的重要因素。然而,村镇银行承担服务"三农"这一社会使命难免会带来财务损失。此时,政府需要利用财政补贴、税收减免等一系列政府治理机制,减轻村镇银行为服务"三农"而蒙受的经济损失,保障村镇银行的财务可持续性,减轻村镇银行经营压力,消除民企股东疑虑,为民间资本参与村镇银行建设提供可操作性。

1.1.2 研究意义

基于农村金融体制改革和创新背景,遵循政府建设村镇银行的基本要求——满足农村金融服务需求、丰富民间资本流向,调整政府对于村镇银行的治理措施和管理手段,以及开创性地设计村镇银行治理机制是十分必要的。

1. 理论意义

(1)丰富和发展了有关农村金融发展的理论研究。目前有关农村金融发展的理论主要是从宏观经济出发,以宏观金融理论为依据进行研究。本书深入村镇银行内部,以委托代理理论为理论基础,细致分析了政府治理村镇银行过程中所存在的问题,丰富和发展了农村金融相关研究。

(2)为完善村镇银行的政府治理机制提供理论依据。目前,针对村镇银行的各项政府治理机制,都存在着较大的缺陷。本书基于理论与博弈分析,为政府治理村镇银行构建一套较为完整的治理机制提供理论支持。

2. 现实意义

(1)有利于促进村镇银行的可持续发展,为农村经济改革提供金融保障。完善村镇银行治理机制,提高村镇银行的外部政府治理效率;有利于村镇银行稳定、健康发展,满足农村金融服务需求。

(2)有利于吸收民间资本进入村镇银行,加强对民间资本的规范管理。明确村镇银行建设中民间资本的目标函数、博弈支付,为监管部门调整现有相关法规提供依据;有利于吸引民间资本,保障民间金融安全。

1.2 研究目标与思路

1.2.1 研究目标

本书的总体目标可概括为运用科学的理论与方法,系统地探索市场经济条件下适合村镇银行可持续发展的政府治理机制与模式，为村镇银行的可持续发展战略和政策制定及实施提供理论与实证依据。为此，本书必须解决以下关键问题：一是回顾和借鉴国内外已有理论和相关研究，确定本书的逻辑起点。二是确立研究范式，界定村镇银行政府治理的基本范畴和研究起点。三是分析村镇银行政府治理的概念内涵、基本特征，揭示政府治理的实现机理，建立村镇银行政府治理机制与模式研究的理论框架。四是在系统考察村镇银行政府治理各参与方关系的基础上，判断各参与方的行为方式与相互影响，分析当前村镇银行政府治理失效的原因。五是构建适合村镇银行可持续发展的政府治理机制与模式，并提出相关的政策建议。

1.2.2 研究思路

基于村镇银行发展中政府治理与民间资本投入的客观现实，广泛挖掘和科学吸收、利用已有理论资源，以适用的研究成果为起点，在充分解读政府部门有关村镇银行建设的政策意见、深刻认识村镇银行建设现状的基础上，概括性地提出村镇银行建设所存在的两类矛盾：政府设定的“服务‘三农’”宗旨与村镇银行自身的资本逐利性的矛盾、主发起行制度与吸收民间资本的矛盾。从这两类矛盾出发，利用逻辑演绎的分析思路，提出合理设计村镇银行治理机制的必要性，进而明确本书的主要研究内容：村镇银行发展中的政府治理与民间资本投入。在此基础上，利用比较分析、案例分析、实地调查等分析方法，深刻剖析村镇银行目标偏离现象、政府监管制度失效现状以及民间资本流向不畅现实，揭示在村镇银行建设中政府治理与民间资本投入所面临的困境。系统回顾和梳理商业银行发展理论、政府治理理论和资本投入理论，在此基础上，将政府治理、民间资本投入与村镇银行发展纳入一个统一的理论分析框架。综合运用多种统计与计量分析方法对村镇银行股权结构安排、政府治理与民间资本投入关系以及村镇银行发展效果进行了实证检验。最后，借鉴国际经验和案例分析，形成研究启示，并围绕促进村镇银行健康发展，从营造适于村镇银行发展的外部制度环境、减少约束村镇银行发展的行政干预以及构建适应村镇银行发展的差异化治理体系等方面提出了政策建议。研究的技术路线可概括为图 1-1。

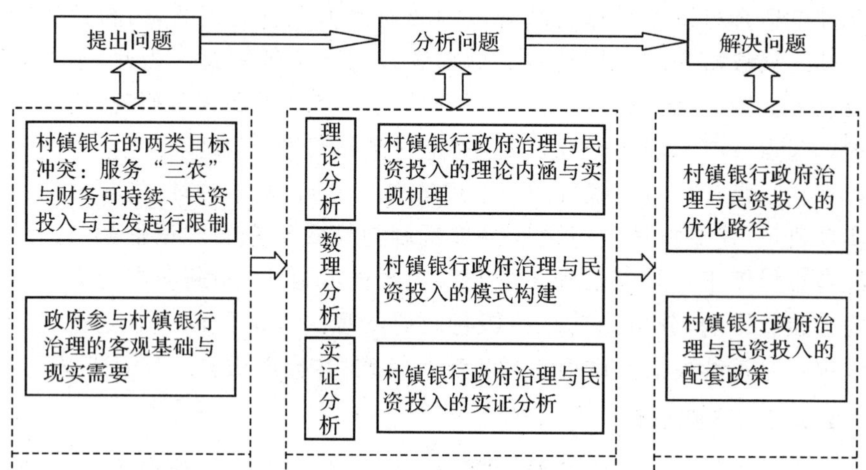

图 1-1 村镇银行发展:政府治理与民间资本投入研究的技术路线

1.3 研究方法与内容

1.3.1 研究方法

1. 访谈与问卷调查

在村镇银行政府治理与民间资本投入的现状分析部分,主要采取了调查分析的方法。课题组走访辽宁、安徽、江苏、浙江等地区进行村镇银行调研,调研的内容主要包括:各家村镇银行的基本经营情况;村镇银行的服务对象与经营范围;当前经营过程中所遇到的困难;村镇银行的股权情况;民间资本的投入情况;村镇银行的内部治理结构;村镇银行的盈利情况等。通过实地访谈得到的相关信息,设计有关村镇银行治理机制的调查问卷,并向全国典型村镇银行发放问卷。根据得出的数据,对我国村镇银行的现状进行分析。

2. 归纳总结与逻辑演绎法

在村镇银行政府治理与民间资本投入的理论内涵与实现机理部分,将归纳梳理村镇银行政府治理与民间资本投入的特征、内涵以及机制。在此基础上,明确村镇银行政府治理与民间资本投入的制约因素、功能定位,按照“参与人目标差异—参与人行为特征—产生结果”的逻辑演绎过程,确定村镇银行发展中政府、主发起行、民间资本等重要参与主体的治理关系特征，揭示当前政府治理无效、民间资本投入不足的本质，设计村镇银行政府治理机制的总体框架。

3. 博弈分析法

在村镇银行发展中政府治理机制和资本投入中股权结构安排部分，综合运用了博弈分析法。首先，本书从村镇银行与政府部门的代理问题出发，分析各参与方(包括中央政府、地方政府和村镇银行)的目标函数，确定代理人的参与约束与激励相容约束，形成了村镇银行发展中的政府治理机制的博弈分析。其次，本书从主发起行与民间资本的代理问题出发，分析主发起行与民间资本的目标函数，确定代理人的参与约束与激励相容约束，形成了资本投入中的股权结构安排的博弈分析。

4. 实证分析法

基于以上理论分析和数量分析，本书对村镇银行政府治理与民资投入的关系进行了实证分析。在实证分析部分，本书运用描述统计、独立样本 t 检验、多元回归等多种统计与计量分析方法，利用 Excel、SPSS 13.0 和 Eviews 5.0 等分析工具，对村镇银行发展中主发起行与民间资本的股权结构安排、政府治理与民间资本投入关系以及村镇银行发展效果进行了实证检验。

1.3.2 研究内容

本书主要内容如图 1-2 所示。

本书从结构上可分为总论、理论、实证和政策建议四大部分，共十章。总论为第 1 章。理论研究部分共三章，包括：第 2 章理论回顾与借鉴、第 3 章政府治理、民间资本投入与村镇银行发展(一个分析框架)、第 4 章村镇银行发展中政府治理与民间资本投入的现状分析。实证研究部分共三章，包括：第 5 章村镇银行发展中主发起行与民间资本股权结构安排实证分析、第 6 章村镇银行发展中政府治理与民间资本投入关系实证分析、第 7 章政府治理、民间资本投入与村镇银行发展(效果评价)。政策建议部分共三章，包括：第 8 章基于政府治理与民间资本投入的村镇银行发展案例分析、第 9 章基于政府治理与民间资本投入的村镇银行发展国际经验、第 10 章研究结论与建议。

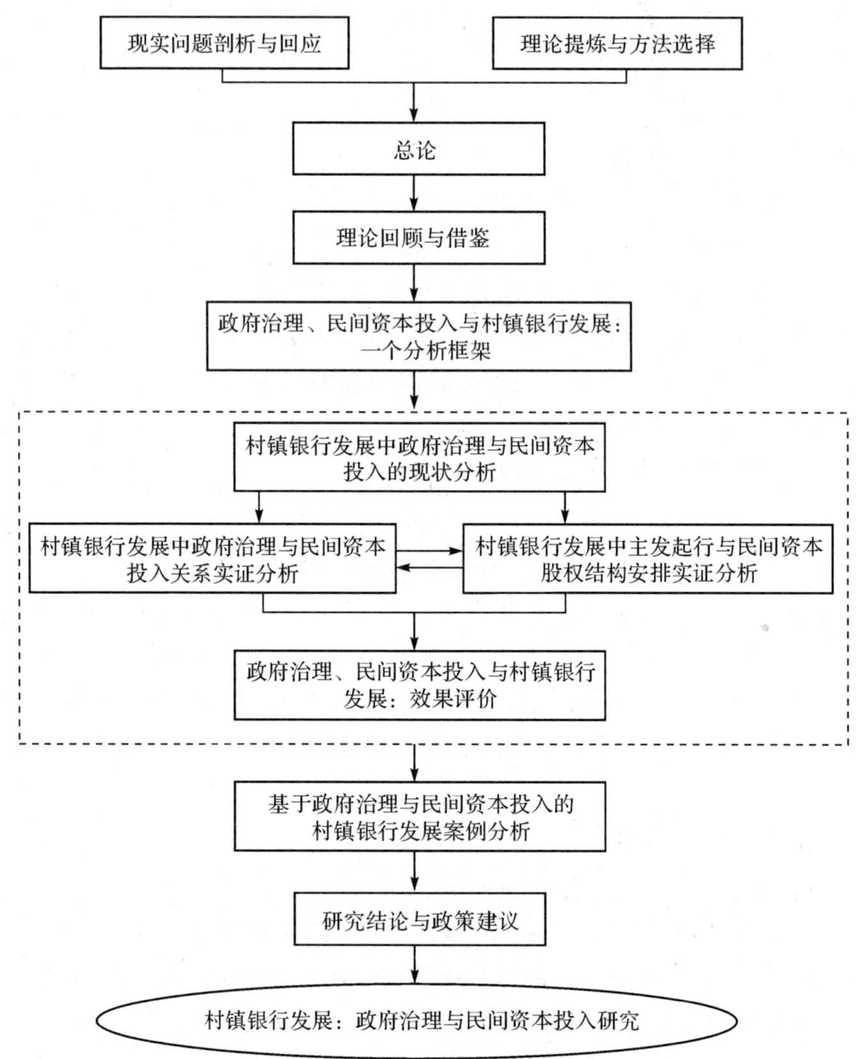

图 1-2 村镇银行发展:政府治理与民间资本投入研究的内容框架

1.4 研究创新与不足

本书通过博弈分析、逻辑演绎,构建了村镇银行发展的理论分析框架,对村镇银行发展中政府治理与民间资本投入进行了博弈均衡求解,有利于从理论上探究政府治理相关政策、民间资本投入水平对村镇银行发展的作用机理。在此基础上，本书运用大样本统计数据实证研究了主发起行制度对于村镇银行控股模式的影响，实证分析了政府治理水平对于村镇银行民间资本投入水平的影响，并实证检验了政府治理水平、民间资本投入状况对村镇银行发展速度的影响。本书所构建的理论分析框架为后续研究农村中小金融机构提供了一个可行的研究思路，本书通过大样本实证研究所得出的研究结论更有利于全面直观地了解村镇银行的发展状况。

受空间、时间、技术等研究条件限制，本书并没有从学理上深入研究影响村镇银行发展的其他因素，这并不代表政府治理与民间资本投入是影响村镇银行发展的唯一因素，而是在当前村镇银行发展阶段，政府治理水平和民间资本投入状况是影响村镇银行发展的重要因素，因此，本书着重从这两方面来研究村镇银行发展。随着研究条件的成熟以及相关研究成果的不断推进，村镇银行发展的影响因素、效果评价等相关问题值得我们继续深入研究。

第 2 章　理论回顾与借鉴

本书是在深入考察中国新型农村金融机构客观现实，以及相关研究的基础上提出的。研究开展的首要问题是对前人的相关研究成果进行梳理与分析，为确立研究的逻辑起点、建立理论研究框架提供有效的理论借鉴。根据研究目标，本书可借鉴的包括商业银行发展、政府治理以及民间资本投入的相关理论。本章围绕这三部分理论，概括性地挖掘和展示本书所借鉴的基础理论。

2.1　商业银行发展理论回顾与借鉴

银行是经济社会中重要的金融机构之一，西方银行业的原始形态，可追溯到古巴比伦时期，商业银行作为重要金融中介，其发展与金融业发展密切相关。

2.1.1　金融发展理论中的商业银行

金融发展理论主要研究的是金融发展与经济增长的关系，即研究以金融中介和金融市场为核心要素的金融体系如何在经济发展中发挥作用。在此基础上，分析如何建立有效的金融体系、制定完备的金融政策来最大限度地促进经济增长，研究如何合理利用金融资源通过实现金融的可持续发展进而实现经济的可持续发展。

金融与经济增长具有何种关系，是银行产生以来学者们一直关注的问题。发展经济学的发展促成了金融发展理论的产生，但在发展经济学产生的初期，学者们并没有专门探讨金融问题，金融只是工业化和资本积累的工具，处于从属地位，其发展并没有受到重视。

到了 20 世纪 60 年代中期以后，发展经济学将新古典发展思路作为主要思想，市场作用不断受到重视，金融产业发展具备了合适的空间。1973 年，随着罗纳德·麦金农(Ronald I. Mckinnon)的《经济发展中的货币与资本》和爱德华·肖(Edward S. Shaw)的《经济发展中的金融深化》两本书的相继出版，标志着以发展中国家或地区为研究对象的金融发展理论的正式产生。罗纳德·麦金农和爱德华·肖通过对金融发展与经济发展关系的研究，对发展中国家或地区的金融发展提出了新的看法，由此产生了"金融抑制"(Financial Repression)和"金融深化"(Financial Deepening)理论，在学术界引起了强烈反响。许多发展中国家金融货币政策的制定与改革实践都深受金融抑制理论和金融深化理论的影响。

1. 金融抑制与商业银行发展

罗纳德·麦金农(1973)认为，发展中国家市场不健全，系统性风险较高，因此这些国家实施了较为严格的金融管制。这种管制集中表现在利率和汇率方面，进而导致利率和汇率发生扭曲，不能真实准确地反映资金供求关系和外汇供求关系。在利率被刻意压低或出现通货膨胀的情况下，利率管制将使得信贷实行配额制，进而降低了信贷资金的配置效率。此外，货币持有者的实际收益将下降甚至出现负数，这会导致大量的微观经济主体不再以货币形式(包括持有现金、定活期存款、定期存款及储蓄存款等)进行内部积累。在这种状态下，银行储蓄资金会逐渐下降，金融媒介功能降低，市场中的投资减少，进而导致经济增长缓慢，即出现了罗纳德·麦金农(1973)所说的"金融抑制"问题。这种金融抑制会使得发展中国家的内部储蓄被约束，经济发展更多地依靠国外资本。值得注意的是，罗纳德·麦金农(1973)所提出的金融抑制论中并没有对货币内涵进行深入探讨，全书对于货币的定义是模糊不清的。他在理论分析中将货币限定为广义货币，这种广义货币不仅包括流通中的现金和活期存款，而且还包括定期存款和储蓄存款。然而，他在构建模型时又提出了外在货币定义，这种外在货币是由政府发行的、无法兑现的纸币，因此，模型中的货币又不包含理论分析时所提出的各种存款。因此，金融抑制理论中一直存在着两种有关货币的定义。

2. 金融深化与商业银行发展

爱德华·肖(1973)认为,金融体制与经济发展之间既能够相互促进,又能够相互制约。一方面,随着金融体制的健全,金融体制将具备把储蓄资金有效地集合起来并不断向生产性投资引导的能力,进而促进了经济的发展;另一方面,随着经济的不断发展,国民收入将不断提高,这将进一步提高经济主体的金融需求,有助于促进金融业的发展,由此形成金融与经济发展互动的良性循环。爱德华·肖(1973)认为金融深化一般表现为三个层次的动态发展:首先是金融增长表现为金融规模的不断扩大;二是金融工具、金融机构的不断优化;三是金融市场机制以及市场秩序的不断健全。这三个层次的金融深化相辅相成、互为促进。

根据罗纳德·麦金农(1973)和爱德华·肖(1973)的研究,依据经济社会发展需求进行与之相适应的金融改革能够有效促进经济发展,进而促进金融深化与经济发展之间形成良性循环。针对这种良性循环,罗纳德·麦金农(1973)提出了修正的哈罗德-多马模型,在该模型中,并没有采纳传统上将储蓄设定为常数的假设。该研究认为,在经济增长中,储蓄将受到资产组合效应的影响,因而储蓄是一个变量。此外,储蓄还受到货币持有者的实际收益率等其他变量的影响,因此,它是经济增长率的复杂函数。通过对哈罗德-多马增长模型的修正,罗纳德·麦金农(1973)提出了解除金融抑制的方法。一方面,可以直接通过刺激储蓄倾向来增加储蓄,进而增加投资需求,促进经济增长;另一方面,也可以通过经济增长来进一步刺激储蓄。因此,实行金融改革,解除金融抑制,关键在于实现金融深化与经济发展的良性循环。

20 世纪 90 年代末期,金融全球化、经济金融化以及金融自由化在支撑世界经济繁荣的同时也带来了泡沫破裂的冲击,特别是亚洲金融危机的发生,使很多经济学家开始转而探讨经济发展中的金融适度和金融效率,提出了金融可持续发展理论。白钦先(2001)率先将金融可持续发展的思想体系化。他在《金融可持续发展研究导论》中指出,研究金融可持续发展应从时间与空间上的连续性与协调性来看,人与自然、人与社会、社会与经济的协调发展来辩证分析与对待。

2.1.2 商业银行发展的内涵

当前,不论是理论界还是实物界对于商业银行的认识都较为一致,但有关商业银行发展问题的研究尚处于起步阶段,学者们从可持续性视角出发,围绕商业银行发展的内涵做了大量研究。

蔡志强(1999)认为经济发展离不开商业银行的可持续发展。他指出商业银行发展就是商业银行不断提高服务质量、退出新型金融产品以满足客户的金融需求,根据商业银行发展战略和经济环境的客观现实,坚持节约资源、持续提高效率,合理确定商业银行的增长速度,进而促进社会进步、倡导环境保护,商业银行发展的关键是目前的发展不影响未来的发展。

陈中贤(2000)认为商业银行发展就是在遵循金融发展的客观规律前提下,保障商业银行长期有效运行和稳健发展,其可采用的手段包括优化内部机制、发挥资源优势、营造进步动力、增强发展后劲等。商业银行发展不仅要重视金融发展的数量特征,而且要重视金融发展的质量特征,平等看待金融整体效率与金融微观效率。

Marcel Jeucken(2001)从银行对待环境保护的态度出发,将商业银行推动可持续发展分为四个阶段,分别是抗拒阶段(Defensive)、规避阶段(Preventive)、积极阶段(Offensive)和可持续发展阶段(Sustainable)。按照该理论,当前发达国家金融机构多数已经跨越抗拒阶段,正从规避阶段向积极阶段迈进。

农业银行课题组(2003)在 2003 年度农业银行可持续发展研究报告中指出,商业银行发展就是在遵循商业银行发展内在规律的前提下,合理有效地配置资源,协调地区、部门以及业务之间的关系,形成平衡发展的内部动力机制,最终实现高效率利用资源,整体推进业务发展,稳定增长经济效益。

徐加胜(2006)认为可持续发展是我国商业银行稳定健康发展的内在要求。商业银行发展就是在考虑商业银行当前发展需要的情况下,兼顾商业银行发展的未来需要,不能为了实现当前利益而牺牲长远利益。商业银行发展的核心在于协调处理管理与发展、质量与速度、长远利益和短期利益的关系,使发展、规模、结构、质量、效益、规范、创新等商业银行可持续发展的基本要素能够协调配合,实现商业银行发展的良性循环。

张霆(2006)从金融资源属性出发,分析了商业银行发展的现实性与必要性。他指出商业银行可持续发展是指商业银行在发展过程中,不能以粗放式的过度开发和滥用金融资源来换取当前金融数量的增长,而应在遵循金融发展内在客观规律前提下,通过建立健全管理机制,优化内部运营机制来提高运行效率,科学、合理、有效、集约地开发利用金融资源,持续为商业银行发展创造良好的发展环境,从而为商业银行长远发展奠定坚实基础。

杜晓荣和张玲(2007)认为商业银行可持续发展是指商业银行在协调金

融发展与自身发展的前提下,在实现当前利润最大化的同时,不以牺牲未来利益为代价,持续增强风险预防和控制能力。与此同时,积极适应经济、政策、产业、市场等宏微观环境变化,协调处理商业银行与各利益相关者之间的关系,实现持续、稳定、健康的发展。

李敏新(2009)认为商业银行的可持续发展就是对其金融资源的长期合理开发与利用。而商业银行可持续发展的中断,一方面表现为物质资源的滥用、浪费和流失,另一方面表现为运行机制失灵、功能机制失效以及效能机制失控。

赵忠世(2010)认为商业银行可持续发展的基本要求是保持收益、风险和资本之间的平衡,保持规模、结构、质量和效益的协调,保持经济、社会与生态环境的和谐,保持当前与未来、短期与长远的统一。

以上学者从不同角度对商业银行发展做了内涵解读,应该说尽管学者们的观点不尽相同,但他们在定义商业银行发展中均强调商业银行发展要正确处理好发展与质量、短期与长期、现在与未来的关系,使商业银行在促进社会经济发展的同时实现自身发展。

2.1.3 商业银行发展的评价指标

有关商业银行发展的测度与评价是近几年研究的热点,学者们大都从商业银行的内涵、特征、影响因素出发,结合一般企业发展测度方法,提出了商业银行发展的评价指标。

刘仁伍(2002)提出利用金融结构健全性量化评估方法来评价金融发展水平。他认为金融发展可持续性的内在条件是健全的金融结构,结合宏观金融调控、金融风险控制和金融制度环境安排等主要外部条件,建立了金融发展可持续性的量化评估指标。

何昌(2005)认为银行业发展是否有经济竞争力的支撑是评价银行业可持续发展能力的关键指标。因此,评价银行业发展的可持续性可分三种情况:①当实际银行信贷供给增长率与实际银行信贷需求增长率相等时,银行业发展是可持续的。②当实际银行信贷供给增长率比实际银行信贷需求增长率大时,银行业发展是不可持续的。③如果银行发展满足经济竞争力提高这一条件,那么银行业发展是可持续的。

卫娴(2008)在分析了金融可持续发展评价方法后提出以可操作性较强的经济指标测度法作为评价商业银行可持续发展的方法,而银行业可持续发展的评价方法可以采用实际银行信贷供给与需求增长率对比法。在此基础上,该研究从资源、能力、资源与能力的整合三方面对银行可持续发展影响因素做了详细分析。

周怡(2003)将商业银行可持续发展评价的内容分为两部分。一部分是投资者、债权人、经营者等商业银行利益相关者主要关注的内容,即商业银行自身的可持续发展,主要包括商业银行自身安全性、流动性、营利性、发展性。另一部分是政府及监管部门、员工、客户、社会公众等利益相关者主要关注的内容,即商业银行对经济社会可持续发展的促进作用,对保护生态环境的支持力度。在此基础上,设计了一套基于可持续发展的商业银行财务评价指标体系。

廖润雪(2009)综合分析影响商业银行可持续发展的资源因素、能力因素和交互因素,建立了商业银行可持续发展评价指标体系。通过定量研究和定性分析相结合、规范分析与实证分析相结合的方式,对中国九家商业银行的可持续发展水平做出了评价。

谭灿灿(2011)在对影响商业银行可持续发展两大制约因素即盈利能力与风险水平详细分析的基础上,依据一定的指标选取原则,结合层次分析法、方差理论等赋权理论,构造了商业银行可持续发展指数。运用该指数对 16 家上市商业银行 2008—2010 年的可持续发展状况进行综合分析,发现国有大型商业银行可持续发展状况最好,股份制商业银行次之,城市商业银行最差。

此外,世界经济论坛(WEF)和瑞士洛桑国际管理发展学院(IMD)设计出金融体系国际竞争力评价指标,从国家竞争力的视角,对银行的国际竞争力进行综合评价。他们将银行国际竞争力归纳为 4 个方面:反映利率、资本成本、信用等级的资本竞争力;反映贷款、地区资本市场和风险资本效率的竞争力;反映上市公司、内部交易等证券市场运行的竞争力;反映中央银行、国有独资银行、股份制商业银行等金融服务效率的竞争力。英国的《银行家》等杂志每年都要组织对世界 1000 家大银行进行排名,其排名主要考核的指标包括银行的一级资本、资产规模、银行经营稳健状况、收益率以及其他综合指标。美国金融监管当局设计出骆驼评级系统(CAMELS),通过资本充足率(Capital Adequacy)、资产质量(Asset Quality)、管理水平(Management)、收益状况(Earnings)、流动性(Liquidity)、敏感性(Sensitivity)六大项指标,对商业银行经营状况进行监测和评估,对商业银行发展进行单项和综合评级。

2.1.4 商业银行发展的影响因素

影响商业银行发展的因素诸多,但如果从企业内外部环境出发,商业银行发展的影响因素可概括为外部环境因素和内部资源因素。外部因素主要包括国内外宏观经济环境、金融监管制度与政策、金融生态环境、银行业市场结构及竞争程度等;内部因素主要有银行规模、存贷比、银行组织结构、资产收益率和成本收入比等。

1. 内部资源因素

资源因素是商业银行可持续发展的基础。商业银行在发展过程中,需要投入大量金融资源作为支撑。商业银行自身所拥有的有形与无形资源,尤其是一些高价值的、稀缺的、不可替代的异质性金融资源是商业银行获得长期竞争优势以及持续发展的重要因素。充足的资产是商业银行实力的象征和信誉的保证,资产规模越大的商业银行越能赢得客户的信任。Berger等人(1993)研究了美国商业银行效率的情况,发现资产规模大的银行比小型银行有更高的效率,对银行来说,资产规模的扩大能为其带来更高的规模经济,进而有利于商业银行发展。Jackson 和 Fethi(2000)通过对土耳其商业银行效率的研究,也发现银行资产规模能为银行效率的提高带来正面作用,特别是大银行技术效率的水平远高于中小型商业银行。但是,Hermalin 和 Wallace 等人(1994)的研究却得出相反的结论,他们发现银行资产规模和银行发展成反向作用关系。此外,还有一些学者从产权结构角度研究了银行产权结构对商业银行发展的影响。Bonin、Hasan 和 Wachtel (2005)通过研究保加利亚、捷克等转型国家商业银行的效率情况,发现银行私有化有利于银行效率的提高,国有银行的效率远低于外资银行和私人银行。刘伟(2002)、陈敬学和别双枝(2004)及郭研等(2005)认为我国商业银行发展速度较慢的根本原因还是在于产权制度不合理,特别是国有银行的一股独大、公司治理结构不完善等原因使其缺乏有效的监督和激励约束机制,因此造成其效率相对股份制银行较低。这些学者认为有效提升我国商业银行效率的方式就是加大国有银行的产权制度改革,破除阻碍银行效率提高的体制机制障碍,妥善解决国有银行产权制度的历史遗留问题。

2. 外部环境因素

银行的发展与经济发展具有协调一致性。各种类型的企业是推动经济发展的主要力量,也是银行最主要的客户群体。银行的经济效益相当程度上是建立在企业效益的基础上的,没有企业的发展,银行的发展将成为无源之水，无本之木。因此，良好的经济发展环境，将促进企业效益的提高，进而带动商业银行的持续快速发展。商业银行的发展直接或间接地受到国家货币政策、财政政策、产业政策、收入政策、贸易政策等的影响。Berger 和 Hanmn(1998) 研究了美国5000多家银行效率与银行市场结构的关系，发现银行效率和市场集中度之间没有显著关系。Dairat (2002) 通过对科威特银行的分析，发现银行之间的相互竞争能促进效率的提高，即两者间存在正相关的关系。而 Weill (2004)通过对欧美银行业发展速度的实证研究，得到银行业竞争与银行发展速度存在明显负相关关系的结论。徐忠、沈艳等(2009) 研究了中国银行业市场结构和银行绩效之间的关系，发现在市场集中度较低的市场中，银行的盈利能力较强，经营效率相对较高，说明银行之间的竞争有利于资源的配置和技术水平的提高，从而提升银行的经营效率和盈利能力。此外，政府及其监管机构出台的一系列监管法律、法规对商业银行的运营具有重要影响。商业银行作为金融企业，在其经营过程中伴随着大量的金融风险，同时由于市场机制的不完全性，市场环境变化也会给银行带来风险。所以各国政府都高度重视对银行业的监管，并对银行的经营活动做出了大量的法律和法规限制，以利于防范金融风险、维护金融稳定，促进银行业的健康发展。

应该说，村镇银行作为一类商业银行，其发展受到自身资源与外部环境因素制约。首先，村镇银行发展离不开资源支持，而股东的投入资本是村镇银行资源获取的重要途径。此外，村镇银行发展要遵从监管部门的监管要求，监管部门治理水平会影响村镇银行发展的政策环境。据此，本书计划从资本投入与外部监管两方面出发，研究如何合理吸收资本、建设外部治理环境，促进村镇银行发展。

2.2　政府治理理论回顾与借鉴

市场中的企业在从事生产经营活动时会出现外部性问题，负外部性将导致市场经济体制不能很好地优化资源配置，此时，需要政府在市场经济条件下对公共事务进行治理。政府治理在早期又叫政府干预，其理论基础源于经济自由和政府干预两大经济思潮有关政府经济职能的争论。

2.2.1　重商主义与重农主义的理论观点

有关政府是否应干预市场以及政府经济职能的讨论由来已久，从理论上明确阐明政府应对经济加以干预的是产生于16世纪中叶的重商主义。重商主义是西欧国家从封建主义向资本主义过渡时期所备受推崇的经济哲学，包括早期重商主义和晚期重商主义两个阶段。早期重商主义者以货币差额论为理论核心，主张政府通过行政干预禁止货币输出，以储备更多货币，达到积累货币财富的目的。晚期重商主义认为对外贸易必须做到商品的输出总值大于输入总值，以增加货币流入量，主张政府应对农业、商业和制造业等国家经济命脉实施管制，发展对外贸易垄断，通过高关税率及其他贸易限制来保护国内市场。

与之相对应，产生于18世纪50—70年代的重农主义以自然秩序为理论基础，尖锐地抨击了重商主义关于社会财务及其源泉的看法，反对政府干预经济的理论主张。重农主义在纯产品学说中抨击了重商主义商品流通增加财富的主张，认为工业不创造物质而只变更或组合已存在的物质财富形态，商业也不创造任何物质财富，只有农业通过生产创造财富。重农主义的这些观点暗含着崇尚自然、放任自由的理论主张。但是重农主义还没有正面驳斥经济自由的理论依据，也不足以形成对政府干预经济主张的有力挑战。

2.2.2 英国古典学派与德国历史学派的理论观点

英国古典学派的杰出代表和理论体系构造者是亚当·斯密（Adam Smith），他在著作《国民财富的性质和原因的研究》（简称《国富论》）中总结了西方国家资本主义发展的经验，并在批判吸收重商主义、重农主义等前期重要经济理论基础之上，系统阐述了国民经济运动过程。英国古典学派既驳斥了重商主义有关对外贸易是财富唯一源泉的观点，也批判了重农主义的只有农业才创造财富的观点，指出一切物质生产部门都能创造财富。他们从市场经济运行规律入手，研究经济增长、资本积累和劳动分工关系。古典经济学家们认为政府干预是不必要的，自由市场机制（“看不见的手”）会合理进行专业分工和资源配置。

19世纪前半叶，古典经济学理论有力促进了英国产业资本的发展，英国顺利完成工业革命成为世界工厂。而德国仍为经济落后的农业国，为了对抗英国古典经济学的自由放任主义和自由竞争思想，以李斯特（List）为代表的德国历史学派在经济政策上主张采取国民主义和保护主义政策。李斯特指出，各国的发展途径与特点是存在差异的，因此并不存在适用于一切国家的经济理性。他依据德国经济落后的现实背景，提出了政府干预和关税保护政策，认为保护政策是使落后国家在文化上取得与优势国家同等地位的唯一方法。德国历史学派强调生产力和经济发展阶段对于经济政策选择的影响，认为政府应加强对经济的干预与贸易保护，遗憾的是，德国历史学派并没有明确提出反对经济自由论的理论依据，其理论也不足以与古典经济学理论形成学术对立。

2.2.3　凯恩斯主义与新自由主义的理论观点

20 世纪 30 年代以前，古典经济学理论成为支配西方国家资本主义经济运行的主流理论，古典经济学认为经济社会由“看不见的手”进行自我调节和配置，无须政府干预；法国经济学家萨伊(Say)进一步提出了供应自身创造需求的“萨伊法则”，他们始终坚信宏观经济不会发生严重的经济危机。然而，1929 年至 1933 年，世界经济大危机爆发，西方国家依据古典经济学理论所采取的刺激生产等经济政策并没能将各国经济从危机中解救出来，世界经济危机反而愈演愈烈，不论是理论界还是各国政府都急需新的经济理论来挽救经济。凯恩斯(Keynes)深入思考这次经济大危机后，于 1936 年出版著作《就业、利息和货币通论》。他在书中指出萨伊定律即“供给会自动创造需求”与事实不符，充分就业所需要的那种有效需求水平在现实经济社会中并不能自动地被创造出来，边际消费倾向递减、资本边际效率递减和流动偏好规律会使有效需求低于社会总供给水平，从而导致经济社会一般都会处于一种非充分就业的均衡状态。因此，经济危机是客观存在的，且不可能通过市场机制的自动调节而恢复均衡，凯恩斯坚决主张政府运用积极的财政与货币政策来确保足够的有效需求。凯恩斯的理论贡献在于首次从经济学理论上证明了政府治理的合理性和必要性。

凯恩斯主义缓和了生产与需求的矛盾，减少了失业，使西方国家进入了长达 25 年的经济繁荣时期。但是，长期推行凯恩斯主义膨胀性经济政策导致 20 世纪 70 年代西方国家普遍出现“滞胀”，新自由主义代替凯恩斯主义成为新一代“官方经济学”，经济自由主张在理论上再度占据上风。新自由主义以反对国家的经济干预为思想核心，包括伦敦学派、现代货币学派、理性预期学派和供给学派等多个学派。伦敦学派的代表人物哈耶克(Hayek)长期坚决反对凯恩斯主义，他不仅明确主张经济自由，而且坚持认为垄断经济、计划经济、政府干预必然是无效率的。现代货币学派的代表人物弗里德曼(Friedman)认为凯恩斯主义的财政政策和货币政策对经济强加干预，是导致“滞涨”的主要原因。弗里德曼提出现代货币数量论，强调货币供应量的变动是引起经济活动和物价水平变动的根本原因,要求政府实行"单一规则"的货币政策,除此之外,政府不需要干预私人经济。理性预期学派以人的理性预期假设为前提,用货币周期模型论证说明了经济波动的原因,并得出了凯恩斯主义政策无效因而无须政府干预经济的结论。由此可见,20 世纪 70 年代以来,新自由主义的各个学派分别从各自学术观点出发否定政府干预政策的效果,动摇了政府干预主义的基础。

2.2.4 产权学派的理论融合

产权思想由来已久,从中国古代孟子思想中的"无恒产者无恒心",到马克思主义理论中"生产力决定产权制度",再到以斯密(Smith)为代表的古典经济学有关财产权利制度的演进分析,无不体现了学者们关于产权的思索。产权学派不是从特定经济政策的功利性出发来探讨市场与政府对于经济主导地位的争夺,而是从制度视角出发研究研究产权制度与资源配置效率,从而为市场经济发展过程中市场与政府职能作用的融合提供了一个理论论据。现代产权理论的奠基者科斯(Coase)在经典论文《企业的性质》(1937)和《社会成本问题》(1960)中深刻阐述了产权界定和产权调整对效率的影响。科斯理论的一个重要逻辑是,在交易费用为正的情况下,不同产权制度安排的资源配置效率是有差异的。科斯的追随者皆运用和发挥其提出的理论方法,深入分析了企业产权制度及其相关问题,威廉姆森(Williamson)以交易费用和资产专用性为主要线索,着重研究企业组织与市场制度的异同,阿尔奇安(Alchian)和德姆塞茨(Demsetz)研究了机会主义行为和市场结构,张五常侧重用合约形式来解释企业内部结构。科斯及其追随者的研究构成了产权理论核心内容。

一方面,产权学派强调私有产权对于提高资源配置效率的重要作用;另一方面,产权学派指出由于交易费用的存在,使得产权界定尤为关键。也就是说,产权学派在强调保护私有产权进而提高资源配置效率方面大力倡导经济自由;同时,产权学派指出市场中普遍存在的交易费用问题,需要政府通过采取制定法律、加强监管等措施来保证产权界定清晰,通过对政府治理进行新的角色定位,在更深刻的意义上为政府干预主义构建了理论框架,从而使经济自由主义和政府干预主义这两大曾经长期对立的经济思想得以融合。

2.2.5 政府治理中的委托代理观点

现代政府治理理论源于市场失灵,传统市场失灵理论认为,由于市场受到垄断、公共物品、外部性和信息不对称等因素干扰，导致市场难以完全解决资源配置效率问题，市场失灵就会出现，此时，通过政府干预可以实现资源配置效率的最大化。也就是说，一旦市场失灵，就需要政府干预经济。与之相对应，现代广义市场失灵理论认为，政府除了要在市场失灵时加以干预之外，还要协调社会公平和经济稳定之间的关系，从而使政府的调控边界进一步放大。政府干预经济领域范围的扩大说明随着社会经济的发展，政府在市场经济中的所发挥的作用越来越大。外部性现象的普遍存在，以及庇古外部性理论的产生与发展，是 20 世纪早期政府治理理论与政策产生的重要依据。

政府干预经济，必须确定政府干预的范围和方式，因此，科学界定政府的经济职能是十分必要的。政府经济职能是政府最重要的一项基本功能。政府经济职能就是政府对经济干预的作用、功能和手段，是政府对社会经济进行规划、调节、监管、服务的职责和功能。政府经济职能行为的主体是政府机构，而不是其他任何经济组织、单位和个人。政府经济职能行为的目的是为了达到一定的政府目标，而在不同的历史时期，由不同的政治力量所形成的政府都会有各自不同的目标。

西方经济学对于政府经济职能的研究较为深刻，学者们关于政府经济职能的探讨源于市场失灵理论和政府干预理论，目的在于明确政府规制市场的边界。Samuelson 和 Nordhaus(1996)将政府的经济职能概况为三个方面：一是促进效率；二是增进平等；三是促进宏观经济稳定和刺激经济增长①。Stiglitz(1980)没有明确提出政府经济职能内涵，但在研究中详细讨论了政府在市场经济中应发挥的作用，包括：反垄断，提供纯粹公共物品，解决外部经济效应问题，补充不完善的市场，改进或增加信息的供应，以及解决失业、通货膨胀和宏观经济失衡问题②。Pindyck 和 Rubinfeld(1993)认为政府经济职能包括四个方面：首先，政府限制或禁止垄断，其通常采用的措施包括价格管制、税收、反垄断法等；其次，政府增加市场信息供应，其主要措施是通过立法使信息占优方向弱势方提供更多信息；第三，解决经济的外在性；第四，提供公共物品③。Meade(1989)在论述自由放任的市场竞争和对个别经济行为进行必要的社会控制问题时，明确提出了政府的主要责任，包

---

① 萨缪尔森，诺德豪斯. 经济学[M]. 高鸿业，等译. 北京：北京经济学院出版社，1996.

② 斯蒂格利茨. 经济学[M]. 姚开建，等译. 北京：中国人民大学出版社，1980.

③ 平狄克，鲁宾费尔德. 微观经济学[M]. 高远，等译. 北京：中国人民大学出版社，2009.

括以下几个方面：①采取一般性财政经济措施来控制通货膨胀或通货紧缩。②政府应对垄断权力的行使给予适当的社会干预。③将铁路运输、电力供应以及诸如此类的公用事业行业收归国有，由国家来经营。④政府在提供供全体社会成员共同享用的商品和劳务方面必须担负起重要的责任。⑤帮助居民实现均等的受教育机会和就业机会。⑥政府对未来进行预测，并预先做出计划。⑦经济结构发生较大的变动，也需要中央计划进行全面的规划。⑧通过政府行动来解决由个人利益与社会利益的对立所引起的重要社会问题[①]。此外，国际重要组织也对政府经济职能做了界定，较有代表性的是世界银行在 1997 年《世界发展报告》中的定义，该报告指出，政府的基础性任务包括：建立法律基础、保持非扭曲的政策环境，包括宏观经济的稳定；投资于基本的社会服务与基础设施；保护承受力差的阶层；保护环境。

从上述对政府经济职能的论述可以看出，他们所界定的政府经济职能有相似的地方，也有不同之处，但学者们在界定政府经济职能时均强调了政府调控的必要性，强调通过政府调控来解决经济的外在性问题、反垄断、增加市场信息供应、提供公共物品等等，以弥补市场的缺陷。以上理论成果从宏观上对政府治理的作用、职能、内涵进行了理论阐述。此外，从微观层面出发，研究政府部门之间以及政府与企业之间的委托代理关系也是一个重要研究方向。政府治理中的委托代理关系又包括两大类，一类是政府层级之间的委托代理关系。现实中，受政府治理结构的层级影响，政府委托代理关系更多地表现为政府内部层级与层级之间的委托代理关系，以及政府与外部市场参与主体之间的委托代理关系。在政府组织结构内部，中央政府与各级地方政府之间存在多层委托代理关系，委托人可能是中央政府、国家领导人，也可能是地方政府和地区领导人，代理人可能是省级政府、市级政府及其领导，也可能是社区负责人。因此，从中央到地方，形成了政府组织内部的一系列委托代理链条，在政府组织中，作为代理人的地方政府可能要面临不同委托人，多委托、多任务代理成为政府委托代理关系的一个显著特征。另一类是政府与全体公民之间的委托代理关系，即在公共行政中，政府官员是代理人，而全体公民属于委托人，由于政府官员与全体公民之间可能目标不一致、利益有冲突，而作为代理人的政府官员可以利用其所拥有的信息优势，以牺牲委托人的利益为代价换取自身利益最大化，做出不利于全体公民利益的行动，这些活动主要表现为政府在公共资源的管理分配上。在

---

① 米德.明智的激进派经济政策指南：混合经济[M].罗青译.上海：上海三联书店，1989.

我国，尤其是国有企业，其所有者理论上应该是全体人民，但全体人民无法真正履行对于国有企业的出资人义务，这导致国有企业缺乏真正意义上的所有者，由政府代为行使所有者权力，由此产生了政府与企业之间的委托代理问题，这也是本书研究的立足点。

2.3　资本投入理论回顾与借鉴

2.3.1　经济学中的资本理论

资本的概念在人类社会早期的经济活动中萌发，然而，真正系统科学的资本理论则是伴随着资本主义生产方式的产生与发展而逐渐成熟的。西方国家由于所有制建立在私有基础之上，因此，西方国家经济中的资本大都是私有资本，没有形成民间资本的概念，中国的社会主义公有制基础使得中国经济中有了国有资本和民间资本之分。然而，不论是研究私有资本还是民间资本，都应该从资本的基础理论展开。

1. 西方经济学中的资本理论

与西方经济学理论相似，西方资本理论也经历了几个发展阶段，现在已经成为西方经济学理论体系的重要组成部分。资本问题起源于人们对于借贷关系的认识。资本在古希腊语中被称作本金，这反映了人们最初对于资本的认识。亚里士多德曾明确地将两种取财之道区分开来：其一是为满足使用价值或需要而进行交换；其二是为追求交换价值的积累而进行交换，即通过贷放货币而取得利息。后一种取财之道实际上反映的正是资本的运动。

到了中世纪晚期，随着商业资本革命的爆发，人们对于资本的研究更加集中于商业资本形态，从而形成了重商主义学派。由于重商主义者是从商品资本流通过程的观点来考察货币资本的增殖的，这使得他们能够在一定程度上将货币资本与商品资本区别开来。

系统研究资本源于古典经济学派中的重农学派。重农学派的创始人魁奈(F. Quesnay)曾对农业资本进行了详尽的分析和研究。重农学派从根本上改变了以往人们关于财富起源的看法，把经济研究的重心从流通领域转向生产领域。他们主张农业生产是真正和唯一的生产领域，因而只有农业才是“纯产品”，才是社会财富的唯一源泉。从这一基本观点出发，重农学派集中考察了农业资本。重农学派的另一个重要代表人物杜尔阁(A. R. J. Turgot),继魁奈之后对资本理论进行了更系统和更具一般性的分析。他分析了资本在不同行业的使用方式及其挣得的各种收入,从而相当完备地划分了资本主义社会各种基本收入范畴,诸如工资、利润、利息和地租等等。

在重农学派提出的资本理论基础上,亚当·斯密对资本理论进行了更加全面深刻的分析,他认为资本是为了生存而积蓄起来的财富,主要包括积累起来以便供生产工人使用的生产资料和生活资料。该定义与重农学派的"预付"概念基本一致,不过更加一般化了。斯密通过对资本来源及其积累动机的分析指出,资本的积累离不开勤劳和节俭,勤劳能够创造财富,节俭能够积聚财富。所以,资本家的收入通常都分为两部分,一部分用于目前消费,另一部分积累起来用作资本。而资本家进行积累的根本动机,则是为了获取利润。斯密的资本理论与重农学派相比更加成熟,它标志着系统的古典经济学的资本理论的确立①。

19 世纪 70 年代后,新古典主义经济学兴起,奥地利的门格尔(C. Menger)、英国的杰文斯和法国的瓦尔拉斯成为早期新古典主义经济学的理论大师,在他们奠定的理论基础上形成了奥地利学派、剑桥学派、一般均衡学派以及新古典主义。门格尔的主要成就是他提出了"归与理论",完善了资本与分配理论。门格尔通过将主观主义的价值论直接向分配领域加以扩展,阐述了边际生产力的分配思想,借此来实现价值论与分配论的高度统一。该理论对于新古典生产、分配与资本理论产生了一定影响,尤其是门格尔关于要素比例变动以及替代性的分析对于资源配置理论具有重要意义。

与门格尔有关资本的理论论述相比,杰文斯的资本理论更赋有现代的气息,它的显著特点是强调时间因素对于资本及资本理论分析的重要性。杰文斯指出,实际上资本只是维持各种有工作的劳动者所必要的诸种商品的总称。食品的储量是资本的主要部分。但衣物、家具及其他各种日用品的供给亦是资本的必要部分,所谓资本乃是预付给工人的生活基金。资本的唯一的最重要的功能,是使劳动者能够等候长久工作的结果,使企业的开始至终局可以有一个时间距离②。

瓦尔拉斯关于资本与利息本身缺乏专门的、系统性的论述。然而,如果

---

① 亚当·斯密. 国民财富的性质和原因的研究[M]. 郭大力,王亚男译. 北京:人民日报出版社,2009.

② 杰文斯. 政治经济学理论[M]. 郭大力译. 北京:商务印书馆,1983.

联系到他的生产一般均衡分析来考察他的资本理论，那么这一理论还是占有一定地位的。瓦尔拉斯指出，无论是资本品还是服务都分为土地、劳动、资本三大类别。从资本方面来说，它则分为土地资本、人力资本和人工的资本品，例如用于生产中的土地、劳动者和机器设备等。这里的最后一项便是狭义的资本定义。

应该说，资本理论是西方经济学理论的重要组成部分，它主要是考察与资本相关联的生产与分配问题，诸如资本的概念、资本的职能、利息的决定等等。对上述问题均进行了程度不同的分析和研究，并得出了许多含有普遍规律性和指导意义的结论。

2. 马克思主义中的资本理论

在马克思的著作中，有关资本理论的内容深厚。如果从广义角度来考察，可以说马克思政治经济学体系基本内容都是由这一资本理论构成的①。因此，本书围绕资本本身及与此密切相关的若干问题来对马克思的资本理论做一简要的、概略的归纳。

大致地说，马克思的资本理论主要由四个方面的理论分析组成，包括关于资本的本质与起源的分析；关于资本的生产与分配职能的分析；关于资本积累或经济增长的分析；关于资本流通过程及其实现的分析。

关于资本本质与起源的分析是马克思资本理论的基础，其核心观点是关于资本二重性的深刻讨论。实际上，资本不仅是一种物质生产手段，而且也代表着对于工人的支配权，从而体现出一种社会生产关系。资本的原始积累与资本家的“节俭”不存在特殊关系，而是在很长一个时间段中，对广大农民和小生产者进行残酷掠夺的结果。这种资本的原始积累为资本主义生产方式奠定了前提条件，并且资本可以通过劳动力商品不断地增值和扩大②。

对资本的生产与分配职能的分析是马克思资本理论的核心部分，其基本思想是资本主义生产过程表现为一般生产过程与价值增值过程的统一。因而，资本的生产职能也可以一分为二：一方面作为生产过程中物的因素成为劳动生产力提高的主要条件和手段；另一方面又作为预付价值参与价值形成与增值过程。而资本的分配职能体现在对于工人剩余价值的无偿占

---

① 《资本论》便是这一说法的最好体现。

② 恩斯特·温特曼. 资本论：普及简读本[M]. 吕博译. 北京：金城出版社，2011.

有。资本的生产与分配职能决定了资本主义生产方式的内在性质及其基本规律。

关于资本积累或经济增长的分析是马克思资本理论的动态部分,马克思资本理论认为追逐利润的内在动力和自由竞争的外在压力形成了一种促使资本不断地进行积累的机制。在积累的过程中,资本有机构成将逐渐提高,从而导致产业后备军的形成与扩大和工人阶级的状况恶化,这便是资本积累的一般规律,而这个一般规律作用的最终结果将是资本主义为社会主义所代替。最后,关于资本流通过程及实现问题的分析,则主要是从经济运行的角度来考察和分析资本主义积累过程的内在不稳定性。

总的来说,马克思经济学及其资本理论赋予经济学过于繁重的社会历史性责任,使经济学的疆界过于广大。而西方经济学及其资本理论则明确地将经济学的版图限定在关于如何合理有效地组织、调节经济运行的研究范围内。正是这种经济学基本方法论上的分歧导致了两者在理论内容、结构体系等方面存在着一系列重大差异。但对于资本的作用,不论是马克思的剩余价值理论还是西方经济学的资本增值理论,均认可了资本对于经济发展的重要意义,应该说,资本对于市场经济的作用是无可替代的。

2.3.2 投资的现代理论

投资在金融和经济方面有多个相关的定义。从字面意思来理解,投资意味着“将某物品放入其他地方的行动”。从金融学角度来讲,与投机相比,投资的时间范围更大,趋向于为了在未来一定时间段内获得某种比较持续稳定的现金流收益,是未来收益的累积。理论上,又将投资称为资本流动;实际上,资本流动就是投资得以形成,从各种储蓄转化为投资,并且通过金融机构及其他各种渠道在各部门之间进行流动,获取较大收益的一种经济行为。从均衡的角度来看,资本的流动就是资本的供给与需求达到均衡的过程。投资本质上要求生产要素优化配置。因为资本具有趋利性,会自发地从收益率低的部门或行业流向收益率高的部门或行业。

刘易斯在其著作《无限劳动供给的经济发展》一书中,从二元经济结构视角出发,对投资的理论内涵做了深入分析。他指出,在市场机制完善的国家,资本流动会按照市场规律来进行,这源于资本趋利性的本质。然而,在市场机制不完善的国家,由于行政干预等因素的存在,资本不具有完全的趋利性,这使得资本无法完全按照市场规律来流动,资本流动中常夹杂着就业等一些其他利益因素,使得资本在一种扭曲的环境里进行流动,资本的本质不再是单纯地趋利，而是趋向混合的多种利益①。投资效率与经济增长的关系是密不可分的，经济增长的速度在很大程度上取决于资本效率的高低。古典经济增长理论认为，投资效率与经济增长成正比，投资效率高低是决定经济增长率高低的关键。现代投资理论融合了多个学派，其中又以现代资产组合理论、有效市场假说为代表。

1. 现代资本组合理论

现代资本组合理论(Modern Portfolio Theory)又被称作现代证券投资组合理论，美国经济学家马可维茨(Markowit)于1952年在论文《资产选择：有效的多样化》中首次应用资产组合报酬的均值和方差这两个数学概念，从数学上明确地定义了投资者偏好，并以数学化的方式解释投资分散化原理，系统地阐述了资产组合和选择问题，标志着现代资本组合理论的正式创立。该理论基于分散原理和相关系数概念的引入，将市场中的风险分为个别风险和系统风险，前者指围绕着个别公司的风险，后者指整个经济所产生的风险且该风险无法通过分散投资来减轻。该理论主要用于解决投资者如何衡量不同的投资风险以及如何合理组合自己的资金以取得最大收益的问题。

2. 有效市场假说

有效市场假说(Efficient Markets Hypothesis，EMH)是由法玛(Fama)于1970年深化并提出的。法玛在1965年发布的文章《股票市场价格的随机游走》中首次提出了有效市场(Efficient Market)的概念，他在文章中写道："在有效市场中，投资者数量巨大，而且他们都是理性的，并且追逐利益最大化。每一个投资者都会试图预测各只股票的未来市场价格，并随时准备进行套利活动。在有效市场中，每一个投资者都能无成本地获得重要信息。由于投资者套利行为的存在，使得每只股票的市场价格都已经反映了历史、现在与未来的信息。"有效市场假说又分为三个层次，即弱势有效市场假说、半强势有效市场假说和强势有效市场假说。有效市场假说认为公开信息披露制度是建立有效资本市场的基础，也是资本市场有效性得以不断提高的起点。

2.3.3 民间资本投资的研究观点

在西方国家，因为私有制是其所有制的基础，因此，按投资主体及其资

① Lewis, W. A. Economic Development with Unlimited Supply of Labor[J]. The Manchester School of Economic and Social Studies, 1954, 47(3): 139-191.

本的所有权属性划分,绝大部分投资都属于民间的私人资本,因而西方经济学中的资本大都是指民间资本。政府所从事的投资记在“政府购买”之下,并且政府投资的比重很小。因此,在西方并没有形成“民间资本”这一概念,而在中国却出现了有中国特色的“民间资本”概念。目前,还没有明确的民间资本定义,国外学者通常将其称为私有资本(Private Capital)。学术界普遍强调民间资本是非政府控制的、存于民间的资本。

经过几百年的资本主义发展,西方私人经济已经高度发达,而且私人投资对于经济的拉动作用已经成为西方发达国家经济运行的主体。凯恩斯(1936)在其经典著作《就业与货币通论》中指出,私人资本投资的标准就是资本边际效率同利率相比孰大孰小。一般来说,如果资本的边际效率大于利率,则说明该投资是有利可图的,可以进行投资。反之,则是无利可图的,就不应该进行投资。Voss(2002)通过对美国和加拿大两国的私人投资进行调研发现,政府投资对于私人投资具有抑制作用。在此基础上,Gans(2001)分析了价格因素对私人投资在基础设施建设方面的影响,发现政府对于价格的调节,有利于私人投资介入基础设施建设上。Durham(2002)对发展中国家的私人投资与证券市场投融资关系进行了调研分析,指出证券市场的发展有利于私人投资的发展。Laopodis(2001)对政府投资与私人投资关系进行了细致的研究,指出在欧洲国家,政府支出有助于促进私人投资的发展。Ghura 和 Goodwin(2000)对私人投资的影响因素进行了分析,他们指出政府投资、融资机制、国民经济发展是影响私人投资的重要因素。在此基础上,他们对世界不同地区的私人经济发展情况进行了对比分析。Bonin、Hasan 和 Wachtel(2005)采用 11 个东欧转型国家的 225 个银行数据为研究样本,实证分析了引入私人资本对国有商业银行绩效的影响,研究发现,国有商业银行私有化并不能提高商业银行绩效,但有能力的外资投资者的管理经验与资源有助于改善商业银行绩效水平。Choudhry Tanveer Shehzad(2010)以 2005—2007 年间 50 多个国家近 500 家商业银行的数据为研究样本,分析股权集中度、银行绩效和资本充足率之间的关系,研究发现股权集中度提高会使得股东利益与公司利益更加趋于一致,股东对银行的监控越严格,寻求利益保护的积极性也越高。此外,股权集中度的提高还会引起股东对不良贷款率的关注,有助于降低不良贷款率,进而有利于提升银行绩效。

与西方发达国家相比,我国学者对于民间资本投资的研究开展得较晚,而且主要集中于民间资本投资的制度约束与解决措施方面。在民间资本投资的制度制约方面，卢莉、陈有棠(2002)指出，制约我国民间资本投资的因素很多，其中资金的规模效应不显著、融资渠道缺乏和企业技术水平落后等是主要因素。方良平和黄明哲(2001)指出，中国政府应在国民经济发展的计划中，将民间资本投资纳入进来，以便能够最大限度地将各方力量投入到我国的经济建设中。同时，国家政策还应对民间资本进行适当的倾斜，从而推动民营经济的发展。胡宏兵(2003)对我国民间资本投资的问题进行了分析，指出当前在信用机制、政府观念、投融资机制、税收激励等方面，民间资本投资存在劣势。此外，制约民间资本投资的外部因素还包括融资环境恶化、行业进入壁垒、缺少有效的社会服务等。邱元直(2003)对民间资本投资的类型进行了划分，并指出由于我国目前缺少针对企业评级机构，完善的评级体系还没有建立起来，以及中小企业融资渠道的缺乏，导致了民间借贷的盛行。陆彩兰(2005)指出，在制度方面，制约民间资本投资的因素包括法律保障不力、服务体系不健全、行政审批烦琐等多方面原因，这些因素都会对民间资本参与我国经济建设的广度和深度产生影响。因此，政府应努力提高服务意识，降低民间资本的投资成本。同时，政府还应该鼓励民营企业的创新行为，提高民间资本的投资收益，进而使民间资本更多地参与到我国经济建设中来。朱向宇、田菲(2009)针对我国 13 家商业银行的 73 个观测指标，采用 EVA 绩效评价方法进行了实证研究，研究发现国有股持股比例与银行效率负相关，法人股持股比例的提升有助于提高银行效率。

第3章　政府治理、民间资本投入与村镇银行发展:一个分析框架

厘清村镇银行发展、政府治理与民间资本投入的关系,并将这三者放入一个统一的分析框架中,是本书的基础性工作。本章首先分析村镇银行发展的理论内涵,并通过对相关概念的细化、深化,来认识这一理论内涵,为分析框架的建立提供概念基础。其次,本章分析了在村镇银行发展中,政府治理与民间资本投入机制,系统构建了政府治理、民间资本投入与村镇银行发展的基本框架,并细致分析了系统内部各部分之间的逻辑关系。最后,本章根据理论框架中各参与主体间的逻辑关系,确定了政府与村镇银行、主发起行与民间资本间的两类委托代理关系。在此基础上,运用博弈分析的方法,分别对这两类代理关系进行求解,并试图分析博弈均衡解所代表的经济含义。

3.1　村镇银行发展的理论内涵

3.1.1　村镇银行发展的概念内涵

1. 村镇银行发展的内涵

村镇银行发展是本书的一个基础性概念。在逻辑上,确定村镇银行发展的概念内涵,首先要界定村镇银行的概念。《村镇银行管理暂行规定(2007)》第一章总则的第二条指出,村镇银行是指经中国银行业监督管理委

员会依据有关法律、法规批准，由境内外金融机构、境内非金融机构企业法人、境内自然人出资，在农村地区设立的主要为当地农民、农业和农村经济发展提供金融服务的银行业金融机构。

该定义明确了村镇银行的特征：

第一，村镇银行出资人包括了境内外金融机构、境内非金融机构企业法人、境内自然人。应该说，村镇银行的设立是我国银行业市场准入政策的重大突破，银监会首次放开了准入资本范围，积极支持和引导境内外银行资本、产业资本和民间资本到农村地区投资、收购、新设银行业金融机构，外资、民间资本和国有资本均有资格设立村镇银行。

第二，村镇银行设立于农村地区。村镇银行的定义规定了村镇银行服务的空间范围在广大农村地区，随着四大国有银行退出农村金融市场，除了农村信用社和邮储银行少数服务于农村地区的正规金融机构以外，农村金融供给十分匮乏[①]，村镇银行作为新型农村金融机构有力地增加了农村地区的金融供给。

第三，村镇银行是为农民、农业和农村经济发展提供金融服务的银行业金融机构。定义中明确指出村镇银行是银行业金融机构，其服务对象是农民、农业和农村。也就是说，村镇银行除了具有一般性商业银行的获利目标之外，还肩负着服务“三农”的社会使命。

在定义村镇银行的概念与特征的基础上，本书认为村镇银行发展是村镇银行数量、网点和覆盖区域等方面的扩张，并由此带来农村金融交易的扩张。这种扩张不仅表现在交易量与交易活动范围的扩大，而且也表现为农村金融交易主体对交易的“规模收益”与风险损失的权衡。其中，当农村金融交易通过“规模经济”获得的收益大于交易风险损失与用于减少不确定性、降低交易风险的交易成本之和时，农村金融交易就发生了扩张。也就是说，促使农村金融交易的规模净收益为正，是农村金融发展的必要条件，而农村金融发展又是村镇银行发展的必要条件。另一方面，村镇银行发展还要遵循成本收益原则，也就是说，村镇银行在促进农村金融发展的同时，还要保证自身财务的可持续性。村镇银行毕竟是一类商业银行，与其他商业银行一样，它自身必须具有营利性，这样才能保证村镇银行可以持续地为农村金融发展提供支持。

---

① 目前，我国仍有 2000 多个金融空白乡镇，其中 80%以上集中在西部欠发达地区。

2. 村镇银行发展的功能内涵

(1)村镇银行发展的目标在于促进农村经济发展

农业是一个公认的相对弱质的产业,农业的弱质性根源在于生产周期长、受自然条件等人力不可抗拒因素影响大、农产品供给和需求弹性小、农业技术革新缓慢等农业特性。与世界平均水平相比,我国农业还表现出更强的弱质性,农业弱质导致以农业为生的农民的贫弱,本来这可以通过国家补贴和转移支付等政策性制度安排解决,但是我国当前农村人口比重大、农户分散经营等现实因素,又使得很多政策作用被大大削弱。农业弱质性的直接结果是耕地承担对农村人口的福利保障功能远远大于耕地的生产功能,这正是金融机构特别是某些商业金融机构不愿意为"三农"提供金融供给的主要原因。

村镇银行的产生与政府服务"三农"的战略意图密切相关,为所在区域农民、农业和农村经济发展服务是村镇银行的根本宗旨,扩大农村金融供给,为"三农"服务是设立村镇银行的初衷。因此,村镇银行自诞生起就肩负着重要的社会使命,这种社会使命已经体现在了村镇银行的经营策略、市场定位和贷款额度中,具体表现在以下几个方面:

首先,在经营区域方面。设立村镇银行,是为了搭建农村金融供给新渠道、激活农村金融业适度竞争,在很多经济不发达的农村地区,金融行业处于空白状态。因此,《村镇银行管理暂行规定》中明确指出,村镇银行应在县域以下区域,在乡村设立分支机构。其目的就是要拉近村镇银行与农民之间的距离,使村镇银行在农村开展放贷吸储业务,为农村、农民、农业提供金融服务。

其次,在目标客户方面。如果对当前的农民状况进行客观分析,可以将他们分为三类。第一类是在贫困线以下的农民,农田不多,收成不好,没什么技术,也没有打工之类的经济来源,勉强维持着生计①。第二类是正在脱贫致富的农民,他们从事个体经营,成为种植、养殖大户,已经解决温饱问题,成为农村经济活动中的有生力量。第三类是已经富裕起来的农民,他们办企业,办商场,办学校,从事一切有利可图的规模化的经营活动,基本达到小康水平,走在农村经济社会发展的前列。村镇银行要扶持的主要对象,就

① 2011年11月29日,中央扶贫开发工作会议决定,将农民人均年纯收入2300元作为新的国家贫困线标准。

是第一类和第二类农民,特别要扶助第一类农民逐步进入第二类、第三类。

最后,在贷款额度方面。设立村镇银行是为了使更多的农民、农户与小微企业获得金融服务,因而,在《村镇银行管理暂行规定》中明确指出,村镇银行发放贷款应坚持小额、分散的原则,提高贷款覆盖面。这一规定的目的就是为了让更多的农村金融需求主体能够享受到村镇银行的金融服务,实现村镇银行所应具有的普惠金融的属性。

(2)村镇银行发展必须保证村镇银行的财务可持续性

与普通商业银行一样,村镇银行也需要获利。它也具有从事业务经营所需要的自有资本,依法经营,照章纳税,自负盈亏;它与其他企业一样,以利润为目标,这是商业银行的特征之一。村镇银行合理的盈利水平,不仅是村镇银行本身发展的内在动力,也是村镇银行在农村地区真正扎根发芽的前提。村镇银行只有获得持续性获利能力,才能更好地完成社会使命。为此,村镇银行在金融产品、服务对象等方面不断提高获利能力:

第一,产品服务多样化。村镇银行可以制定丰富多样的贷款产品,包括企业循环贷款、个人生产经营贷款、个人二手房抵押循环贷款、个人消费贷款、农户贷款,以及针对农民专业合作社和涉农企业的"金农贷"业务等。担保方式可选择单人保证、多户联保、担保公司担保、房产及机器设备抵押、存单或国债质押等多种方式。村镇银行贷款优势具有以下几点:一是贷款效率高,村镇银行是独立法人银行,贷款审批链条短,并实行"限时办结"[①]制度,保证客户在较短时间内就能拿到贷款。二是贷款门槛低,贷款条件相对宽松,力求为更多的客户提供融资服务。三是贷款手续简便,特别是对涉农企业和农户,尽量简化手续。四是服务更贴心,客户经理为客户提供"一对一"的优质服务,为急需贷款的客户开设"绿色通道",必要时提供上门服务。

第二,业务类型多样化。由于面向"三农"的金融业务利润点低,长此以往,村镇银行无法生存壮大下去,因此,很多村镇银行正在大力发展中间业务,提高中间业务收入。村镇银行一般与主发起人或者银行业金融机构股东合作,签订代办理财产品和医保取款业务协议。一方面,代办理财产品可以取得中间业务收入;另一方面,代办医保业务不仅可以有效提高村镇银行的品牌知名度,还可以发现客户、选准客户、留住客户、开发客户,为村镇银行资产、负债规模的壮大提供条件。还有一些村镇银行积极与当地保险公司联系,开展保险代理业务,增加中间业务收入。

---

① 这里的限时办结制是指村镇银行按照规定的时间、程序和要求处理贷款事项的制度。

第三,政府财税补贴。村镇银行在经营发展上也获得了监管部门和地方政府的定向税收减免和费用补贴。如宁夏、四川、浙江等地的人民银行已经开始对当地的村镇银行发放支农再贷款,缓解了村镇银行可贷资金不足问题。另外,地方政府支持村镇银行抓住新型农村养老保险试点的良机,积极参与农村养老保险金的发放,提高村镇银行的知名度和影响力。监管部门可以将村镇银行支农业务的情况纳入考核体系,结合税收优惠政策的调整,引导村镇银行开展农户联保贷款、农业产业链互助担保贷款和林权抵押贷款等业务,增加支农信贷投放,大力改善支农服务,支持农业发展和新农村建设。

3.1.2 村镇银行发展的环境特征

中国长期存在的二元经济结构,加之农业生产受自然环境影响较为明显,使得农村金融生态环境相对脆弱。早在20世纪90年代,国有金融与商业性金融开始大规模撤出农村市场(林毅夫,2003;张杰,2003),仅剩下农村信用社作为农村金融服务主体,形成市场垄断。与此同时,受利益驱动因素影响,农村信用合作社与邮储银行产生了强烈的“虹吸效应”,将农村资金吸出,被城市建设占用,进一步恶化了农村金融生态环境,形成了大量的金融空白区域。在这一背景下,为解决当前农村金融匮乏的困境,我国银监会发布了《关于调整放宽农村地区银行业金融机构准入政策,更好支持社会主义新农村建设的若干意见》,鼓励各地设立村镇银行为“三农”服务,希望以此来填补农村金融供给“空白”。

值得注意的是,中国农村金融制度变迁,一直都在走一条非常典型的“机构路径”(罗来武等,2004),村镇银行的产生与设立也不外如此①。也就是说,此次农村金融改革仍然注重农村金融机构存在形态的调整,而且这一调整也基本上属于一种自上而下的政府行为。这一金融制度的变迁路径,与中国农村经济制度的自下而上、诱发性金融需求并不匹配。政府虽然通过设立村镇银行扩大了农村地区的金融机构覆盖,但却忽略了农村经济对于金融资源的深层次、多元化的需求,限制了村镇银行作为金融中介整体功能的发挥。笔者通过调研发现,当前村镇银行在金融产品开发和中间业务

---

① 农村金融制度改革分为两种路径:一种是机构观路径,即在现有金融结构下赋予金融机构一定的功能,并通过金融机构对于经济的促进作用,来评价金融功能的实现程度;另一种是功能观路径,即强调外部经济环境对于金融功能的需求,并在此基础上分析金融机构应承担的功能。

发展等方面都受到银监会的严格限制，而且存、贷款利率也并不能有效浮动①。政府部门希望村镇银行为"三农"服务，但作为市场主体，村镇银行的运作必然是以追求利润为最终目标，两者具有明显的目标冲突。加之两者存在着严重的信息不对称，以及资金所具有的高流动性的特征，可以判断，政府部门与村镇银行间存在着委托代理问题(陆智强等，2011)。

监管机构②为了使村镇银行能够真正做到为"三农"服务，目前主要的治理机制是银监会通过相关法规中的制度约束，限制村镇银行的行为，避免相关资本"逃离"农村地区(如规定村镇银行不得发放异地贷款、涉农贷款必须在75%以上)。具体表现为银监会为村镇银行套上"三个枷锁"——对象限制、地域限制、额度限制③。政府部门希望通过"三个枷锁"的约束，将村镇银行及其业务范围限制在当地的农村地区，为"三农"进行金融服务。

这种通过设立多种金融机构，并辅以"枷锁"限制的农村金融改革，忽视了农村经济对于金融功能的根本需求，并没有使村镇银行具备服务农村经济的金融功能，导致村镇银行只能被动、消极地为"三农"提供服务。由此，产生了许多负面效应，如银行管理者情绪低落、社会知名度不高、吸收储蓄难、人力资本短缺等问题。村镇银行的困境产生过程可以见图3-1。

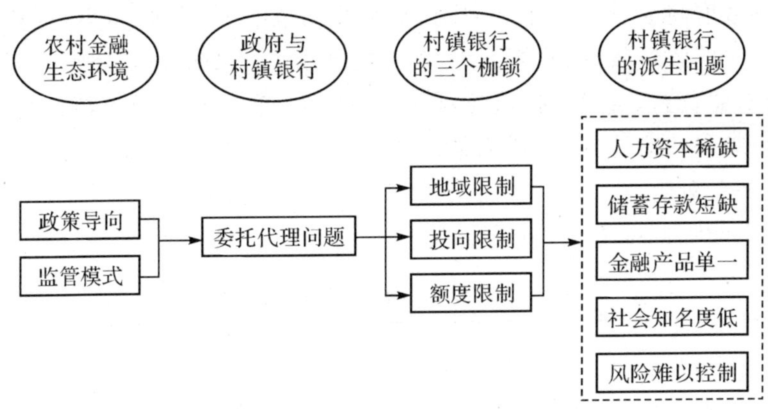

图3-1　"机构观"视角下村镇银行困境分析

在实际的运作中，各种资本虽然在表面上服从银监会的监管，但它们

① 据调查，村镇银行贷款利率仅为基准利率的1.5～2.5倍，远低于小额贷款公司的4倍。

② 这里的监管机构主要是指银监会及其下属各地的银监局。

③ 这一表述来源于笔者参加的辽宁省第一届村镇银行论坛上对于各村镇银行行长的访谈。

“逃离”农村的动机却都没有改变,只要有机会它们就会“出逃”。也就是说,在目前的治理机制下,村镇银行服务“三农”的承诺并不是一种“自实施”的契约,如果银监会不进行监管和约束,或者监管和约束不到位,这些金融资本就不会留在农村,也不会服务“三农”。如果是这样的话,那么在这些村镇银行成立以后,银监会的监管是否能有效地阻止这些金融资本的“出逃”就是这一治理机制的核心问题。如果能够阻止,则这种治理机制就是有效的;反之,如果银监会的监管不能阻止这些金融资本的出逃,则这种治理机制就是无效的。下面,我们通过监管机构与村镇银行的博弈分析①来讨论当前治理机制的有效性。

首先,我们假设博弈的参与方包括政府和村镇银行的出资者(以下简称出资者);政府的行动由两方面构成:监督与不监督,即政府有可能对出资者的行为进行监管,也有可能不对出资者的行为进行监管。出资者的行动也由两方面构成:农业贷款与非农贷款,即出资者可以选择向“三农”贷款,也可以选择进行非农贷款而不向“三农”贷款②。

从现实出发,我们假设博弈的规则是:出资者按规定应该向“三农”贷款,即进行农业贷款,但农业贷款的收益较低;如果出资者按规定进行农业贷款,则政府将会获得一定的收益,如果出资者违反了规定,只进行非农贷款,则政府的收益较低,我们假设为0;政府为了督促出资者履行承诺,按照规定向农业贷款,可以选择监督出资者的行为,但是监督行为将会花费一定的成本;如果政府选择监督,而此时出资者违反了规定只进行非农贷款,那么政府将会对出资者进行一定的惩罚。由以上的博弈规则可知,他们在各种情况下的收益可由表3-1表示。

表3-1 政府与出资者博弈的支付矩阵

政府态度	出资者	
	农业贷款	非农贷款
监管	$S-C, R_1$	$-C+W, R_2-W$
不监管	S, R_1	$0, R_2$

① 此处,本章抽象掉监管机构与村镇银行的其他关系,并采用最简单的完全信息静态博弈方法分析监管机构对于村镇银行的监管。

② 当前,村镇银行最为主要的业务为贷款业务,因而本章在此处仅仅分析村镇银行的贷款业务。

在表 3-1 所示的支付矩阵中，S 表示出资者按规定进行农业贷款时，政府的收益，而且假设出资者不按规定行事，即不进行农业贷款时，政府的收益为 0；C 表示政府监督出资者贷款行为的成本；R_1 表示出资者进行农业贷款时的收益，R_2 表示出资者进行非农贷款时的收益，而且根据现实情况，我们假设 $R_2 > R_1$；W 表示出资者进行非农贷款时，政府对他的惩罚，而且我们假设政府的监督能够查出出资者的每一次非农业贷款行为，并做出相应的惩罚。

通过以上的支付矩阵我们可知，只要 $C > W$，那么政府与出资者之间博弈的纳什均衡解就是(不监管，非农贷款)。也就是说，由于监督成本较大，政府不会去对出资者进行监管，而出资者也不会去遵守规定，他只会进行非农贷款。那么 $C > W$ 这一条件是否成立呢？在现实中，由于银监会不会在每一个乡镇都设立一个分支机构，这样就不可能针对每一家村镇银行都进行一对一的监管，这就存在着较大的信息不对称的成本；而且即使能够针对每一家进行监管，由于各村镇银行都会想办法避开法规约束，银监会也不一定会发现它们每一次的违规行为。由于我们在前面假设政府的监督能够查出出资者的每一次非农业贷款行为，并做出相应的处罚，因此可以想象，政府这样做的监督成本将会非常之大，也就是说，在现实中 $C > W$ 这一条件是必然成立的。

从以上的博弈分析可知，银监会对于村镇银行行为的监管不能约束这些金融资本“逃离”农村，这也是目前银监会不能完全放开农村金融市场的主要原因。虽然银监会加入了政策约束，并对村镇银行进行监管，但其并没有做出改变村镇银行“出逃”的激励。只要一有机会，这些村镇银行资本就会“逃离”农村，就像现在的农村商业银行与农村合作银行一样。

3.1.3　村镇银行发展的影响因素

学者们普遍认为微型金融组织具有覆盖穷人和财务可持续的双重目标，微型金融机构必须同时兼顾这两大“相互冲突”的目标(Ledgerwood，1998；Christen et al.，2004)，由此也引发了对其能否兼顾覆盖面与财务可持续性的争论。针对这一问题，存在福利主义和制度主义两种观点。福利主义者认为，对目标客户的覆盖比财务可持续性更为重要。Dunn(2002)认为，微型金融机构采用追求财务可持续的制度主义方式将会使其注意力和精力从诸如提高穷人和弱势群体权益等社会与政治目标中偏离。制度主义者则认为只有可持续的微型金融机构才能不断扩大服务范围。例如，Conning(2007)、Keeton(2003)等认为覆盖面与财务可持续性之间是相互平衡的。Schreiner(2002)指出，“穷人太多，出资人太少，而社会既关注穷人现在的福利也关注其未来的福利，只有实现了自我持续的微型金融机构才能在长期内产生提高社会福利的强烈激励”。因此，村镇银行作为微型金融组织，必须兼顾服务“三农”信贷和维持财务可持续的双重目标。

1. 村镇银行发展中的政府治理

在村镇银行发展过程中，存在中央政府、地方政府、主发起行、民企股东等多个参与人，以主发起行和民企股东为首的村镇银行内部治理者以维持财务可持续为目标，中央政府和地方政府则代替全体人民以服务“三农”信贷为目标。从形式上，村镇银行政府治理的各方参与人存在。然而，中央政府作为“全体人民”的代表，对于众多国有商业银行和农村金融机构无法直接进行有效的监督和管理，只好由中央到省、市、县（区）下设银监会和银监局，实行层层代理。这种不得已而拉长的代理链，导致责任和信息层层递减失真，造成实际上的委托人虚位，村镇银行政府治理与民间资本投入存在参与人约束。

从博弈视角来分析政府与村镇银行的行动与收益，我们做如下假设：①银监会（局）代表国家的利益，并从国家利益出发；②村镇银行不谋取私人收益时，其收益为 A，此时国家获得利益 B；③当村镇银行谋取私人收益时，会获得 $f(\theta)>0$ 的额外收益，其中，θ 表示信息不对称程度，且 $f'(\theta)>0$，即信息不对称程度越大，额外收益越大，此时，国家的收益为 $B-f(\theta)$；④如果村镇银行谋取私人收益，并被银监会（局）发现，则会被处罚 W[①]；⑤银监会（局）的监督成本为 $C(\theta)>0$，且 $C'(\theta)>0$，即信息不对称程度越大，审查成本越高。

根据上述假设，双方的博弈矩阵可见图 3-2。

村镇银行 \ 银监会（国家）	审查	不审查
转移	$A+f(\theta)-W$, $B-C(\theta)+W-f(\theta)$	$A+f(\theta)$, $B-f(\theta)$
不转移	A, $B-C(\theta)$	A, B

图 3-2　村镇银行与银监会博弈矩阵

① 惩罚可以是金钱上的，也可以是政治上的，比如降职，甚至可以是解聘。

在图 3-2 中，第一个数字为村镇银行的收益，第二个数字为银监会（局）的收益。该博弈显然不存在占优策略均衡，也不存在纯策略的纳什均衡。我们只能求解混合策略的纳什均衡。

假设村镇银行谋取私人收益的概率为 p，不谋取私人收益的概率为 $1-p$；银监会（局）对特定公司审查的概率为 q，不审查的概率为 $1-q$。

此时，银监会（局）审查的预期收益为

$$\pi_1=[B-C(\theta)+W-f(\theta)]\cdot p+[B-C(\theta)]\cdot(1-p)$$

银监会（局）审查的预期收益为

$$\pi_1'=[B-f(\theta)]\cdot p+B\cdot(1-p)$$

为使银监会（局）的预期收益最大化，使 $\pi_1=\pi_1'$，得

$$[B-C(\theta)]\cdot(1-p)+[B-C(\theta)+W-f(\theta)]\cdot p$$
$$=[B-f(\theta)]\cdot p+B-(1-p)$$
$$p=C(\theta)/W$$

同理，使村镇银行的收益最大化，得

$$A\cdot q+A\cdot(1-q)=(A+f(\theta)-W)\cdot q+[A+f(\theta)]\cdot(1-q)$$
$$q=f(\theta)/W$$

通过博弈分析，我们发现信息不对称程度 θ 的提高，不仅使银监会（局）的审查成本增加，而且还会提高银监会（局）进行监督的频率，进一步增大代理成本；另外，信息不对称程度 θ 的提高，不仅使国有企业私人收益增加，而且还会提高村镇银行谋取私人收益的概率，使得委托代理问题加剧。

因此，研究村镇银行发展中的政府治理与民间资本投入问题应该基于政府治理中的委托人缺失，通过设计与完善治理机制进而降低代理成本，满足政府、主发起行与民企股东的参与人约束条件，促进村镇银行健康发展。

2. 村镇银行发展中的民间资本

在村镇银行成立之初，监管机构为了降低村镇银行的运营与金融风险，在《村镇银行管理暂行规定》中规定：村镇银行最大股东或唯一股东必须是银行业金融机构。最大银行业金融机构股东持股比例不得低于村镇银行股本总额的 20%，单个自然人股东及关联方持股比例不得超过村镇银行股本总额的 10%。这一规定，使得银行业金融机构成为村镇银行的大股东，而民企股东必然只能作为小股东存在。具体来说：

第一，主发起行与民企股东是两个相互独立的个体，而且两者的目标函数并不一致。主发起行的目标是通过村镇银行的设立实现网点的扩张与跨

区域经营[①];而民企股东则希望通过设立与经营村镇银行获取经济利益。两者在现实中独立行动,并在行动中各自追求自身利益的最大化。

第二,主发起行与民企股东之间存在着严重的信息不对称。在村镇银行的实际经营中,主发起行向村镇银行委派绝大多数的董事,而且董事长和行长也基本是由主发起行委派,并向村镇银行提供日常经营管理方面的技术支持,具有较多的内部信息;民企股东一般处于村镇银行的外部,一般不参与村镇银行的日常经营管理,甚至不参加村镇银行的股东大会,主要利用村镇银行向其发布的信息与其观测到的经营结果来判断村镇银行各期的经营活动。同时,由于存在着外部干扰信息,即使民企股东能够观测到最终的结果,也不能完全准确地估计村镇银行的经营全貌。

第三,主发起行会从自身利益出发,而不去考虑民企股东投资设立村镇银行的目的。正是由于主发起行与民企股东之间存在着严重的信息不对称,主发起行必然会采取实现自身收益最大化的行动,而不会将民企股东的获利目标作为其行动的依据,这就使得民企股东的利益有可能会受到损害。

因此,研究村镇银行发展应注意两类委托代理关系与信息不对称问题:一类是政府与村镇银行之间的委托代理关系,以及与之相对应的企业内、外部信息不对称问题;另一类是主发起行与民企股东之间的委托代理关系,以及与之相对应的大股东与小股东信息不对称问题。本书为了能从理论上揭示村镇银行政府治理与民间资本投入的约束条件,首先将其全部内容概括为村镇银行发展中的政府治理与民间资本投入,将参与主体假定为政府[②]、村镇银行、主发起行与民企股东四个具有"经济人"特征的人格化主体,在此基础上,将政府与村镇银行关系、主发起行与民企股东关系抽象为两者之间的委托代理关系,进而以委托代理关系为起点,探讨村镇银行发展中的政府治理机制与民间资本投入机制。在上述假设基础上,研究村镇银行政府治理与民间资本投入实质上是在满足委托代理关系基础上,充分考虑各方参与约束与激励相容约束条件,在达到博弈均衡情况下,实现各方利益最大化。

---

① 通过笔者的调研发现,很多主发起行都将村镇银行作为其分支机构进行管理。

② 政府并不是一个单一的对象,在之后的分析中,笔者将政府进一步划分为中央政府和地方政府。

3.2　村镇银行发展的政府治理机制

3.2.1　村镇银行发展中政府治理的内涵

1. 政府治理的基本概念

明确提出“治理”一词是世界银行在 1989 年描述非洲危机时所使用的“治理危机”(crisis in governance)。1992 年，世界银行在年度报告中使用了“治理与发展”作为标题，在此次报告中，明确提出了治理概念，即治理是在管理国家经济和社会发展资源时，对权力的运用形式。随后，治理被广泛用于政治发展研究中。1993 年，亚太经合组织(OECD)在报告中指出“治理是政府使用政治权威和行使其在社会中与经济、社会发展有关资源处理的控制”。

1995 年，联合国全球治理委员会对治理的定义为：“治理是各种公共或私人的个人和机构管理其共同事物的诸多方式的总和，它是使相互冲突或不同利益得以调和并且采取联合行动的持续的过程，这既包括有权迫使人们服从的正式制度和规则，也包括各种人们同意或以为符合其利益的非正式制度安排。”①

治理理论的代表性人物詹姆斯・N. 罗西瑙认为，治理是通行于规制空隙之间的那些制度安排，或许更重要的是当两个或更多规制出现重叠、冲突时，或者在相互竞争的利益之间需要调解时才发挥作用的原则、规范、规则和决策程序②。英国学者格里・斯托克指出：“治理的本质在于，它所偏重的统治机制并不依靠政府的权威和制裁。治理的概念是，它所要创造的结构和秩序不能从外部强加；它之发挥作用，是要依靠多种进行统治的以及互相发生影响的行为者的互动。”③

随着相关研究和实践经验对于治理一词的理解愈发深刻，世界银行在 1997 年的一份研究报告中以“政府核心使命”概括性地提出了政府治理的五

① Commission on Global Governance. Our Global Neighborhood [M]. Oxford University Press, 1995.

② 詹姆斯・N. 罗西瑙. 没有政府的治理[M]. 张胜军译. 南昌：江西人民出版社，2001:9.

③ 格里・斯托克，华夏风. 作为理论的治理：五个论点[J]. 国际社会科学杂志(中文版)，1999(1):19—31.

项基本责任：①确定法律基础；②保持一个未被破坏的政策环境，包括保持宏观经济的稳定；③投资于基本的社会服务和社会基础设施；④保护弱势群体；⑤保护环境[①]。政府的这五项基本责任有助于国家长期健康平稳发展。事实上，市场是经济社会中资源配置的主体，在完全竞争市场中，市场机制可以有效率地实现资源的合理配置和有效配置，然而，当市场无法有效率地分配商品和劳务时，就会出现严重的负外部效应问题，即市场失灵。此时，就需要政府这只“看得见的手”加以干预和调整。政府治理的宗旨就是为市场运行及企业行为建立相应的规则，以弥补市场失灵，确保微观经济的有序运行，实现社会福利的最大化。

当前，国内相关研究大多沿用了北京大学张国庆教授对于政府治理概念的界定，即政府治理是指在市场经济条件下政府对公共事务的治理。该定义具有两重含义：①政府治理涉及政府、社会、市场三个实体；②政府治理的最终主体是国家，客体是社会公共事务。政府治理主要可概括为两方面治理，即政府对自身的治理和政府对市场的治理，前者是内部治理，后者是外部治理[②]。

本书中所提到的村镇银行政府治理主要是指政府部门采用治理手段与措施保证村镇银行在维持财务可持续的同时，承担服务“三农”社会使命，调和村镇银行主发起行与民间资本之间的冲突，提高村镇银行治理效率，促进村镇银行发展。政府对于村镇银行的治理是多方参与、分层实现的，其参与主体主要包括了中央政府、地方政府与村镇银行。中央政府对于地方政府的治理是内部治理，政府对于村镇银行的治理是外部治理，中央政府通过对地方政府的治理间接实现了对于村镇银行的治理。

2. 政府治理的主要特征

村镇银行的政府治理系统[③]具有复杂的内部结构，是一个开放的、复杂的、非线性的自组织系统，其有效发挥作用是以目标一致、功能齐备、结构合理、利益等为原则，通过内部系统间的物质与信息交换来实现的。这一政府治理系统由农村金融环境、农村金融主体与各级政府构成。政府治理的手段主要包括监督手段与激励手段。村镇银行政府治理的目标是为农村地区

---

① Chistopher Politt. Performance Audit in Western Europe: Trends and Choices[J]. Critical perspectives on Accounting, 2003, 14(1): 157-170.

② 张国庆. 行政管理学概论[M]. 北京：北京大学出版社，2000.

③ 村镇银行的政府治理系统中包括治理主体、治理手段、治理目标等各方面内容。

提供有效的金融服务。因此，村镇银行政府治理的实质就是以政府、村镇银行、农户和农企为主体，为实现各参与方的各自利益，基于对整个农村金融与农村经济背景的把握，分析和判断当前农村金融匮乏与缺失的原因，在现有制度框架基础上，以监督机制与激励机制为主要手段，使村镇银行能够为农村地区提供有效的金融服务，实现农村经济增长，并保证在农村经济增长的情况下，令村镇银行能够实现可持续发展，促进村镇银行与农村经济不断发展的良性循环。

政府在进行村镇银行治理的过程中会产生相应的治理成本，这些成本包括：

(1)协调摩擦成本，即设立与运营村镇银行过程中，农村金融资源重新配置所产生的成本。由于农村金融资产具有资产专用性，在重组或转移过程中将产生交易成本，而导致效率的损失。

(2)资源增量成本，即在设立与运营村镇银行过程中，除了产生资源存量在农村金融体系进行重新配置之外，为突破系统内部结构的最低限制因子的制约，使系统内部资源配置实现最优，从系统外注入的用于纠正扭曲结构失调的新增外部资源投入的成本。

(3)时间机会成本，即在设立与运营村镇银行过程中，由失调状态调整到协调状态的实践中，所付出的时间成本。

(4)协调管理成本，即治理村镇银行过程中所直接发生的成本，包括分析、判断农村金融环境的成本，研究和制定村镇银行发展对策的成本，实施治理措施和手段的成本，监督措施和手段落实的成本以及评估治理效果的成本。

3.2.2　村镇银行发展中政府治理的关系特征

村镇银行政府治理，可以表现在从微观主体到整个国民经济的不同层次上，既有全国范围内的村镇银行整体治理；也有不同层次的经济或行政区域范围内的村镇银行治理[①]；在农村金融内部结构即产业层次上的治理；还可以在微观上表现为某一村镇银行内部大股东与小股东、股东与经理之间的治理。

在村镇银行的设立与经营过程中，各方参与人(政府、村镇银行、农户与

① 如当前所发布的村镇银行补贴文件，既有中央政府发布的统一补贴文件，又有各级地方政府发布的针对本地的补贴文件。

农企)会单纯从自身利益出发,忽略其他参与方的利益。由于农村金融服务具有"风险高、收益低"的特点,导致村镇银行提供的金融服务质量低于政府的预期。此时,政府治理应以激励机制为主要手段,使村镇银行为农村地区提供有效的金融服务成为一个"自实施"的过程。具体来说:首先,政府制定合理的激励形式与激励标准,并向村镇银行传递这一激励信号;其次,村镇银行接收这一信号后,为农村地区提供金融服务;再次,政府根据村镇银行的产出,评估村镇银行的支农绩效,并根据激励标准给予村镇银行激励;最后,根据当期反馈的总体支农情况,政府修正激励形式与激励标准,并重新向村镇银行传递激励信号。在这一过程中,村镇银行的支农行动同政府设立的激励形式与激励标准有着密切的关系,只要激励形式与激励标准设置合理,村镇银行的支农行动将成为一个自实施机制,能够有效吸引村镇银行服务"三农"信贷、提高民间资本参与村镇银行治理效率。

从广义上讲,政府治理村镇银行的参与方就是指政府和村镇银行。其中,政府是村镇银行的设计方,政府设立村镇银行的初衷是填补农村地区金融服务空白,满足"三农"的金融需求,村镇银行正是在服务"三农"这一既定目标下产生的。因此,政府与村镇银行的关系如果从委托代理角度思考,可以理解为政府委托村镇银行在农村地区开展金融业务,服务"三农",村镇银行作为代理方,按照委托方要求,必须满足农户的小额贷款需求、服务当地中小型企业。

从狭义上讲,政府治理村镇银行的参与方包括了银监会、中央政府、地方政府、主发起行和民间资本。其中,前三个参与方属于政府部门,后两个参与方来自于村镇银行。银监会是村镇银行的直接监督管理部门,先后发布了《村镇银行筹建审批指引》《村镇银行管理暂行办法》以及《关于加快发展新型农村金融机构有关事宜的通知》等相关规定,对村镇银行的审批、核准、管理等提出要求规定。中央政府是村镇银行的政策倡导者,主要通过发布出台文件,对村镇银行的发展方向提出政策建议。与中央政府相比,地方政府在村镇银行发起设立和运行管理中的角色虽未明确,但现实中地方政府起着举足轻重的作用,从主发起人到村镇银行的股权结构的选择,甚至于村镇银行董事和行长人选的确定,地方政府都拥有不小的发言权和影响力。主发起行源于银监会关于村镇银行发起人制度(银监会规定村镇银行必须由一家符合监管条件且管理规范、经营效益好的商业银行作为主要发起银行),村镇银行从日常经营管理到公司内部治理大都依靠主发起行,甚至有些村镇银行的管理模式完全复制村镇银行。民企股东主要是指村镇银行的少数股东，以参股形式成为村镇银行股东，他们有意愿参与村镇银行经营管理，但由于参股股东的地位使得其实际参与村镇银行治理的权力受到限制。

课题组认为，在建设村镇银行的过程中，政府部门与村镇银行的出资人在实质上具有委托代理关系，而且委托人与代理人的目标具有不一致性——政府的目标在于丰富农村金融供给渠道，出资人的目标在于追求利润最大化。进一步地，在政府部门内部和村镇银行股东内部也存在委托代理关系。具体来说，在政府部门内部，中央政府与地方政府的目标也不一致，中央政府更关注农村金融服务缺失问题；地方政府更关注当地经济的发展。另一方面，村镇银行内部的各类股东的出资目的也并不一致：政策性银行具有行政职能倾向；城商行和农商行具有跨区经营倾向；私营企业与自然人则具有盈利偏好及关联交易倾向等（王曙光，2009）。综上所述，在村镇银行的建设中存在三类委托代理关系，即政府部门与村镇银行、中央政府与地方政府、村镇银行大股东与小股东的委托代理关系①。

1. 政府部门与村镇银行的关系特征

政府部门与村镇银行的关系如果从委托代理角度思考，可以理解为政府委托村镇银行在农村地区开展金融业务，服务“三农”。村镇银行作为代理方，应该按照委托方要求，满足农民与农户的小额贷款需求、服务当地中小型企业。但是，村镇银行作为一般性商业银行，具有营利性特征，并不会必然地按照政府部门的要求服务“三农”。同时，由于两者之间具有信息不对称的特征，因而形成了一种最基本的委托代理关系，见图3-3。

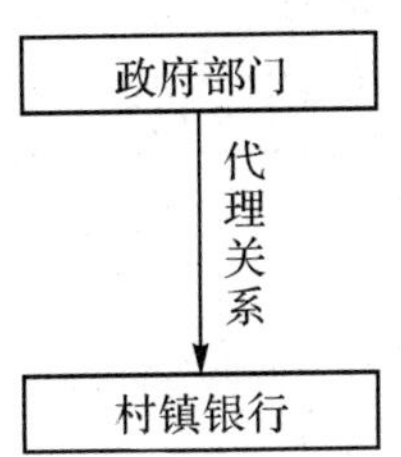

图3-3　基本的委托代理关系

2. 中央政府、地方政府与村镇银行的关系特征

进一步地，我们将政府部门层面打开，可以分为中央政府和地方政府，由此演变为中央政府、地方政府与村镇银行之间的代理关系，见图3-4。由

---

① 这三类委托代理关系并不是孤立存在的，而是相互联系、相互渗透的。

于村镇银行遍布广大农村地区,中央政府对其实施全面监督管理是不切实际的,因此,地方政府在村镇银行的经营管理中扮演了越来越重要的角色。实际上,自十一届三中全会以来,中央政府发布了一系列的“放权让利”政策,地方政府在决定和处理区域内的政治、社会和经济事务等方面拥有越来越多的自主权。而地方政府权力尤其是经济权力的扩张,改变了地方政府在政府权力结构中的地位和角色,使得它们完全有能力对于村镇银行的经营实施激励。但在另一方面,中央政府与地方政府之间也具有较为明显的目标冲突。中央政府希望村镇银行能够为“三农”服务、填补农村金融空白,而地方政府则希望村镇银行的存在能够进一步促进当地经济增长,尤其是农村经济的增长。因而,在中央政府与地方政府之间,又形成了一种代理问题。对于这种代理问题的治理,可以概括为中央政府应如何激励地方政府,充分调动地方政府的积极性,使得中央政府的政策思想能够顺利贯彻到村镇银行治理中去。

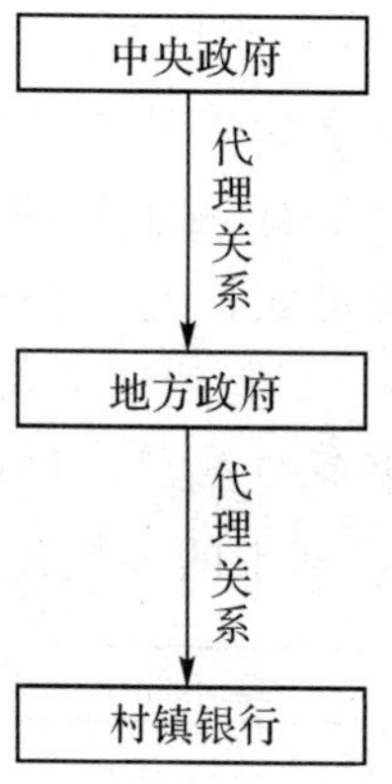

图 3-4　三层委托代理关系

3. 政府、主发起行与民间资本的关系特征

政府部门制定的村镇银行主发起人制度衍生出了主发起人与民企股东之间的内部治理冲突[①]。一方面,政府为了繁荣民间资本、丰富民间资本投资渠道,鼓励民间资本参与村镇银行建设,为此,银监会发布了一系列支持民间资本参股村镇银行的政策文件,如:银监会于 2013 年颁布《农村中小金

---

① 这一治理冲突属于委托代理理论中的第二类代理问题,即大股东与小股东的代理问题。

融机构行政许可事项实施办法》,将村镇银行最大股东持股比例不得低于村镇银行股本总额的 20%降为 15%;银监会在 2013 年发布的《关于鼓励和引导民间资本进入银行业的实施意见》中首次提出支持民间资本参与村镇银行发起设立或增资扩股;2014 年,银监会在《关于进一步促进村镇银行健康发展的指导意见》中提出在坚持主发起行最低持股比例的前提下,合理设置新设立村镇银行的股权结构,鼓励主发起行持有相对较低的股权比例,稳步提高民间资本持股比例。这些文件出台都表明了政府在鼓励民间资本参与村镇银行建设方面的态度。另一方面,政府出于金融安全考虑,又要求村镇银行的最大股东必须是银行业金融机构,并鼓励主发起行对村镇银行的经营管理全权负责。2009 年以后,受金融危机冲击和国内经济形势下行影响,一些商业银行信贷吃紧,前期过度扩展所暴露出的金融风险加剧,尤其是 2010 年爆发了以齐鲁银行为代表的系列商业银行金融危机案,使得银监会对于金融机构的监管愈发严格。2014 年,银监会在《关于进一步促进村镇银行健康发展的指导意见》中再次强调主发起行应切实承担大股东职责,为村镇银行提供持续的流动性支持。这种监管压力导致主发起行不得不考虑扩大资本投入比例,以提高对村镇银行的控制力,进而规避村镇银行在经营过程中可能产生的金融风险[①]。应该说,政府一方面发布政策文件,支持民间资本投入村镇银行,一方面又通过文件出台在法律上明确主发起行第一大股东的地位和作用。由于两类政策之间的冲突,势必会加剧大股东与小股东之间的代理问题,将企业内部的"第二类"代理问题进一步深化(见图 3-5)。

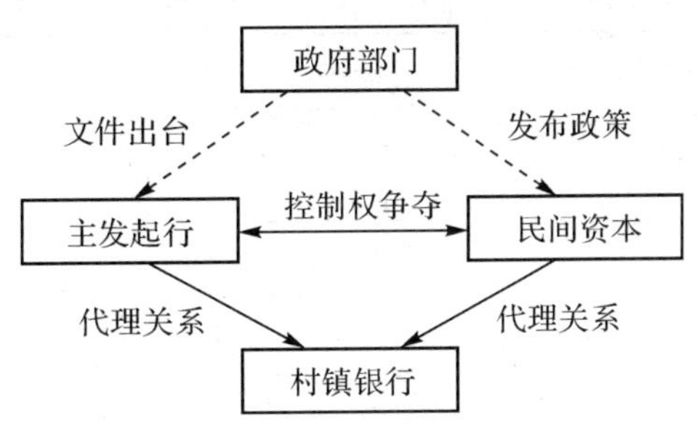

图 3-5　两类委托代理关系

结合以上三种委托代理关系,在村镇银行政府治理中,主要存在五类参与主体,七类关系链条,即两类三层委托代理关系,见图 3-6。具体来说,参

① 根据笔者的统计,目前大部分的村镇银行都是由主发起行绝对控股的。

与主体包括中央政府、地方政府、村镇银行、主发起行和民间资本这五类,关系链条包括了中央政府与村镇银行关系链条、中央政府与主发起行关系链条、中央政府与民间资本关系链条、主发起行与村镇银行关系链条、民间资本与村镇银行关系链条、主发起行与民间资本关系链条和地方政府与村镇银行关系链条。这五类主体、七类链条之间相互作用,共同影响了村镇银行的政府治理水平与治理效用。

第一,中央政府依赖银监会通过颁布条文、法规、制度规范等方式,对村镇银行的审批、设立、考核等各个方面实施政策性统一激励与监督,进而确定了政府治理村镇银行的边界。第二,中央政府出于金融安全考虑,在村镇银行设立条件中规定了主发起行制度,导致主发起行与村镇银行之间的委托代理关系。第三,中央政府出于民间资本阳光化、繁荣民间资本的政策意图,鼓励民间资本参股设立村镇银行,导致民间资本与村镇银行之间也出现了委托代理关系。第四,由于主发起行和民间资本这两类参与主体的出现,引出了村镇银行的大小股东控制权争夺、利益侵害等二类委托代理问题。第五,地方政府出于地方政治利益和经济利益考虑,也纷纷出台了有关村镇银行的带有区域特色监督与激励措施。

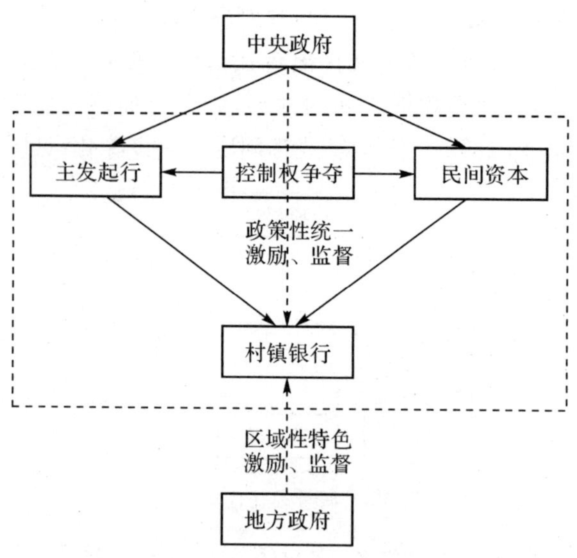

图 3-6 两类三层委托代理关系

然而,在这一系列复杂治理关系、治理链条中,多方参与主体的治理目标并不一致,甚至存在冲突。首先,中央政府治理村镇银行的总体目标主要是使村镇银行按照政府设立村镇银行的初衷——“服务‘三农’”行事，实现健康、可持续发展。而地方政府治理村镇银行则有繁荣地方经济、获取政治利益的倾向，以城商行和农商行为代表的主发起行具有跨区经营倾向，以私营企业与自然人为代表的民间资本则具有盈利偏好及关联交易倾向。这五方参与主体、七类关系链条交织在一起，构成了村镇银行政府治理的整体治理关系局面。

据此，政府治理村镇银行应以农村金融生态环境为现实背景，以公司治理、农村金融、组织行为等理论为理论依据，细致分析村镇银行的内、外部治理环境，把握各参与主体的治理目标，厘清参与主体的治理冲突，进而理顺参与方之间的治理关系链条，在此基础上，明确政府治理村镇银行与民间资本投入的实现机理。

3.2.3　村镇银行发展中政府治理的传导机理

中央政府与村镇银行[①]在本质上存在委托代理关系，即中央政府作为委托人，委托村镇银行为“三农”提供金融服务；而村镇银行作为代理人，接受中央政府的委托。当前，中央政府对于农村金融发展是通过垂直分层治理结构实施的(熊德平，2006)，因而，中央政府对于村镇银行的政府治理模式也基本采用垂直治理结构。具体来说，中央政府通过“命令—服从”的权力行使机制，将审批与监管村镇银行的任务委托给银监会(及其下属银监局)，并由银监会实施对村镇银行的审批与监管职能。可以看出，在这一治理模式下，存在三方参与主体——中央政府、银监会(及其下属银监局)和村镇银行。

与此同时，中央政府除了采用垂直分层治理结构实现农村金融发展外，还采用水平分层治理结构实现农村经济的发展(熊德平，2006)。具体来说，中央政府将农村经济发展目标层次具体落实到地方政府，并下放相应的权力和资源。中央政府的垂直分层治理结构与水平分层治理结构是并行存在的，同时，由于金融的“核心地位”、系统的内在脆弱性以及金融风险的扩散性等特点，中央政府的垂直分层治理结构必须独立于各级地方政府。但各地方政府出于发展本地农村经济、保护本地银行业资本等目的，势必会干涉各地银监局对于村镇银行的审批与监管。同时，由于掌握独立的财政资源，地方政府所制定的各种财政与税收政策以及其在地方的影响力也会对村镇

---

① 实质上是村镇银行的出资人，这里为简便起见统称为村镇银行。

银行的经营决策产生直接影响。由此可知,在实践中地方政府也构成了村镇银行政府治理中的重要一方。因而,在当前的政府治理结构中,共有四方参与主体,即中央政府、银监会(及其下属银监局)、地方政府和村镇银行。这一政府治理模式可由图 3-7 表示。

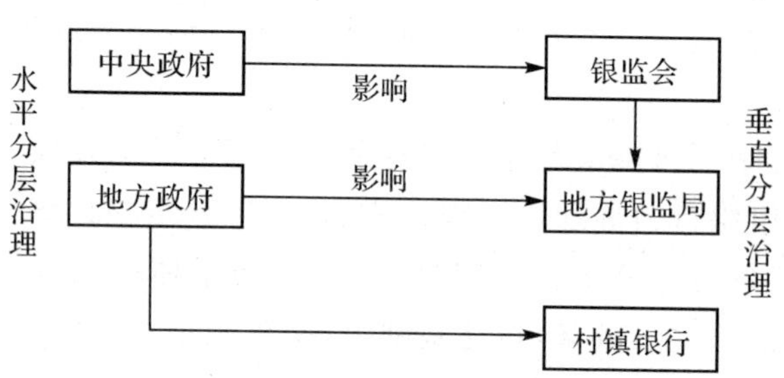

图 3-7 村镇银行发展中政府治理结构

这四方参与人实质上形成了一种双层委托代理关系:第一层是中央政府与银监会(及其下属银监局)、地方政府的委托代理关系,即中央政府将发展农村金融与农村经济的目标分别委托给银监会与地方政府;第二层是银监会、地方政府与村镇银行的委托代理关系,即银监会和地方政府将发展农村金融与农村经济的目标进一步委托给村镇银行。在这种双层委托代理关系中,四方参与主体的目标并不一致①。在双层委托代理关系中,任何一方代理人的行为出现偏离,都将无法实现委托人的目标。当前,对于村镇银行的政府治理主要采用垂直分层治理结构,即银监会既要监控村镇银行的经营风险,又要保证村镇银行服务"三农"。但由于委托人与代理人的目标不一致,以及信息不对称等原因,这种以监督为主的治理机制并不能有效地保证村镇银行会从委托人的利益出发。此外,出于金融安全考虑,银监会在村镇银行出资人制度中要求,村镇银行的主发起人必须是金融机构,且出资比例不能低于 20%,银监会这种做法直接影响到了村镇银行的内部治理结构和大股东性质类型,导致当前村镇银行的主发起人是商业银行,而民间资本只能成为村镇银行的小股东,使得村镇银行内部治理中的第二类代理问题

① 其中,中央政府作为委托方,由于受到政治、经济和社会发展的压力,其目标是通过设立村镇银行为农村提供更加丰富、充分的金融服务,进而提升社会总福利;地方政府的目标是地方经济增长,进而满足政绩工程和本级财政支出的需求;银监会(及其下属银监局)的目标是通过对村镇银行的监管,降低由此产生的金融风险;村镇银行的目标是通过经营,实现利润最大化。

（大、小股东委托代理问题）日趋严重。因此，如何针对村镇银行设置一整套行之有效的政府治理机制至关重要。

中央政府对于村镇银行的政府治理应该包含两方面的内容：一是控制由于金融机构增加所带来的金融风险；二是实现中央政府设立村镇银行的初衷，使村镇银行能够真正服务于“三农”。对于第二个目标的实现，中央政府应对村镇银行的“支农”行为采用适当的激励机制，而对于激励机制的使用，必须引入具有独立财权的地方政府，也就是说，要将水平分层治理结构引入村镇银行的政府治理机制。这样，对于村镇银行的政府治理机制，就需要由垂直分层治理结构和水平分层治理结构共同实现。具体来说，中央政府在垂直分层治理结构中，委托银监会对村镇银行进行审批与监管，控制村镇银行所带来的金融风险，这一治理路径可称为监管路径；另一方面，中央政府可以正式将地方政府引入到对于村镇银行的政府治理机制中来，通过水平分层治理结构，委托地方政府对村镇银行进行激励，村镇银行能够有效地为“三农”提供金融供给，这一治理路径可称为激励路径。此外，考虑到村镇银行内部的第二类代理问题，可以通过政府外部治理实现村镇银行内部治理的优化，即政府在对待村镇银行内部治理问题上，应给予村镇银行更多的自主权，即让村镇银行自主确定股东性质、类型和规模，变行政干预为外部治理，使政府对于村镇银行的治理更多的在于外部治理，通过外部治理渗透性改善其内部治理水平。例如：政府可以在适当时机逐步降低主发起行持股比例，提高民企股东股权比例，激发民企股东出资建设村镇的热情，使村镇银行股东多元化；股东多元化可以减少一股独大带来的危害性，避免村镇银行成为主发起行的分支机构，提高内部治理效率。这一改进后的村镇银行政府治理结构可见图 3-8。

据此，村镇银行的治理包括两个层面：一个层面是政府与村镇银行之间的外部治理，其治理核心是协调村镇银行的获利倾向和政府服务“三农”的社会使命。另一个层面是主发起行与民企股东之间的内部治理。值得注意的是，主发起行源于政府出台的村镇银行管理相关规定，主发起行制度可以看作政府治理在村镇银行内部的延伸，主发起行在某种程度上可以看作是政府在村镇银行内部治理的代言人。因此，主发起行与民企股东之间的控制权争夺等内部治理问题可以看作是政府在吸收民间资本方面的态度与意图的外在表现。

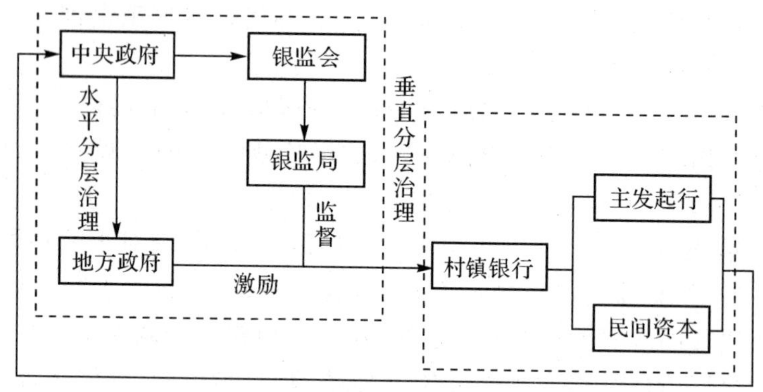

图 3-8 改进后的村镇银行发展中政府治理结构

3.3 村镇银行发展的民资投入机制

3.3.1 民间资本的内涵

资本不论在西方经济学还是政治经济学中均是重要的基础性概念,无论是西方经济学还是马克思主义经济学,都将资本理论作为基础理论来研究。

西方经济学将资本定义为一切能带来财富和利益的手段。资本可分为人力资本和非人力资本。其中,人力资本指知识和技术以及其他无形资产的产权;非人力资本即实物资本,包括厂房、机器设备、存货等。但在有些场合,资本作为一种狭义理解,成为生产资料的代名词,相当于资本品或投资品概念。如萨缪尔森说:"资本一词通常被用来表示一般的资本品。资本是另一种生产要素。资本品和初级生产要素不同之处在于:前者是一种入量,同时又是经济社会的出量。"①

马克思在资本论中将资本当作资本主义特有的范畴来使用。马克思认为,"一定的价值额,只有在它利用自己造成剩余价值时,才变成资本,资本不是物,而是一定的、社会的、属于一定历史社会形态的生产关系,它体现在一个物上,并予这个物以特有的社会性质"②。因此,资本从本质上体现了人

① 萨缪尔森.经济学[M].高鸿业,等译.北京:中国发展出版社,1992.

② 马克思.资本论[M].郭大力,王亚南译.北京:人民出版社,1975.

与人之间的关系。

对于民间资本,目前还没有明确的定义,国外学者通常将其称为私有资本。国家统计局在 1998 年制定的《关于统计上划分经济成分的规定》和《关于划分企业登记注册类型的规定》中,将经济成分划分为两个层次、五种分类。两个层次是指公有经济和非公有经济,五种分类包括国有经济、集体经济、私有经济、港澳台经济和外商经济。2004 年度的《浙江统计年鉴》将民间资本定义为非政府拥有的资本,具体而言,民间资本就是民营企业的流动资产和家庭的金融资产。

由此可见,学术界普遍强调民间资本是非政府控制的、存于民间的资本。因此,本书认为民间资本是一个国家或地区非国有资本和外商资本的总和,是掌握在民营企业以及股份制企业中的私人股份和其他形式的私人资本。根据仇颖(2011)对于民间资本的划分,民间资本主要包括经营性资本、投资性资本和金融性资本。由于经营性资本已经通过投融资方式参与到企业生产经营活动中,是民间资本的外在表现,因此,不属于本书研究范畴。本书重点研究的是如何吸引民间投资性资本和民间金融性资本参与到村镇银行等新型农村金融机构建设中来,使民间资本通过参与村镇银行投资与运行获得价值增值,促进民间资本健康运作、村镇银行健康发展。因此,本书所研究的民间资本主要是指投资性资本和金融资本。

3.3.2　民间资本的重要作用

1. *增加资本活力*

民间资本进入银行业,对于动员社会资金进入实体经济,促进银行业金融机构股权结构多元化,激发金融机构市场活力具有重要意义,遵循依法合规、科学审慎、公平公正、同等待遇的原则,政府部门出台了一系列鼓励民间资本投资入股村镇银行的政策规定。2005 年,被称为“非公 36 条”的《国务院鼓励支持非公有制经济发展的若干意见》,已经明确鼓励非公有资本进入区域性股份制银行和合作性金融机构。2010 年 5 月,被称为“新 36 条”的《国务院关于鼓励和引导民间投资健康发展的若干意见》,进一步放宽了民间资本进入银行业的限制。2012 年 5 月,银监会专门出台《关于鼓励和引导民间资本进入银行业的实施意见》,支持民营企业参与村镇银行发起设立或增资扩股,将村镇银行主发起行最低持股比例由 20%降低为 15%,并明确在村镇银行进入可持续发展阶段后,主发起行可以与其他股东按照有利于拓展特色金融服务、有利于防范金融风险、有利于完善公司治理的原则调整各自的持股比例。

中国银监会副主席周慕冰指出,民间资本进入银行业已经取得突破性进展。截至2015年3月,民间资本在股份制银行和城商行股权中的占比超过50%的已有100多家,占总数的70%左右。民间资本在农村中小金融机构股权中的占比接近90%,其中在村镇银行中的占比超过70%①。民间资本的进驻,在有效化解法人银行经营风险、优化股权结构、健全治理机制和提高管理水平等方面发挥了积极作用。

2. 提高治理效率

关于银行内部治理结构,巴塞尔委员会早在1999年就通过了《改善银行机构的公司治理结构》,其对健全的商业银行公司治理结构做了明确概括。根据其指导意见,商业银行公司治理结构应主要包括三个方面的内容:第一,基于明晰产权关系的控制权、经营管理权和收益分配权的基础框架体系,体现为权利结构;第二,协调的内部各层次的治理关系,即委托代理关系和契约关系,体现为静态的组织结构;第三,强有力的内部控制体系以及对经理人员和员工有效的激励和约束机制,体现为动态的运行结构。近年来,中国金融业改革的成就有目共睹,但是由于国有控股的基本格局没有变化,商业银行公司治理效率还有待提高。治理效率低下与银行股权结构中国有股东的强势地位有关:一方面,国有大股东往往不按公司治理原则,强行干预人事任命;另一方面,由于股权结构单一,使得董事会、监事会等作用无法充分发挥,治理结构方面的缺陷严重阻碍了国有商业银行的发展。

当前,虽然村镇银行属于金融领域的新兴机构,但是其治理机制仍然采用主发起行的模式②。积极引入社会投资者,鼓励村镇银行引入民间资本,有利于实现村镇银行股东多元化,可以为董事会结构合理提供前提保障。因此,民间资本有助于改善村镇银行治理结构,给村镇银行带来压力、产生活力,有助于提高村镇银行治理效率。

3.3.3 民间资本投入的约束条件

当前,民间资本进入村镇银行没有原则性障碍,但在实际中仍存在一些

---

① 这些数据来源于周慕冰在2015年陆家嘴论坛上的讲话。

② 根据目前的规定,主发起行仍为村镇银行的第一大股东。据统计,大部分主发起行对村镇银行的持股比例都超过50%,因而村镇银行的经营方式和治理模式都沿用了主发起行的模式。

困难和问题有待解决。

1. 路径依赖

针对民间资本转化为银行资本的问题，传统理论都强调“通过拥有国家资本和独享垄断权的国家银行，把信贷集中在国家手中”和“实行银行国有化才能真正实行对全部经济生活的监督”，而民间资本促进经济金融发展的认识有待进一步传播和推广。在思想观念上，我国传统的国有、集体、民营的资本划分根深蒂固；在实践中，监管者在审查股东资格时仍是看投资人的背景。这种传统理论和观念是路径依赖产生的重要原因，仍然深刻制约着民间资本进入银行业。具体到村镇银行方面，民间资本设立村镇银行业存在着许多制度上的制约，如《村镇银行管理暂行规定》中指出，村镇银行的主发起人必须是金融机构，民间资本只能作为参股人，而不能作为控股人。这一规定在很大程度上降低了民间资本进入村镇银行的积极性。

2. 资金实力

虽然国家鼓励民间资本进入新型农村金融领域，但这一行业是具有较高经营风险的特殊机构。为最大程度避免银行业出现风险和对社会造成不良影响，同时出于审慎监管的考虑，监管层对民间资本进入银行业的市场准入、投资比例和资产规模等方面进行了一些限制，门槛较高。例如，规定入股农村商业银行、农村合作银行和农村信用联社的企业净资产须达到全部资产的30%以上，以及权益性投资余额不超过本企业净资产的50%等。这些条件对所有资本都“一视同仁”，无论是国有资本还是民间资本。作为中小银行的主要股东必须满足一定的监管要求，而这些要求对许多民间资本来说是无法达到的，进而导致部分民间资本难以转化为银行资本。

3. 市场和非市场壁垒

现有商业银行在网点、客户、信誉、技术、管理水平和人员方面拥有巨大优势，民间资本如新设村镇银行，将付出更多经营成本和更大的营销努力，以提升自身的品牌和知名度，这就形成了一种市场壁垒。同时，现有法规（如《村镇银行管理暂行规定》）也限制民间资本的进入，这在事实上形成了一种非市场壁垒。此外，即使这些资本进入农村领域，它们也不想留在农村真正为“三农”服务，只是想通过新型农业金融机构这一平台实现各自目的。由于非农业务的收益要大于农村业务的收益，而风险又要小于农村业务，加之农村业务具有规模较小、抵押资产较少等缺点，因此，当前的村镇银行也会具有我国传统金融机构那种“逃离”农村的愿望。

3.4 村镇银行发展中政府治理机制的博弈分析

3.4.1 政府治理的监督机制博弈分析

在双层委托代理框架中,银监会及其下属银监局在其所处的垂直分层治理路径中行使监督职能,这一职能的重点是对村镇银行的金融风险进行监控,进而维护我国农村地区金融秩序的稳定。

当前,村镇银行刚刚兴起,由于资金与人员条件的制约,村镇银行在经营管理上缺乏有效的内部风险控制机制。鉴于此,银监会对于村镇银行贷款的监管要求是“小额、分散”,这有利于降低村镇银行在经营过程中所产生的信贷风险。但众所周知,银行的收益与贷款规模正相关,而与贷款次数负相关。对于村镇银行的资本投入者来说,由于有限责任制度的存在,势必会使其在经营村镇银行的过程中,为了获取更高利润而进行数额较大的高风险贷款,违背银监会“小额、分散”的贷款要求。

为了控制村镇银行可能带来的金融风险,银监会需要对村镇银行的资金流向进行监管。但是,由于每一家村镇银行都是一个独立的法人,如果对每家村镇银行都进行实时监控,则需要花费大量的成本,这在现实中是很难做到的。如何才能找到一种合理的监督机制,这对于控制村镇银行在经营过程中所产生的信贷风险至关重要。本书试图通过对村镇银行与银监会之间的博弈分析,设计村镇银行的监督机制。

假设村镇银行的高风险贷款额为 M,b 为高风险贷款的收益率①($b>0$),则村镇银行通过高风险贷款所获得的收益 B 为

$$B=bM \tag{3-1}$$

设 C 为村镇银行进行高风险贷款的成本。这一成本包括两部分内容:一部分是贷款基本运营成本,这一成本与贷款金额 M 成正比,设比例为 $s(0<s<b)$。另一部分是银监会对村镇银行进行查处时,村镇银行的处罚损失成本。由于银监会对于村镇银行的违规查处应具有警示作用,处罚金额一般都会远高于村镇银行进行高风险贷款所获得的收益。我们在这里假设查处成本与 M^2 成正比,处罚力度为 $t(t>0)$。当银监会的查处概率为 p 时,

① 这一收益率主要是指村镇银行高风险贷款相对于“小额、分散”贷款的超额收益率。

村镇银行进行高风险贷款的总成本为

$$C=sM+ptM^2 \tag{3-2}$$

由式(3-1)和式(3-2)可知，村镇银行进行高风险贷款的收益为

$$R=B-C=bM-sM-ptM^2 \tag{3-3}$$

村镇银行为获得收益最大化，则有$\frac{\partial R}{\partial M}=0$，则高风险贷款量为

$$M^*=\frac{b-s}{2pt} \tag{3-4}$$

从式(3-4)中可以看出，村镇银行的高风险贷款量决策除了与贷款收益率 b、基本成本比例 s、银监会的惩罚力度 t 有关外，还要考虑的一个重要因素就是银监会的查处概率 p。当村镇银行的查处概率越高时，村镇银行所愿意贷出的高风险贷款数额越低。

进一步地，我们考虑银监会与村镇银行双方的行动。为了便于分析，我们假设银监会与村镇银行双方都只有两种策略选择：银监会的策略集为{查处，不查处}，商业银行的策略集为{进行高风险贷款，不进行高风险贷款}。由上面的分析可知，银行进行高风险贷款，可获得收益为 $bM-sM$，不进行高风险贷款的收益为 0①。银监会对于村镇银行的高风险贷款项目进行查处的成本为 C'，如果查出村镇银行有高风险贷款，则处罚。银监会进行查处的概率为 p，村镇银行进行高风险贷款的概率为 q。银监会与村镇银行双方的支付矩阵见表 3-2。

表 3-2　银监会与村镇银行博弈的支付矩阵

银监会态度	村镇银行	
	进行高风险贷款	不进行高风险贷款
查处	tM^2-C'，$bM-sM-tM^2$	$-C'$，0
不查处	0，$bM-sM$	0，0

从表 3-2 中可以看出，银监会与村镇银行间并没有一个纯策略纳什均衡解，这说明银监会是否查处决策与村镇银行是否进行高风险贷款决策两者间处于一种混合状态下，因而只能用混合纳什均衡解的方法对两者进行分析。

在给定 q 的情况下，银监会进行查处($p=1$)和不查处($p=0$)的期望收

① 这里指的是超额收益为 0，村镇银行只能获得“小额、分散”贷款的正常收益。

益分别为

$$R(1,q)=(tM^2-C')q+(-C')(1-q)=qtM^2-C' \tag{3-5}$$

$$R(0,q)=0 \tag{3-6}$$

令式(3-5)=式(3-6)可得

$$q=\frac{C'}{tM^2} \tag{3-7}$$

根据式(3-7)的混合纳什均衡解可知,银监会会根据村镇银行的高风险贷款概率进行行动。当 $q^*>q$ 时(即村镇银行倾向于进行高风险贷款时),银监会的最优决策应该是查处;当 $q^*<q$ 时(即村镇银行倾向于不进行高风险贷款时),银监会的最优决策应该是不查处。

从式(3-7)的结果可以看出,当银监会的处罚收益(即 tM^2)越大时,村镇银行进行高风险贷款概率(q)越小,$q^*>q$ 的条件越容易满足,银监会进行查处的概率上升。也就是说,银监会通过查处高风险贷款所获得的收益越大,越有可能提高银监会查处村镇银行高风险贷款的积极性。结合式(3-4)可知,此时,村镇银行进行高风险贷款的数额将会较低。另一方面,当银监会的查处成本(即 C')越大时,村镇银行进行高风险贷款概率(q)越大,$q^*<q$ 的条件越容易满足,银监会进行查处的概率降低。也就是说,银监会查处高风险贷款的成本越高,越有可能降低银监会查处村镇银行高风险贷款的意愿。此时,村镇银行进行高风险贷款的数额将会较高。

在给定 p 的情况下,村镇银行进行高风险贷款($q=1$)和不进行高风险贷款($q=0$)的期望收益分别为

$$R(p,1)=(bM-sM-tM^2)p+(bM-sM)(1-p)=bM-sM-tpM^2 \tag{3-8}$$

$$R(p,0)=0 \tag{3-9}$$

令式(3-8)=式(3-9)可得

$$p=\frac{bM-sM}{tM^2} \tag{3-10}$$

根据式(3-10)的混合纳什均衡解可知,村镇银行会根据银监会的查处概率进行行动。当 $p^*>p$ 时(即银监会倾向于进行查处时),村镇银行的最优决策应该是不进行高风险贷款;当 $q^*<q$ 时(即银监会倾向于不查处时),村镇银行的最优决策应该是进行高风险贷款。

从式(3-10)的结果可以看出,当村镇银行受到的处罚损失(即 tM^2)越大时,p 越小,$p^*>p$ 的条件越容易满足,村镇银行进行高风险贷款的概率下

降。也就是说，村镇银行进行高风险贷款被查处时的处罚损失越高，为避免高额的处罚成本，村镇银行进行高风险贷款的意愿越低。此外，村镇银行进行高风险贷款的基本净收益（即 $bM-sM$）越大时，p 越大，$p^{*}<p$ 的条件越容易满足，村镇银行进行高风险贷款的概率上升。也就是说，在没有被查处的条件下，村镇银行进行高风险贷款的净收益越高，越会诱使村镇银行违背银监会对于村镇银行“小额、分散”的贷款要求，进行大额的高风险贷款。

通过以上的博弈分析可知，为了使银监会的监督机制更加有效，进而降低村镇银行的贷款风险，我们有三种途径可以选择：首先，加大银监会的处罚力度，提升村镇银行进行高风险贷款的成本；其次，降低银监会的监管成本，提升银监会对于村镇银行高风险贷款监管的意愿；最后，有效提升村镇银行的“三农”贷款收益，降低高风险贷款与“小额、分散”贷款的收益差，进而可以降低村镇银行进行高风险贷款的意愿。

3.4.2　政府治理的激励机制博弈分析

1. 基于单层委托代理框架的激励机制设计

在本部分，我们假设中央政府、地方政府和银监会具有利益一致性，我们将它们作为一个统一的个体——监管机构。在这种假设下，监管机构和村镇银行就构成了一个单层的委托代理关系，简化了对于两者之间激励机制的分析。在下一节，我们将放松这一假设，分析多方、双层的委托代理关系。

（1）基本模型构建与分析

假设 a 是村镇银行进行“支农”活动的努力变量；t 为村镇银行“支农”努力的成效系数；ε 为农村“金融生态环境”，它是一个随机变量，服从于均值为 0，方差为 σ_{ε}^{2} 的正态分布。那么，监管机构（委托人）通过村镇银行（代理人）的“支农”活动所带来的收益①为

$$R=at+\varepsilon \tag{3-11}$$

监管机构为了激励村镇银行努力进行“支农”活动，必须向其支付一定的经济补贴。这部分经济补贴由两部分组成：一部分是固定补贴 α；另一部

① 这一收益既包括支持农村生产经营所带来的经济增长收益，又包括稳定农村社会所带来的政治收益。

分是浮动补贴,即村镇银行所分享的“支农”收益份额 $\beta(0\leqslant\beta\leqslant1)$①。此时,村镇银行所获得的经济补贴②可表示为

$$S=\alpha+\beta R=\alpha+\beta(at+\varepsilon) \tag{3-12}$$

同时,假设村镇银行“支农”努力的成本为 $C(a)$③,$C(a)$具有成本函数的一般特征,即 $C'(a)>0$,$C''(a)>0$。为简便起见,我们设村镇银行“支农”努力的成本为 $C(a)=\frac{1}{2}ba^2$,其中 b 为“支农”努力的成本系数($b>0$),则村镇银行的净补贴为

$$\omega=S-C(a)=\alpha+\beta R-\frac{1}{2}ba^2=\alpha+\beta(at+\varepsilon)-\frac{1}{2}ba^2 \tag{3-13}$$

假设监管机构是风险中性的,并进一步假定其期望效用与期望收益相等,则监管机构的预期效用为

$$Eu=E(R-S)=-\alpha+(1-\beta)ta \tag{3-14}$$

同时,假设代理人是风险规避的,设其效用函数为 $V(x)=-\mathrm{e}^{-rx}$④,其中 r 为风险规避系数。由其效用函数形态和村镇银行的净补贴可知,村镇银行的风险贴水为$\frac{1}{2}r\beta^2\sigma_\varepsilon^2$⑤,则其等价性收入(CE)为

$$\mathrm{CE}=E\left[\alpha+\beta(at+\varepsilon)-\frac{1}{2}ba^2\right]-\frac{1}{2}r\beta^2\sigma_\varepsilon^2=\alpha+\beta at-\frac{1}{2}ba^2-\frac{1}{2}r\beta^2\sigma_\varepsilon^2 \tag{3-15}$$

设村镇银行的保留收入水平为 $\underline{\omega}$,为了让村镇银行参与到“支农”活动中,监管机构给予村镇银行的经济补助必须大于其保留效用。由此可知,村镇银行的参与约束(IR)可表示为

$$(\mathrm{IR})\alpha+\beta at-\frac{1}{2}ba^2-\frac{1}{2}r\beta^2\sigma_\varepsilon^2\geqslant\underline{\omega} \tag{3-16}$$

在满足参与约束的条件下,就会有出资者愿意设立村镇银行,并加入

---

① α 与 β 的取值不仅代表了村镇银行的补贴收益,也代表了村镇银行的风险承担程度。其中,α 表示监管机构给予村镇银行的保证性收入;β 表示村镇银行的风险性收入,$\beta=0$ 表示村镇银行不承担任何风险,$\beta=1$ 表示村镇银行承担全部的风险。

② 这里不考虑村镇银行自身的经营收益。

③ 村镇银行“支农”努力的成本主要是指村镇银行进行“支农”活动所产生的机会成本,即进行“支农”活动时所放弃的对其他大公司进行金融服务所可能产生的收益。

④ 这一效用函数具有绝对风险不变的特性。

⑤ 形式为 $V(x)=-\mathrm{e}^{-rx}$ 的效用函数,其风险贴水为$\frac{1}{2}Var(x)\cdot r$。

“支农”活动中。

如果监管机构与村镇银行之间不存在信息不对称的情况,那么只要满足村镇银行的参与约束,就可以使村镇银行加入到支农活动中,并可以保证村镇银行“支农”的努力水平达到监管机构的要求。因为此时监管机构可以设置一个强制性合约,并对村镇银行的“支农”努力进行有效的监管[①]。之后,监管机构可以根据监督结果对村镇银行进行奖惩。例如,这一合同可以简单设定为:如果村镇银行选择监管机构效用最大时的“支农”努力水平为 a^*,监管机构将支付 $S(a^*)=S^*$;否则支付 $S<S^*$[②]。只要 S 足够小,村镇银行必然会选择监管机构所要求的“支农”努力水平 a^*。

因此,在信息对称的条件下,监管机构的问题是如何选择对村镇银行进行支付的方式,才能使村镇银行加入到“支农”活动中,进而达到自身效用的最大化,即

$$\max Eu=-\alpha+(1+\beta)ta$$
$$\text{s.t.}\ (\text{IR})\alpha+\beta at-\frac{1}{2}ba^2-\frac{1}{2}r\beta^2\sigma_\varepsilon^2\geqslant\underline{\omega} \tag{3-17}$$

在最优化的条件下,参与约束(IR)的等式成立。同时考虑在信息对称的条件下,委托人没有必要给予代理人收益分成,只需要支付固定薪酬(即 α)就可以,因此 $\beta=0$。此时,将村镇银行的参与约束代入监管机构的目标函数中,可得

$$\max Eu=\max\left(-\frac{1}{2}ba^2-\underline{\omega}+ta\right) \tag{3-18}$$

通过一阶导数条件求解可得

$$\alpha=\underline{\omega}+\frac{t^2}{2b} \tag{3-19}$$

$$a^*=\frac{t}{b} \tag{3-20}$$

即监管机构的最优支付合同(α,β)为$\left(\underline{\omega}+\frac{t^2}{2b},0\right)$,村镇银行的最优努力水平为 $a^*=\frac{t}{b}$,此时达到帕累托最优。

---

① 由于信息是对称的,监管机构可以掌握各家村镇银行的内部信息,这可以保证监管机构能够对村镇银行的行动进行有效的监督。

② 甚至进行惩罚,使 $S<0$。

但在现实中,委托人与代理人之间存在着严重的信息不对称,即监管机构并不能观测到村镇银行"支农"行动的努力程度。此时,仅依靠参与约束(IR),只能保证出资人设立村镇银行,但并不能保证村镇银行的"支农"努力程度能够达到监管机构的要求①。因而,还需要加入激励相容约束,使得村镇银行努力进行"支农"活动成为一个"自实施"的机制。

具体来说,假设 a 是监管机构希望村镇银行所达到的"支农"努力程度,而 a' 是村镇银行可选择的任一"支农"努力程度。激励相容约束所要表达的含义是:只有村镇银行努力程度为 a 获得的收益,大于选择其他行动所获得的收益时,村镇银行才会根据监管机构的意图选择其所需要的"支农"努力程度 a。基于此,村镇银行的激励相容约束(IC)可表达为

$$(\text{IC})\alpha+\beta at-\frac{1}{2}ba^2-\frac{1}{2}r\beta^2\sigma_\varepsilon^2\geqslant\alpha+\beta a't-\frac{1}{2}ba'^2-\frac{1}{2}r\beta^2\sigma_\varepsilon^2 \quad (3\text{-}21)$$

因此,在信息不对称的现实条件下,监管机构的问题是如何选择对村镇银行进行经济补贴,才能使村镇银行努力进行"支农"活动,进而实现自身效用的最大化,即

$$\max Eu=-\alpha+(1+\beta)ta$$

$$\text{s.t.}\ (\text{IR})\alpha+\beta at-\frac{1}{2}ba^2-\frac{1}{2}r\beta^2\sigma_\varepsilon^2\geqslant\underline{\omega}$$

$$(\text{IC})\alpha+\beta at-\frac{1}{2}ba^2-\frac{1}{2}r\beta^2\sigma_\varepsilon^2\geqslant\alpha+\beta a't-\frac{1}{2}ba'^2-\frac{1}{2}r\beta^2\sigma_\varepsilon^2 \quad (3\text{-}22)$$

在激励相容约束(IC)中,由于村镇银行所选择的"支农"努力程度 a 是其等价性收入最大时的努力水平,可由村镇银行的等价性收入的一阶条件取得②,即

$$a=\frac{\beta t}{b} \quad (3\text{-}23)$$

由此,式(3-22)中的最优化问题可转化为

$$\max Eu=-\alpha+(1+\beta)ta$$

---

① 此时村镇银行除了进行"支农"活动外,为了获得更高的收益,可能将大量的资源用于"非农"服务对象上。

② 对式(3-22)中的 a 求一阶导数,并使其等于0进行求得,即 $(\alpha+\beta at-\frac{1}{2}ba^2-\frac{1}{2}r\beta^2\sigma_\varepsilon^2)'=0$,可得 $a=\frac{\beta t}{b}$。

$$\text{s. t. (IR)}\alpha+\beta at-\frac{1}{2}ba^2-\frac{1}{2}r\beta^2\sigma_\varepsilon^2\geqslant\underline{\omega}$$

$$\text{(IC)}a=\frac{\beta t}{b} \tag{3-24}$$

在最优化的条件下，参与约束(IR)的等式成立。此时，将村镇银行的参与约束(IR)与激励相容约束(IC)代入监管机构的目标函数中可得

$$\max Eu=\max\frac{\beta t^2}{b}-\frac{b(\beta t^2/b)^2}{2}-\frac{r\beta^2\sigma_\varepsilon^2}{2}-\underline{\omega} \tag{3-25}$$

通过一阶导数条件求解可得

$$\alpha=\underline{\omega}-\frac{t^2-br\sigma_\varepsilon^2}{2b(1+\frac{br\sigma_\varepsilon^2}{t^2})^2} \tag{3-26}$$

$$\beta=\frac{1}{1+\frac{br\sigma^2}{t^2}} \tag{3-27}$$

$$a=\frac{t}{b+\frac{b^2r\sigma^2}{t^2}} \tag{3-28}$$

即此时，监管机构的最优支付合同$(\alpha,\ \beta)$为$\left(\underline{\omega}-\frac{t^2-br\sigma_\varepsilon^2}{2b(1+\frac{br\sigma_\varepsilon^2}{t^2})^2},\frac{1}{1+\frac{br\sigma^2}{t^2}}\right)$，村镇银行的最优努力水平为$a=\frac{t}{b+\frac{b^2r\sigma^2}{t^2}}$。从式(3-27)中可以看出，在信息不对称的条件下，为了让村镇银行能够服从监管机构的指令，就必须给予其一定的“支农”收益的分享。同时可以看出，在信息不对称的条件下，村镇银行最优努力水平$a=\frac{t}{b+\frac{b^2r\sigma^2}{t^2}}$(即$a=\frac{\beta t}{b}$)，小于在信息对称条件下的努力水平$a^*=\frac{t}{b}$。而且村镇银行的努力程度与分享份额$\beta$正相关，说明在信息不对称的条件下，村镇银行的分享比例越大，其努力程度越高。如果此时仍然不给予村镇银行任何的收益分享$(\beta=0)$，即使支付的固定补助(即α)再高，

村镇银行也不会进行任何“支农”努力($a=0$)①。

从上面的分析中可以看出,在信息对称的情况下,监管机构可以通过“严监管”的监督机制保证村镇银行努力进行“支农”活动;但是在信息不对称的条件下,监督机制失效,需要运用激励机制(即给予村镇银行“支农”收益的分成)才可以保证村镇银行的努力程度达到监管机构的要求。在村镇银行发展早期,监管机构对于村镇银行的管理更加注重监督与约束机制的使用,如严格的审批制度、严格的参与人条件等,而忽略了对于村镇银行的激励机制②,这使得村镇银行不能分享“支农”活动所产生的收益。因此,村镇银行在早期发展较慢,“支农”效果也并不理想,而且还出现了村镇银行不“村镇”的现象③。近年来,监管机构已经开始重视对于激励机制的使用,如在财政部、国家税务总局 2010 年出台的《关于农村金融有关税收政策的通知》中规定,除了进行固定的财政补贴外,还要对村镇银行等金融机构中针对农户的小额贷款进行税收优惠,鼓励其进行“支农”活动④。可以预见,这种激励机制的引入会快速提高村镇银行“支农”努力水平。

为了最大化监管机构对于村镇银行的激励效果,在实际中可以根据村镇银行的不同情况,选择不同程度的激励强度。从式(3-26)与式(3-27)中可以看出:

第一,$\frac{\partial \alpha}{\partial t}<0$,$\frac{\partial \beta}{\partial t}>0$,表明村镇银行的“支农”努力成效系数越大,监管机构给予村镇银行的固定补贴越少,浮动补贴越多。村镇银行的“支农”努力成效系数越高,说明单位“支农”活动所产生的效果越大。对于此类村镇银行应给予较高的激励强度,提升该类村镇银行进行“支农”活动的积极性,进而为监管机构带来更大的收益。

第二,$\frac{\partial \alpha}{\partial b}>0$,$\frac{\partial \beta}{\partial b}<0$,表明村镇银行的“支农”努力成本系数越大,监管机

---

① 此时,村镇银行为了获得更高的收益,会将全部的资源用于“非农”服务对象上,而不会对“三农”提供任何的金融服务。

② 同在农村,农村信用社享受免征收企业所得税和营业税,按 3%税率征收的优惠政策,但早期的村镇银行却享受不到这种税收优惠。

③ 如我国第一家村镇银行——惠民村镇银行,总部设在四川省仪陇县金城镇,但该行于 2008 年年末在县城设立支行之后,管理部门和工作重心也随即向县城倾斜。

④ 自 2009 年 1 月 1 日至 2013 年 12 月 31 日,纳税机关对金融机构农户小额贷款的利息收入免征营业税;对金融机构农户小额贷款的利息收入在计算应纳税所得额时,按 90%计入收入总额。

构给予村镇银行的固定补贴越多，浮动补贴越少。村镇银行“支农”努力的成本系数越大，表明村镇银行在“支农”活动中所耗费的成本越高。为了吸引此类村镇银行进行支农活动，应该加大固定补贴投入，以此弥补由于村镇银行进行“支农”活动所产生的成本。

第三，$\frac{\partial \alpha}{\partial r}>0$，$\frac{\partial \beta}{\partial r}<0$，表明村镇银行的风险规避系数越大，监管机构给予村镇银行的固定补贴越多，浮动补贴越少。由于为“三农”提供金融服务的风险较高，对于风险规避系数较高的村镇银行来说，更不愿意进行“支农”活动。此时，应加大固定补贴投入，吸引该类村镇银行进行“支农”活动。同时，为了节约监管机构的激励成本，应该降低对该类村镇银行的收益分享份额。

第四，$\frac{\partial \alpha}{\partial \sigma^2}>0$，$\frac{\partial \beta}{\partial \sigma^2}<0$，表明村镇银行所处的外部金融环境风险越大，监管机构给予村镇银行的固定补贴越多，浮动补贴越少。当某一地区的金融环境风险越大时，该地区的村镇银行越不愿意进行“支农”活动。此时应加大固定补贴投入，吸引该地区的村镇银行进行“支农”活动。

(2)模型的进一步扩展

在上面的分析中，我们只将村镇银行作为一般的金融机构，分析其与监管机构之间的委托代理关系。在现实中，村镇银行自身存在着许多其他金融机构所不具备的特征，其中比较重要的一点是村镇银行“服务地方，立足村镇”的市场定位，即村镇银行应该是扎根于农村地区的金融机构。以下我们准备分析村镇银行的这一特征将会如何改变监管机构的最优激励模式，以及村镇银行的最优努力水平将会发生何种改变。

当前，中国农村地区金融服务供给严重不足、竞争很不充分，金融机构进入农村地区可避免激烈的竞争，进而获得更大的市场份额①。但常规金融机构并不适合进入农村市场，这是因为其所面对的客户很多，也很分散，不可能对每个客户的相关信息(包括贷款项目的盈利情况、项目风险、贷款人信用等)进行收集。虽然常规金融机构也进行贷款的风险评估，但对于提供贷款的主要依据还是贷款人是否具有合适的抵押品。在现实中，由于农户与农企自身所拥有的资产价值较低，且大部分资产都不能成为合格的抵押

① 汇丰—清华《中国农村金融发展研究》项目研究报告指出，中国农村目前有 1.2 亿农民有贷款需求，每年资金缺口约为 1 万亿元，农村小企业贷款的满足率仅为 50%。

品,导致传统的金融机构与农村"渐行渐远"。

与传统金融机构不同,村镇银行主要设立在当地农村,经营范围也被限定在了当地。如根据《关于调整放宽农村地区银行业金融机构准入政策,更好支持社会主义新农村建设的若干意见》的规定,村镇银行的营业网点只能设在县或县以下的乡(镇)和行政村;同时,在银监会印发的《关于加强村镇银行监管的意见》中,要求村镇银行牢固树立服务县域、服务"三农"的宗旨,禁止村镇银行跨县发放贷款和吸收存款。这些规定不仅有利于监管机构对于村镇银行的监管,而且也将村镇银行的经营范围限定在当地农村地区,有利于村镇银行与当地农户、农村中小企业等进行有效互动,进而使其更有可能掌握当地农民与农企的相关信息,而这种信息可以转化为一种"软"担保品——信任。此时,村镇银行可以运用信任机制来甄别贷款对象,即使缺少普通的担保品,也可以为当地信用良好的农户与农村中小企业发放贷款。同时,由于信任机制的存在,村镇银行将会更积极主动地进行"支农"活动,进而可以有效地改善农村地区的"金融生态环境"。

基于以上分析,我们引入一个信息变量 z,这一变量的存在可以产生信任机制,进而改善当地农村的"金融生态环境"。假设 z 是一个随机变量,它服从于均值为 0,方差为 σ_z^2 的正态分布;同时,假设该信息变量对于改善农村"金融生态环境"的成效系数为 θ,则监管机构的收益为

$$R'=a't+\varepsilon+\theta z \tag{3-29}$$

同时,监管机构与村镇银行签订的补助合约形式没有改变,仍然是由固定补助和浮动补助两部分组成,则村镇银行的支农收益为

$$S'=\alpha'+\beta'R'=\alpha'+\beta'(a't+\varepsilon+\theta z) \tag{3-30}$$

此时,监管机构的预期收益为

$$Eu=E(R'-S')=-\alpha'+(1-\beta')ta' \tag{3-31}$$

考虑到村镇银行的努力成本和风险规避的特性,村镇银行的确定性等价收入可表达为

$$\mathrm{CE}'=\alpha'+\beta'a't-\frac{1}{2}ba^2-\frac{1}{2}r'\beta'^2[\sigma_\varepsilon^2+\theta^2\sigma_z^2+2\theta\mathrm{cov}(\varepsilon,z)] \tag{3-32}$$

其中,r' 为引入信任后,村镇银行的风险规避系数,可知 $r'<r$。

此时,式(3-26)中的最优化问题转化为

$$\max Eu=-\alpha'+(1-\beta')ta'$$

$$\text{s.t.}\ (\mathrm{IR})\alpha'+\beta'a't-\frac{1}{2}ba^2-\frac{1}{2}r'\beta'^2[\sigma_\varepsilon^2+\theta^2\sigma_z^2+2\theta\mathrm{cov}(\varepsilon,z)]\geqslant\underline{\omega}$$

$$(\mathrm{IC})a'=\frac{\beta' t}{b} \tag{3-33}$$

在最优化的条件下,参与约束(IR)的等式成立。此时,将村镇银行的参与约束(IR)与激励相容约束(IC)代入监管机构的目标函数中,得:

$$\alpha'=\underline{\omega}-\frac{t^2-br'[\sigma_\varepsilon^2-\mathrm{cov}^2(\varepsilon,z)/\sigma_z^2]}{2b\{1+\frac{br'[\sigma_\varepsilon^2-\mathrm{cov}^2(\varepsilon,z)/\sigma_z^2]}{t^2}\}^2} \tag{3-34}$$

$$\beta'=\frac{1}{1+\frac{br'[\sigma_\varepsilon^2-\mathrm{cov}^2(\varepsilon,z)/\sigma_z^2]}{t^2}} \tag{3-35}$$

$$a'=\frac{t}{b+\frac{b^2r'[\sigma_\varepsilon^2-\mathrm{cov}^2(\varepsilon,z)/\sigma_z^2]}{t^2}} \tag{3-36}$$

与之前的结果相比可以看出:

$$\alpha'=\underline{\omega}-\frac{t^2-br'[\sigma_\varepsilon^2-\mathrm{cov}^2(\varepsilon,z)/\sigma_z^2]}{2b\{1+\frac{br'[\sigma_\varepsilon^2-\mathrm{cov}^2(\varepsilon,z)/\sigma_z^2]}{t^2}\}^2}<\underline{\omega}-\frac{t^2-br\sigma_\varepsilon^2}{2b(1+\frac{br\sigma_\varepsilon^2}{t^2})^2}=\alpha \tag{3-37}$$

$$\beta'=\frac{1}{1+\frac{br'[\sigma_\varepsilon^2-\mathrm{cov}^2(\varepsilon,z)/\sigma_z^2]}{t^2}}>\frac{1}{1+\frac{br\sigma^2}{t^2}}=\beta \tag{3-38}$$

即监管机构的最优激励结构将会有所改变,其中固定补助部分有所下降,而收益分成部分有所上升。说明在考虑到信任机制的作用后,由于村镇银行的风险规避系数降低、外部环境的总风险降低(农村金融"生态环境"改善),监管机构应适当降低保障性补贴,并提高对于村镇银行的激励强度。

同时,将式(3-36)同式(3-28)相比,可以看出:

$$a'=\frac{t}{b+\frac{b^2r'[\sigma_\varepsilon^2-\mathrm{cov}^2(\varepsilon,z)/\sigma_z^2]}{t^2}}>\frac{t}{b+\frac{b^2r\sigma^2}{t^2}}=a$$

即在考虑到信任机制的作用后,由于村镇银行的风险规避系数降低,同时村镇银行所处的外部环境风险降低,即农村金融"生态环境"有所改善,使得村镇银行"支农"活动的最优努力程度有所上升。

根据上面的分析,信任机制的建立对于推动村镇银行进行"支农"活动起到了积极的推动作用,此时,监管机构的最优激励机制也会发生改变,激励强度有所提升。为了进一步提高村镇银行的"支农"努力程度,应该进一步提升信任机制所起的作用,但是,对于单个金融机构来说,信任机制只能建立在一个很小的范围内①。随着经营范围的扩大,每个经营个体获取信息的成本将会越来越大,建立信任机制的难度也会随之增加,这也是为什么要将村镇银行的经营范围限定在县域范围内的原因。

2. 基于双层委托代理框架的激励机制分析

(1)双层代理框架下的激励模式分析

在本部分,我们放松了中央政府与地方政府利益一致性的假设,认为中央政府与地方政府是两个不同的激励主体。在此基础上,分析中央政府—地方政府、地方政府—村镇银行之间的双层委托代理关系,并比较在此治理机制下最优激励与村镇银行的最优努力会发生怎样的变化。

在现实中,中央出台了一系列的规章与意见对村镇银行实施激励,如财政部印发的《中央财政新型农村金融机构定向费用补贴资金管理暂行办法》(财金〔2009〕31)中就明确规定了对于村镇银行的财政补贴与税收减免标准。中央政府所出台的这些激励政策能够保证各地村镇银行之间的公平与利益平衡,但这种统一性的激励政策无法适应地方差异,容易造成部分地区激励过度,部分地区激励不足,导致效率损失。这就需要通过其他实施主体的加入来对已有的激励加以调整或补充。由于地方政府拥有独立的财权,更了解当地经济环境和村镇银行特点,因此,可以成为对村镇银行实施激励的另一个实施主体。事实上,繁荣地方经济、服务农村金融也是地方政府的重要使命和考评指标,因此,地方政府自身也有较为强烈的意愿参与到村镇银行的治理中去。

由此就形成了中央政府、地方政府与村镇银行的双层委托代理关系,其激励模式可见图 3-9。

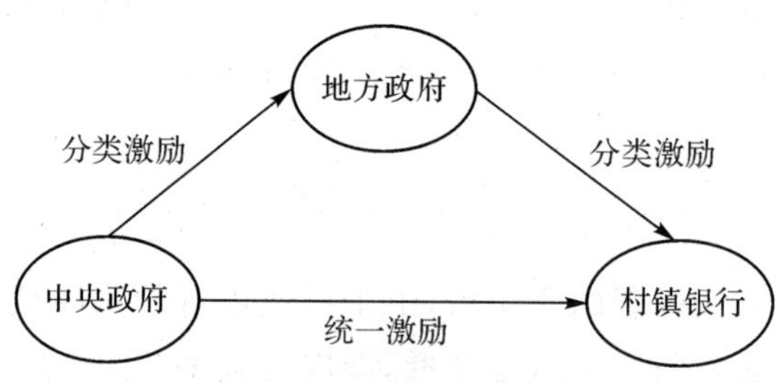

图 3-9　政府激励机制路径

由图 3-9 可以看出,中央政府对于村镇银行有两条治理路径:第一条路

① 即青木昌彦在《比较制度分析》中所提到的社区规范。

径是中央政府对所有村镇银行进行统一的激励,使所有的村镇银行都能够获得一定的激励政策;第二条路径是中央政府首先激励地方政府,使地方政府接受激励任务的委托,在此基础上,地方政府从接受的激励中拿出一部分,用于激励当地的村镇银行。第一条路径对于所有的村镇银行采用统一的激励,而不必考虑各地村镇银行所存在的差异;在第二条激励路径中,地方政府根据各村镇银行所处的外部环境与经营特点,采用不同的激励强度。

(2)模型假设

根据上文的分析可知,在村镇银行的实际设立中存在两层委托代理关系:中央政府与地方政府之间的委托代理关系,以及地方政府与村镇银行设立者的委托代理关系。我们假设,中央政府、地方政府与村镇银行三者之间并不存在行政指令,三方都是要实现自身效用最大化。同时,三者之间又存在着不同的目标函数,如中央政府的目标是通过设立村镇银行,为村镇地区提供更加丰富、充分的金融服务,进而提升社会总福利;地方政府的目标是通过提升当地经济效益来获取自身效用的提升①;村镇设立者的目标是通过经营村镇银行,实现利润最大化。如何有效地激励各层委托代理关系中的代理人,将决定村镇银行能否可持续发展。

首先,本书进行如下假设:

(1)我们假设在村镇银行的建设问题上,两层委托代理关系中的委托人,即中央政府与地方政府是风险中性的,而村镇银行则是风险规避的。而且为了便于分析,我们假设村镇银行的效用函数为

$$V(x)=-e^{-rx} \tag{3-39}$$

其中,r 为绝对风险规避系数,x 为村镇银行的收益。

(2)村镇银行在支农过程中,为社会带来总福利的提升②为

$$R=at+\varepsilon \tag{3-40}$$

其中,a 为村镇银行的努力程度;t 为村镇银行"支农"努力的成效系数;ε 是一个随机变量,表示除了村镇银行努力外,其他影响社会总收益的因素。假设 ε 为服从于均值为 0,方差为 σ^2 的正态分布,则有

$$E(R)=at,Var(R)=\sigma^2 \tag{3-41}$$

(3)假设村镇银行的努力成本与村镇银行的支农努力程度 a 正相关,同

① 自身效用的提升不仅仅是提升当地的经济效益,而且更有可能是政治效益,如当地官员的升迁等。

② 这里的社会总福利代表中央政府的总收益。

时，由于地方政府承担了直接激励村镇银行的任务，因而地方政府的努力成本也与村镇银行的支农努力程度 a 正相关。地方政府的努力成本用 $C_1(a)$ 表示，村镇银行的努力成本用 $C_2(a)$ 表示，$C(a)$ 具有成本函数的一般特征，即 $C'(a)>0, C''(a)>0$。为便于分析，我们假设地方政府与村镇银行的成本函数为

$$C_1(a)=\frac{1}{2}b_1a^2 \tag{3-42}$$

$$C_2(a)=\frac{1}{2}b_2a^2 \tag{3-43}$$

其中，b_1，b_2 分别代表地方政府与村镇银行的努力成本系数，而且有 $b_1>0$ 与 $b_2>0$。

(4)我们假设，中央政府在获得收益 R 之后，为了激励地方政府与村镇银行努力工作，将采用收益向下分成的激励方式：中央政府将总收益按比例 β 分配给地方政府；地方政府收到分配下来的收益后，按比例 K 向下分成给村镇银行。此外，中央政府还分别给予了地方政府与村镇银行 α_1 和 α_2 的固定补贴。由此可知，地方政府与村镇银行的收益分别为

$$S_1=\alpha_1+\beta(1-K)R=\alpha_1+\beta(1-K)(at+\varepsilon) \tag{3-44}$$

$$S_2=\alpha_2+\beta KR=\alpha_2+\beta K(at+\varepsilon) \tag{3-45}$$

(3)模型建立

首先，我们讨论中央政府与地方政府的代理关系。由于中央政府是风险中性的，为便于分析，我们假设中央政府的效用函数与其期望收益相等，则有

$$Eu=E(R-S_1-S_2)=-\alpha_1-\alpha_2+(1-\beta)ta \tag{3-46}$$

由此可知，当中央政府向下分成的比例为 β 时，地方政府的净收益为

$$\omega_y=S_1-C_1(a)=\alpha_1+\beta(1-K)R-\frac{1}{2}b_1a^2=\alpha_1+\beta(1-K)(at+\varepsilon)-\frac{1}{2}b_1a^2 \tag{3-47}$$

由于地方政府也是风险中性的，则地方政府的确定性等价收益与预期收益相等，即

$$CE=E(\omega_y)=\alpha_1+\beta(1-K)at-\frac{1}{2}b_1a^2 \tag{3-48}$$

假设地方政府的保留收益为 ω_1，则中央政府为了使地方政府能够参与

到村镇银行的建设中，其给予地方政府的收益应不低于 $\omega_1$①，则地方政府的参与约束为

$$\alpha_1+\beta(1-K)at-\frac{1}{2}b_1a^2\geqslant\omega_1 \tag{3-49}$$

同时，由于社会总福利的提升只取决于村镇银行的努力程度 a，因而在第一层委托代理关系中不存在激励相容约束，则第一层委托代理关系可表述为

$$\begin{aligned}&\max Eu=-\alpha_1-\alpha_2+(1-\beta)ta\\&\text{s. t. (IR)}\alpha_1+\beta(1-K)at-\frac{1}{2}b_1a^2\geqslant\omega_1\end{aligned} \tag{3-50}$$

在此基础上，我们讨论地方政府与村镇银行之间的委托代理关系。由式(3-41)和式(3-43)可知，村镇银行的净收益为

$$\omega_c=S_2-C_2(a)=\alpha_2+\beta KR-\frac{1}{2}b_2a^2=\alpha_2+\beta K(at+\varepsilon)-\frac{1}{2}b_2a^2 \tag{3-51}$$

由于村镇银的效用函数为 $V(x)=-\mathrm{e}^{-rx}$，则村镇银行的风险贴水为 $\frac{1}{2}r\beta^2K^2\sigma^2$②。由此可知，村镇银行在经营过程中的等价性收入为

$$CE=E\left[\alpha_2+\beta K(at+\varepsilon)-\frac{1}{2}b_2a^2\right]-\frac{1}{2}r\beta^2K^2\sigma^2=\alpha_2+\beta Kat-\frac{1}{2}b_2a^2-\frac{1}{2}r\beta^2K^2\sigma^2 \tag{3-52}$$

假设村镇银行的保留收益为 ω_2。为了使村镇银行能够加入支农活动中，其获得的补贴收入必须不低于 ω_2，则村镇银行的参与约束可表示为

$$\text{(IR)}\alpha_2+\beta Kat-\frac{1}{2}b_2a^2-\frac{1}{2}r\beta^2K^2\sigma^2\geqslant\omega_2 \tag{3-53}$$

同时，由于村镇银行的努力程度 a 决定了社会总福利的提升，进而影响到各参与方的收益。因而，地方政府为了使村镇银行努力工作，必须加入激励相容约束，即

$$\text{(IC)}\alpha_2+\beta Kat-\frac{1}{2}b_2a^2-\frac{1}{2}r\beta^2K^2\sigma^2\geqslant\alpha_2+\beta Ka't-\frac{1}{2}b_2a'^2-\frac{1}{2}r\beta^2K^2\sigma^2 \tag{3-54}$$

---

① 中央政府给予银监会的收益不仅仅是经济利益，更有可能是一种政治利益，如给予相关部门负责人员升职奖励等。

② 形式为 $V(x)=-\mathrm{e}^{-rx}$ 的效用函数，其风险贴水为 $\frac{1}{2}Var(x)\cdot r$。

其中，a'是村镇银行的任一努力程度。

基于此，地方政府与村镇银行的委托代理关系可表述为

$$\max E(\omega_y)=\alpha_1+\beta(1-K)at-\frac{1}{2}b_1a^2$$

$$\text{s.t. (IR)}\alpha_2+\beta Kat-\frac{1}{2}b_2a^2-\frac{1}{2}r\beta^2K^2\sigma^2\geqslant\omega_2$$

$$\text{(IC)}\alpha_2+\beta Kat-\frac{1}{2}b_2a^2-\frac{1}{2}r\beta^2K^2\sigma^2\geqslant\alpha_2+\beta Ka't-\frac{1}{2}b_2a'^2-\frac{1}{2}r\beta^2K^2\sigma^2 \tag{3-55}$$

(4)模型求解

从前面的分析可以看出，在对村镇银行的激励过程中，首先是中央政府将其总收入向下分成给地方政府；在此基础上，地方政府将其所得继续向下分成给村镇银行；村镇银行在收到相应的激励后，决定下一阶段的努力程度。这一激励过程属于典型的完全信息动态博弈，可以采用逆向归纳法进行博弈求解，即先进行第二层委托代理关系的求解，并在此基础上进行第一层委托代理关系的求解。

由第二层委托代理关系中的激励相容约束[式(3-54)]的一阶条件可知，为使村镇银行的收益最大，其努力程度应为

$$a=\frac{K\beta t}{b_2} \tag{3-56}$$

同时，在最优化的条件下，参与约束(IR)等式成立，此时式(3-55)的最优化问题可以转化为

$$\max E(\omega_y)=\alpha_1+\beta(1-K)at-\frac{1}{2}b_1a^2$$

$$\text{s.t. (IR)}\alpha_2+\beta Kat-\frac{1}{2}b_2a^2-\frac{1}{2}r\beta^2K^2\sigma^2=\omega_2$$

$$\text{(IC)}a=\frac{K\beta t}{b_2} \tag{3-57}$$

将式(3-19)中的(IR)与(IC)代入地方政府的目标函数中，可得

$$\max E(\omega_y)=\max\frac{-K^2\beta^2t^2b_1-K^2\beta^2t^2b_2-r\beta^2K^2\sigma^2b_2^2+2b_2\beta^2t^2K}{2b_2^2}+\alpha_1-\omega_2 \tag{3-58}$$

对于最大化问题，可以通过对 K 求一阶导数，可得

$$K=\frac{1}{1+\frac{b_1}{b_2}+\frac{r\sigma^2b_2}{t^2}} \tag{3-59}$$

$$a=\frac{\beta t/b_2}{1+\frac{b_1}{b_2}+\frac{r\sigma^2 b_2}{t^2}} \tag{3-60}$$

$$\alpha_2=\omega_2-\frac{\beta^2 t^2/b_2+\frac{1}{2}b_2(\beta t/b_2)^2+\frac{1}{2}r\beta^2\sigma^2}{(1+\frac{b_1}{b_2}+\frac{r\sigma^2 b_2}{t^2})^2} \tag{3-61}$$

进一步地，将式(3-59)、式(3-60)和式(3-61)代入第一层委托代理关系中，同时将式(3-50)中的参与约束(IR)代入中央政府的目标函数中，并对 β 求解一阶条件可得

$$\beta=1+\frac{rb_2\sigma^2-t^2}{b1/b_2t^2+2t^2} \tag{3-62}$$

$$\alpha_1=\omega_1-\frac{\beta(b_1/b_2+\frac{r\sigma^2 b_2}{t^2})\beta t^2/b_2+\frac{1}{2}\beta^2 t^2\ b_1/b_2^2}{(1+b_1/b_2+\frac{r\sigma^2 b_2}{t^2})^2} \tag{3-63}$$

从对模型的求解中可以看出：

首先，由式(3-56)可知，村镇银行的努力程度与中央政府和地方政府的向下分成比例有关。当中央政府与地方政府将全部收益都进行向下分成(即 $K=\beta=1$)时，村镇银行的努力程度将达到最大化(即 $a=\frac{t}{b_2}$)；但当中央政府与地方政府任何一方不将其收益向下分成(即 $K=0$ 或 $\beta=0$)时，村镇银行将不会进行任何支农努力。除此之外，村镇银行的努力程度还与其“支农”努力的成效系数(t)正相关，而与其努力成本系数(b_2)负相关。

其次，由式(3-59)可知，地方政府对于村镇银行的向下分成比例与村镇银行“支农”努力的成效系数(t)正相关，而与村镇银行的努力成本系数(b_2)、绝对风险规避系数(r)以及经营的外部环境风险程度(σ^2)负相关。与此相对应，村镇银行收到的固定补贴[$\alpha_2=\omega_2-\frac{\beta^2 t^2/b_2+\frac{1}{2}b_2(\beta t/b_2)^2+\frac{1}{2}r\beta^2\sigma^2}{(1+\frac{b_1}{b_2}+\frac{r\sigma^2 b_2}{t^2})^2}$]与村镇银行“支农”努力的成效系数($t$)负相关，而与村镇银行的努力成本系数($b_2$)、绝对风险规避系数($r$)以及经营的外部环境风险程度($\sigma^2$)正相关。

最后，中央政府的向下分成比例($\beta=1+\frac{rb_2\sigma^2-t^2}{\frac{b_1}{b_2}t^2+2t^2}$)与村镇银行“支农”

努力的成效系数(t)负相关,而与村镇银行的努力成本系数(b_2)、绝对风险规避系数(r)以及经营的外部环境风险程度(σ^2)正相关。

通过对双层委托代理关系进行博弈分析可知,中央政府、地方政府对于村镇银行的激励强度越大,村镇银行的"支农"努力也会越高。而且,在实践中并没有一个统一的最优激励机制,中央政府和地方政府应该根据村镇银行的内、外部环境特征,设计差异化的激励机制。不仅如此,本书发现,中央政府和地方政府对于村镇银行的激励机制应具有互补特征,即当地方政府对于村镇银行的激励强度不足时,为了提高村镇银行的"支农"努力,中央政府应该相应地加大对于村镇银行的激励强度。

3.5 资本投入中股权结构安排的博弈分析

3.5.1 主发起行与民间资本的利益冲突

根据前文的理论分析可知,除了村镇银行与政府之间存在委托代理关系以外,村镇银行内部也存在着主发起行与民间资本之间的委托代理关系①,并会由此产生代理成本,阻碍了村镇银行发展。这一委托代理关系类似于Jensen和Meckling(1976)提出的委托代理模型。他们指出,代理关系是一种契约,在这个契约中,委托人授予代理人某些决策权,要求代理人提供有利于委托人利益的服务。如果假定委托人和代理人都追求效用最大化,那么,一个必然的结果是代理人不会总是根据委托人的利益来采取行动。

Jensen和Meckling认为参与企业生产经营的大股东与不参与企业生产经营的小股东间会产生代理成本,这一代理成本主要包括三个部分:①委托人的监督支出(测度和观察代理人的行为,委托人通过预算约束、薪酬政策和运营规划等手段来"控制"代理人行为的努力);②代理人的管束支出——代理人花费某些费用以便向委托人保证他不会采取伤害委托人的行为;③"剩余损失"——代理人的决策与委托人福利最大化的那些决策发生分歧,而导致委托人福利损失。

---

① 这种委托代理关系属于第二类委托代理关系,即大股东与小股东间的代理问题。在这种关系中,小股东作为委托人,委托大股东对企业的日常经营活动进行监管。

当一家村镇银行由主发起行全资经营时，该股东将做出使其效用最大化的决策，这些决策涉及他的货币回报和占企业活动相关的各种非货币使用所带来的效用。其决策原则是增加 1 元钱开支在各种货币项目和非货币项目上得到的边际效用都相等，同时等于从增加 1 元钱税后购买力所获得的边际效用。

这个原则可以被写为

$$\frac{MU_1}{MX_1}=\frac{MU_2}{MX_2}=\cdots=\frac{MU_{m-1}}{MX_{m-1}}=\frac{MU_m}{MX_m}$$

其中，1 到 m 是各种货币项目和非货币项目的符号，$MU_1,MU_2,\cdots,MU_m$ 代表这些项目为所有者带来的效用，而 $MX_1,MX_2,\cdots,MX_m$ 代表这些项目的价格水平。

但是，当主发起行只拥有部分股权的情况下，就会出现代理成本的问题，大股东会被激励以各种形式占有公司资源，增加非货币项目的支出①，同时，他进行创造性经营活动的激励就会不足。也就是说，对于只拥有 $(0<\alpha<100\%)$股权的大股东，他花费 1 元的财富获得的非货币收益，他自己只支付 a 元的费用，其他的部分由其他股东买单。这样，对于只是部分所有权的主发起行来说，有私人利益的开支和完全为股东进行的开支，其价格就是不同的。上面的等式就不再成立了。

我们假设 $X=\{X_1,X_2,\cdots,X_m\}$是个拥有部分股权的主发起行的消费集，由此主发起行获得非货币收益，其中 $X_i>0$。$C(X)$是村镇银行为提供这些消费活动的总花费；$P(X)$为主发起行通过这些消费活动为村镇银行带来的总货币价值；设 $B(X)=P(X)-C(X)$，该表达式描述了主发起行各种支出活动为村镇银行带来的净货币价值。

于是，最优的 X^* 就由表达式$\frac{\partial B(X^*)}{\partial X^*}=\frac{\partial P(X^*)}{\partial X^*}-\frac{\partial C(X^*)}{\partial X^*}=0$ 来决定。对于任意 $X\geqslant X^*$，都有 $F\equiv B(X^*)-B(X)>0$。这样，F 就可以被定义为主发起行在非货币收益上的支出流的当期市场价值。

图 3-10 是由村镇银行价值与主发起行在非货币收益上支出流的市场价值来共同描述的，村镇银行价值用 Y 轴表示。我们首先从单一主发起行股东的情况开始分析，然后再分析多股东的情况。

---

① 这种非货币项目支出包括扩展经营网点、跨区经营，以及为改善与当地政府的关系向当地政府和企业提供低价贷款等。

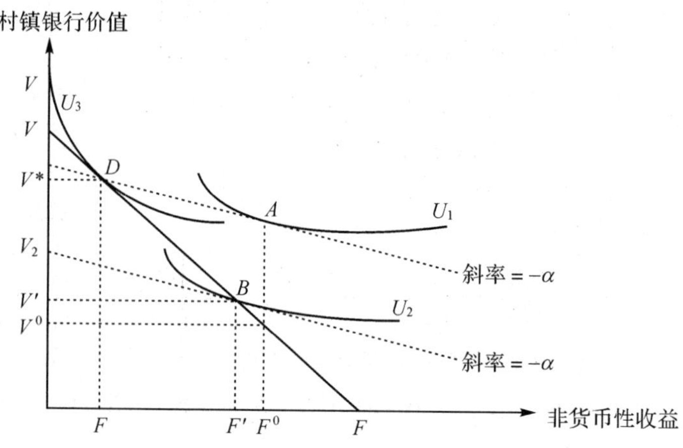

图 3-10 少数股权的代理成本

(1)如果单一主发起行股东不追求非货币收益时,则村镇银行将产生货币收益。此时,如果它为了非货币收益而耗费掉1单位的企业货币收益,则它的货币收益也将相应地降低1单位,因此其“预算约束线”的斜率为−1。当它把村镇银行所有的货币收入都用于非货币收益时,$F=\overline{V}$。简单地说,就是当村镇银行由主发起行100%投资时,如果它扩展经营网点、跨区经营,那么村镇银行损失的完全是自己的货币收益,它获得的非货币性收益等于它损失的货币性收益,完全是一种“左兜进右兜”的行为,因此,它只能在货币性收益与非货币性收益中寻求一种均衡。现实中,主发起行既追求货币性收益,也追求非货币性收益,这两者形成无差异曲线,则实现效用最大化的点是无差异曲线与约束线 VF 的相切点 D。D 点所对应的是最优点 V^* 和 F^*,即在获得货币性收益 V^* 的同时享受非货币性收益 F^*。

(2)如果村镇银行有多个股东共同出资设立,主发起行仅保留了比例为 α 的股份,其他少数股东持有$(1-\alpha)$比例的股份,则当它们为了非货币性利益而耗费掉1单位村镇银行货币收益时,总货币收益也将降低1单位,但是它们只承担 α 单位的成本,预算约束线的斜率为 $-\alpha$。也正因为此,主发起行将乐于以较小的货币性损失为代价来获取较大的非货币性收益,这将减少村镇银行的价值,并导致预算约束线下移,但斜率不变。当预算约束线移动到 V_2P_2,使得 U_2 与 V_2P_2 相切于 B 点,且 B 点通过 VF 时,便达到均衡状态 $B(F',V')$。此时,村镇银行的总货币收益为 V',少于最初的货币收益 V^*。其中(V^*-V')就是因为第二类代理问题所导致的村镇银行价值的减少,即大股东与小股东之间的代理成本。

通过以上分析可知，由于《村镇银行管理暂行规定》中对村镇银行第一大股东的身份进行了限定（即只能是银行业金融机构），而各类股东参与村镇银行设立的目的又有所差异，这将会导致主发起行与其他股东之间产生利益冲突。进一步地，随着主发起行的持股比例增加，主发起行对于村镇银行的控制力越大，民营股东对于主发起行的制衡能力越弱，这会降低其他资本参与村镇银行的热情，最终将会降低村镇银行的价值。

3.5.2　主发起行与民间资本谈判的博弈分析

主发起行与民企股东之间的利益冲突并不是继发性的，而是发源于村镇银行成立之初的股权结构安排。事实上，股权比例的配置不仅决定了股东对于企业资源的投入，而且也决定了股东之间关于企业剩余控制权与剩余索取权的利益分配。在企业内部，不同参与者在控制权和收入分配上具有不对称性（Jensen，Meckling，1976）。此时，需要权威，而非价格机制进行生产要素的配置（Coase，1937）。在股权份额的谈判中，谈判力度的大小取决于各方对关键性资源的控制（Rajan，Zingales，1998）。

从谈判视角出发，村镇银行的股权结构安排实际上是主发起行与其他股东之间的博弈均衡结果，即股东在出资设立村镇银行时，就会根据村镇银行的股权结构进行谈判；在理想状态下，村镇银行股权结构主要受股东谈判力度影响。这种谈判力度赋予了股东在股权谈判中讨价还价、相机处理的能力，因此，谈判力度越大，其越有可能获得对自身有利的股权结构安排。此外，作为理性的经济人，主发起行与其他股东能够预期到股东收益包括共享收益和控制权收益。作为村镇银行的控制性股东，除了能够与其他股东共享收益，还可以独占控制权收益。当参与股东不受资金约束时，由共享收益和控制权收益构成的总收益决定了主发起行与其他股东在股权结构上的具体选择。

考虑主发起行与其他资本投入者共同出资，设立村镇银行。双方在进行初始投资时，股权结构的配置受到主发起行与其他资本投入者谈判力度 γ_i 的影响，其中 γ_i 是受制度、经济以及各方资产专用性等因素影响的外生变量（Svejnar，1986）。我们假设主发起行谈判力度为 γ_Z，其他股东谈判力度为 γ_Q。在资本的投入过程中，主发起行除了资金外，还要向村镇银行投入相应的管理、技术与设备支持，因而主发起行投入资产的专用性较高。为避免在事后被其他股东“敲竹杠”，则必须在事前赋予主发起行较高的谈判力度，即 $\gamma_Z > \gamma_Q$。

通过谈判，确定主发起行与其他股东所占村镇银行股份比例分别为 α

与$(1-\alpha)$。确定股权结构后，双方分别向村镇银行投入各自的专用性资产，共同为村镇银行创造组织租金，使得村镇银行的价值总额为V。此外，作为第一大股东的主发起行，由于向村镇银行投入管理、技术与设备支持，与其他股东相比具有信息、资源等优势，主发起行可以利用这种优势地位进行利益转移，获取控制权收益①。假设控制权收益的价值为K，且$0<K<V$，此时，村镇银行的价值总额降低为$(V-K)$。进一步地，我们假设主发起行在进行利益转移的过程中会出现价值损耗，并且假设损耗比例为b，且$0<b<1$，则主发起行实际获得的控制权收益为$(1-b)K$。在此基础上可知，主发起行通过控制村镇银行，可以获得正常的组织租金收益与控制权收益两部分收益，即主发起行的收益总额为$X_Z=\alpha(V-K)+(1-b)K$，其他股东只能获得按照股权比例分配的组织租金收益，即收益总额为$X_Q=(1-\alpha)(V-K)$。

根据纳什谈判模型（Nash，1953）与纳什谈判模型推广（Svejnar，1986），当各方谈判力度γ_i存在差异时，在$\sum_{i=1}^{n} X_i = X$的约束下，各方会通过选择X_i，使得$\prod_{i=1}^{n} U^{\gamma_i}(X_i)$最大化。代入上文中主发起行与其他股东的收益总额$X_Z$与$X_Q$，则有在$X_Z+X_Q=X$的约束条件下，$\max U^{\gamma_Z}_{(X_Z)} U^{\gamma_Q}_{(X_Q)}$的规划问题。根据周鹏、张宏志（2002）的分析，本书对该规划问题构建拉格朗日函数，则有$L=U^{\gamma_Z}_{(X_Z)} U^{\gamma_Q}_{(X_Q)}-\lambda(X_Z+X_Q-X)$。对拉格朗日函数取一阶条件，则有$\gamma_i \dfrac{U'(X_i)}{U(X_i)}-\lambda=0$，由此可知，$\gamma_Z \dfrac{U'(X_Z)}{U(X_Z)}=\gamma_Q \dfrac{U'(X_Q)}{U(X_Q)}$。进一步地，我们假设主发起行与其他股东双方的效用函数都为线性函数，即$U(X_Z)=X_Z$，$U(X_Q)=X_Q$，并将$X_Z=\alpha(V-K)+(1-b)K$和$X_Q=(1-\alpha)(V-K)$代入，则有

$$\frac{\alpha(V-K)+(1-b)K}{(1-\alpha)(V-K)}=\frac{\gamma_Z}{\gamma_Q} \tag{3-64}$$

基于式（3-62），本书进行比较静态分析。通过整理，可得

$$\alpha=\frac{\gamma_Z}{\gamma_Z+\gamma_Q}-\frac{(1-b)K\gamma_Q}{(\gamma_Z+\gamma_Q)(V-K)} \tag{3-65}$$

令$y=\dfrac{\gamma_Z}{\gamma_Q}$，表示主发起行相对于其他股东的谈判优势②，则有

① Grossman 和 Hart（1988）指出，控制权收益是控股股东通过行使控制权而占有的全部价值之和，包括通过自我交易、占用公司资源、内幕交易、过度报酬等方式获得的全部收益。

② 由于主发起行的谈判力度要大于其他股东的谈判力度，则有$y>1$。

$$\alpha=\frac{y}{1+y}-\frac{(1-b)K}{(1+y)(V-K)} \tag{3-66}$$

首先，我们对式(3-66)中的 y 求偏导，则有

$$\frac{\partial\alpha}{\partial y}=\frac{1}{(1+y)^2}+\frac{(1-b)K}{(1+y)^2(V-K)}>0 \tag{3-67}$$

根据式(3-67)，我们得到推论 1：

推论 1：在村镇银行设立时，相对于其他股东的谈判优势越大，越有利于主发起行持有更高份额的股权。

一般来说，相对于城市商业银行、农村商业银行等区域性金融机构来说，四大国有银行、政策性银行和大型股份制银行具有资金实力更强、管理水平更高、交易系统更加完善的优势，其向村镇银行中投入资产的专用性也会更高。此时，作为主发起行的四大国有银行、政策性银行和大型股份制银行，在村镇银行设立时的股权结构谈判中，会被赋予更高的谈判力度，相对于其他股东来说，谈判优势更大。

其次，我们对式(3-66)中的 K 求偏导，则有

$$\frac{\partial\alpha}{\partial K}=-\frac{(1-b)V}{(1+y)(V-K)^2}<0 \tag{3-68}$$

根据式(3-68)，我们得到推论 2：

推论 2：在村镇银行中，主发起行的控制权收益越高，越倾向于持有较低份额的股权。

控制权收益很大程度上来源于企业资源，而且这种资源能够由控股股东进行支配(Dyck，Zingales，2001)。一般来说，企业规模越大，其所附带的企业资源越多，控股股东能够获取的控制权收益也会越大(赵昌文等，2004)。

最后，本书还考虑了因素间的交互影响。我们对式(3-65)和式(3-66)做乘积，则有

$$\frac{\partial\alpha}{\partial y}\frac{\partial\alpha}{\partial K}=-\frac{(1-b)V^2}{(1+y)^3(V-K)^3}<0 \tag{3-69}$$

根据式(3-69)，我们得到推论 3：

推论 3：较高的控制权收益，会抑制主发起行利用谈判优势追求更高股权份额的倾向。

通过主发起行与民间资本的博弈分析可知，村镇银行设立时，股权结构安排受到了主发起行与民间资本的谈判力度对比、控制权收益等因素的共同影响。在村镇银行设立时，相对于城市商业银行与农村金融机构，谈判优

势较大的四大国有银行、政策性银行和大型股份制银行等类型的主发起行，将会倾向于持有村镇银行更高的股权份额；当可获得的控制权收益水平越高时，主发起行越倾向于持有村镇银行较低份额的股权；当村镇银行的控制权收益提高时，主发起行利用谈判优势获取较高股权份额的倾向将会降低，即村镇银行的控制权收益水平，将会抑制谈判优势对主发起行持股的正向影响。针对以上博弈结果，本书将在第6章进行实证分析，以检验各项推论在实际中是否成立。

第4章　村镇银行发展中政府治理与民间资本投入现状分析

理论分析不能脱离实际而存在，对于村镇银行发展中政府治理与民间资本投入关系的解释，也必须基于这三者间的现实情况。通过对村镇银行发展、政府治理、民间资本投入的基本情况与发展趋势的分析，既可以加深对于研究对象的感性认识，又可以发现存在的问题。本章运用中国农村地区设立的村镇银行调研数据，通过大样本统计分析的方法，对村镇银行、政府治理和民间资本投入的基本情况与发展趋势进行描述性分析，并在此基础上，从经营管理、市场拓展、配套政策、外部监管体系等方面论述村镇银行在发展中存在的主要问题。

4.1　村镇银行发展中政府治理与民间资本投入的基本情况

4.1.1　村镇银行发展的基本情况

1. 设立区域与时间

我国村镇银行从2007年3月1号开始试点，成立了全国首家村镇银行——惠民村镇银行。据统计，截至2014年年末，全国共成立村镇银行

1145 家①。从地域分布上②可以看出,东部较为发达地区,共成立了 488 家村镇银行,占比 42.6%;中部地区共成立 339 家村镇银行,占比 29.6%;西部欠发达地区共成立 318 家村镇银行,占比 27.8%。其中,山东省设立的村镇银行数量最多,达到了 88 家;其次是浙江省,达到了 72 家(见表 4-1)。

表 4-1 村镇银行地域分布

地区		机构数/家	占比/%
东部地区	北京	10	0.9
	天津	13	1.1
	河北	55	4.8
	上海	10	0.9
	福建	46	4.0
	辽宁	60	5.2
	江苏	69	6.0
	浙江	72	6.3
	山东	88	7.7
	广东	51	4.5
	海南	14	1.2
	合计	488	42.6
中部地区	黑龙江	22	1.9
	吉林	38	3.3
	山西	47	4.1
	安徽	60	5.3
	河南	65	5.7

① 数据来源于中国银行业监督管理委员会网站,http://www.cbrc.gov.cn/index.html。

② 根据国家发改委的解释,我国东/中/西部的划分,是政策上的划分,而不是行政区划分,也不是地理概念上的划分。因此,东部是指最早实行沿海开放政策并且经济发展水平较高的地区,中部是指经济次发达的地区,而西部则是指经济欠发达的地区。

续表

地区		机构数/家	占比/%
中部地区	江西	34	3.0
	湖北	44	3.8
	湖南	29	2.5
	合计	339	29.6
西部地区	贵州	43	3.8
	甘肃	17	1.5
	内蒙古	65	5.7
	宁夏	9	0.8
	青海	1	0.1
	广西	36	3.1
	陕西	13	1.1
	四川	47	4.1
	新疆	15	1.3
	云南	41	3.6
	重庆	30	2.6
	西藏	1	0.1
	合计	318	27.8

从村镇银行的成立时间分布上可以看出，村镇银行的设立在时间上呈现出先增长再下降的趋势，新设速度趋于平缓。成立村镇银行最少的年份是开始设立村镇银行的 2007 年，当年共设立村镇银行 18 家。之后，设立数量逐年增加，并于 2011 年达到最高点——288 家。但在此之后，呈现出下降趋势，2012 年设立 168 家，2013 年设立 198 家，2014 年设立 146 家。这一设立趋势的放缓，与银监会从发展速度到提高村镇银行设立质量的思路转变有关（见表 4-2、图 4-1）。

表 4-2 村镇银行成立时间分布

批准成立年份	机构数/家	所占比例/%
2007	18	1.6
2008	70	6.1
2009	54	4.7
2010	203	17.7
2011	288	25.1
2012	168	14.7
2013	198	17.3
2014	146	12.8
合计	1145	100.0

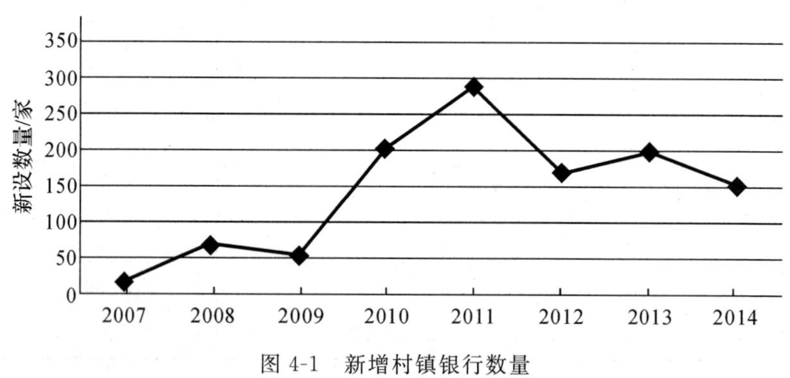

图 4-1 新增村镇银行数量

此外,从村镇银行的总体财务状况与经营情况来看,截至 2014 年年末,全国已开业村镇银行资产总额达 7973 亿元,各项存款余额 3164 亿元。全国村镇银行共发放农户贷款 5808 亿元,小微企业贷款 2322 亿元,农户和小微企业贷款占全部贷款比重达 87%。总体上运行健康平稳,风险处于可控范围。

2. 注册资本情况

2006 年 12 月银监会发布了《关于调整放宽农村地区银行业金融机构准入政策,更好支持社会主义新农村建设的若干意见》,在农村地区引入村镇银行这一新型农村金融机构。在随后印发的《村镇银行管理暂行规定》中,银监会明确指出，村镇银行的最低注册资本要求仅为 300 万元和 100 万元[①]。同时，为切实满足老少边穷地区和西部农村的金融需求，银监会以西部地区为发展重点，并出台了"东西挂钩、城乡挂钩、发达地区与欠发达地区挂钩"[②]的规定，鼓励出资人在农村金融服务匮乏地区设立村镇银行。

然而，村镇银行的实际设立情况与政府的政策期望具有较大的差异。自全国第一家村镇银行——四川仪陇惠民村镇银行成立以来，村镇银行的注册资本不断攀升，平均注册资本额从 2007 年的 2185 万元攀升至 2014 年的 8073 万元，投入资本规模远远超过了银监会所规定的最低注册资本要求(见图 4-2)，政府期望的小微银行并没有真正出现。

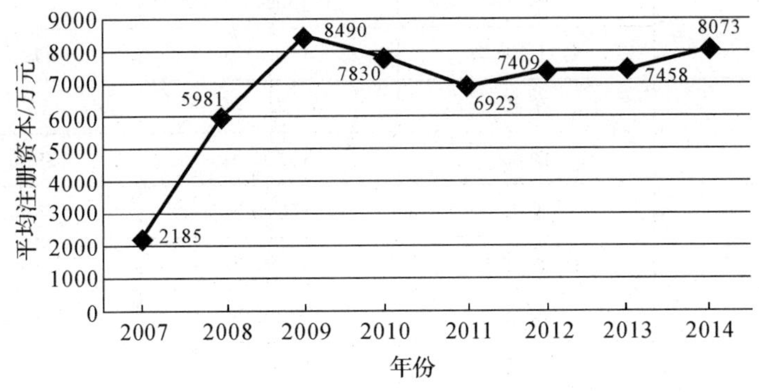

图 4-2　村镇银行平均注册资本

不仅如此，在东部地区设立的村镇银行，其注册资本额要显著高于在中西部地区设立的村镇银行。如表 4-3 所示，截至 2013 年，东部地区村镇银行的平均注册资本达到了 9832.24 万元，而西部地区和中部地区分别只有 5254.01 万元和 5963.45 万元。

① 在县(市)设立的村镇银行，最低注册资本为 300 万元人民币；而在乡(镇)设立的村镇银行，最低注册资本仅为 100 万元人民币。

② 如银监会在《关于银行业金融机构发起设立村镇银行有关事项的通知》中明确指出，优先支持申请人在西部省份集中发起设立多家村镇银行。同时，在地点布局上，至少应按照全国百强县与国定贫困县按 1∶2 比例挂钩，或与西部地区一般县(市)按 1∶4 比例挂钩执行；东部地区一般县(市)与国定贫困县按 1∶1 比例挂钩，或与西部地区一般县(市)按 1∶2比例挂钩执行。

表 4-3　村镇银行注册资本信息

年度	地区	注册资本中值/万元	注册资本均值/万元
2007	东部	—	—
	西部	1800.00	2017.86
	中部	1600.00	1781.82
	合计/平均	1700.00	1873.61
2008	东部	8000.00	8754.64
	西部	3500.00	3638.86
	中部	3550.00	3757.00
	合计/平均	4050.00	5423.25
2009	东部	10000.00	11321.04
	西部	3000.00	3985.63
	中部	7500.00	7680.00
	合计/平均	5000.00	8305.80
2010	东部	7000.00	10022.77
	西部	4550.00	5022.06
	中部	5350.00	7615.17
	合计/平均	5000.00	7967.28
2011	东部	10000.00	8972.47
	西部	5000.00	6113.64
	中部	5000.00	5823.00
	合计/平均	5000.00	7252.14
2012	东部	10000.00	10431.82
	西部	5000.00	6260.87
	中部	5000.00	5932.65
	合计/平均	5000.00	7465.47

续表

年度	地区	注册资本中值/万元	注册资本均值/万元
2013	东部	10000.00	10321.21
	西部	5000.00	5177.55
	中部	5000.00	5600.00
	合计/平均	5000.00	7707.97
总样本	东部	10000.00	9832.24
	西部	5000.00	5254.01
	中部	5000.00	5963.45
	合计/平均	5000.00	7320.70

3. *网点建设情况*[①]

对于村镇银行发展的衡量，笔者考虑到各家村镇银行的建设正处于起步阶段，以相关财务指标进行评价并不恰当。相比之下，以经营网点建设情况分析村镇银行发展速度更为贴切。同时考虑到村镇银行在设立 6 个月以后，才可以在辖内村镇设立支行[②]。基于此，本章以 2007—2013 年在中国农村地区设立的村镇银行为研究样本，分析截至 2014 年年底，村镇银行设立的网点数量情况。

表 4-5 中呈现了各年度设立的村镇银行截至 2014 年年底设立的营业网点情况。村镇银行目前开设的营业网点数量普遍较低，平均每家只开设了 2.87 个营业网点。此外，各家村镇银行开设的营业网点数量具有较大差异。开设营业网点数量最多的村镇银行除了总行营业部外，还拥有 25 家支行及分理处；与之相反，很多村镇银行仅开设了总行营业部 1 家营业网点，并未开设任何支行与分理处。从各年情况来看，设立时间越长，村镇银行开设的营业网点越多。截至 2014 年，2007 年设立的村镇银行平均已开设营业网点 4.31 家；而 2013 年设立的村镇银行，由于开业时间较短，平均仅开设营业网点 1.68 家。

① 村镇银行网点建设包括各家村镇银行设立的总行营业部、支行以及分理处。

② 根据银监会 2014 年发布的《农村中小金融机构行政许可事项实施办法》，村镇银行设立支行的最低年限要求由原来的开业后两年调整为六个月。

表 4-5　村镇银行网点设立情况

年度	网点数/家	营业网点均值/家	方差
2007	13	4.31	3.43
2008	51	4.25	2.76
2009	40	4.25	2.72
2010	168	3.61	3.18
2011	258	3.05	1.98
2012	152	2.24	1.57
2013	183	1.68	1.17
合计	865	2.87	2.34

进一步地,表 4-6 分析了当主发起行持股比例不同时,村镇银行营业网点的建设情况。

表 4-6　村镇银行网点数量基本分析

主发起行控股模式	股权分布(S)	均值	累计均值
相对控股	$15\%\leqslant S\leqslant 20\%$	3.08	3.31
	$20\%< S\leqslant 50\%$	3.41	
绝对控股	$S=51\%$	2.67	2.52
	$51\%< S\leqslant 99\%$	2.37	
	$S=100\%$	2.12	

从控股模式上来看,相对控股模式村镇银行营业网点数量(3.31)显著大于[①]绝对控股模式村镇银行营业网点数量(2.52)。主发起行持股比例在[20%,50%]时,村镇银行营业网点数量最多,均值为 3.41;主发起行持股比例[15%,20%]的村镇银行营业网点数量次之,均值为 3.08。当主发起行为绝对控股时,村镇银行营业网点数量随着控股比例的升高而下降,其中全资控股村镇银行的发展速度最低,平均仅设立了 2.12 个营业网点。这表明,虽然主发起行在设立村镇银行时更加倾向于采用绝对控股模式,但从营业网点建设速度来看,选择相对控股模式的村镇银行的发展速度更快一些。

① 在 1%的统计水平上显著。

进一步地，笔者结合了跨区域[①]情况对村镇银行发展速度进行分析，见表4-7。

表4-7 跨区域经营与村镇银行网点数量分析

是否跨区域	相对控股(均值)/家	绝对控股(均值)/家	t值
本地设立	3.16	3.04	0.578
跨区域设立	3.75	2.59	3.435***
合计	3.35	2.79	

注：*** 表示显著性水平为1%。

观察表4-7可发现，本地设立村镇银行营业网点均值为3.10，跨区域设立村镇银行营业网点均值为3.17，即跨区域设立村镇银行营业网点数量更多。其原因在于村镇银行的主发起行大都是农商行或城商行，区域内设立村镇银行容易与自身构成同业竞争关系，而跨区域设立村镇银行可以较好地规避竞争风险，因此，跨区域设立村镇银行对于村镇银行营业网点数量具有正向影响。观察控股模式可以发现，对于本地设立的村镇银行，无论采用何种控股模式，营业网点数量相差不大。跨区域设立村镇银行时，相对控股村镇银行营业网点数量均值为3.75，而绝对控股村镇银行营业网点数量均值为2.59，该差异在1%的统计水平下显著。这表明跨区域经营时，主发起行对当地经济政策、金融环境等不够熟悉，采用相对控股模式的村镇银行有利于提高当地其他股东参与村镇银行经营管理的积极性，有助于保障决策的有效性，进而提升村镇银行的发展速度。

此外，笔者结合了主发起行控股模式与注册资本，分析了村镇银行发展情况，如表4-8所示。

表4-8 注册资本与村镇银行网点数量分析

注册资本/万元	相对控股(均值)/家	绝对控股(均值)/家	合计/家
[0,1000)	1.73	2.15	1.96
[1000,3000)	2.60	2.43	2.50
[3000,5000)	2.97	2.26	2.47
[5000,10000)	3.55	2.66	3.03
[10000,50000]	4.64	3.36	4.01

---

① 这里的跨区域设立村镇银行，专指农村商业银行和城市商业银行跨省设立村镇银行。

观察表4-8可发现,注册资本在10000万元以上的村镇银行营业网点最多,均值达4.01,注册资本在1000万元以下的村镇银行营业网点最少,均值为1.96。细致对比两种控股模式可以发现,当注册资本小于等于3000万元时,村镇银行营业网点数量不存在显著差异;当注册资本大于3000万元时,采用相对控股模式的村镇银行营业网点数量更多。事实上,当村镇银行自身规模较小时,村镇银行的人力、物力、财力等资源有限,导致无论采用哪种控股模式都无法显著增加村镇银行营业网点。随着村镇银行自身规模扩大,村镇银行发展所需资源得以丰富,此时,与绝对控股模式相比,相对控股模式更有利于调动其他股东积极性,进而有助于提高村镇银行发展速度。

4.1.2 政府治理基本情况

1. 政府治理的监管机制①

从2007年1月至2012年年底,中国银监会发布的涉及村镇银行监管的制度及规范性文件主要有:《村镇银行管理暂行规定》及《村镇银行组建审批工作指引》(2007年1月22日);《关于加强村镇银行监管的意见》(2007年5月29日);《农村中小金融机构行政许可事项实施办法》(2008年6月27日);《关于做好〈新型农村金融机构2009年至2011年总体工作安排〉有关事项的通知》(2009年7月23日);《农村中小金融机构风险管理机制建设指引》(2009年12月1日);《关于加快发展新型农村金融机构有关事宜的通知》(2010年4月20日);《农村中小金融机构行政许可事项补充规定》(2011年1月5日);《关于进一步加强村镇银行监管的通知》(2011年1月13日);《村镇银行监管评级内部指引(征求意见稿)》(2011年6月22日);《关于调整村镇银行组建核准有关事项的通知》(2011年7月25日);《农村中小金融机构行政许可事项申请材料目录及格式要求》(2012年1月5日);《关于鼓励和引导民间资本进入银行业的实施意见》(2012年5月26日);《关于做好村镇银行非现场监管工作有关问题的通知》(2012年6月6日);《村镇银行风险处置办法(征求意见稿)》(2012年7月24日)等15份文件。在这些规定中,主要设定了一些政府监管规定。

(1)关于主发起行的规定

银监会在2007年1月颁布的《村镇银行管理暂行规定》中指出,"村镇银行的主发起人,以及村镇银行最大股东或唯一股东必须是银行业金融机

---

① 政府部门对于村镇银行所采取的各类监督机制,是当前政府治理的重点。

构，而且最大银行业金融机构股东持股比例不得低于村镇银行股本总额的 20%”，而对于民营股东，规定中指出“单个民营股东持股不得超过 10%”。2010 年 4 月发布的《关于加快发展新型农村金融机构有关事宜的通知》中规定，“允许资产管理公司设立村镇银行”。2012 年 5 月发布的《关于鼓励和引导民间资本进入银行业的实施意见》指出，“为支持民营企业参与村镇银行发起设立或增资扩股对此规定再次进行了调整，村镇银行主发起行的最低持股比例由 20%降低为 15%”，“村镇银行进入可持续发展阶段后，主发起行可以与其他股东按照有利于拓展特色金融业务、有利于防范金融风险、有利于完善公司治理的原则调整各自的持股比例”。

在村镇银行的各项规定中，强调银行业金融机构作为主发起行，并且是第一大股东，主要是为了提高村镇银行的风险承担能力。同时，村镇银行也可以借鉴主发起行的经营经验，利用主发起行的管理技术与营销渠道，实现自身的可持续经营。

(2)关于村镇银行筹建和开业的审批权

2007 年 1 月的《村镇银行组建审批工作指引》中规定，“村镇银行的筹建由银监分局或所在城市银监局受理，审查并决定”，“开业申请由银监分局或所在城市银监局受理、审查并决定”。这一审批框架一直沿用，但一些关键性细节随着时间的推移逐步发生了变化。2011 年 7 月的《关于调整村镇银行组建核准有关事项的通知》中规定，核准方式“调整为由银监会确定主发起行及设立数量和地点，由银监局具体实施准入”，而过去银监会只负责指标管理，即确定数量。其本质是将筹建审批权的关键要素进行了上收，剥夺了省一级银监局的部分权力。这一核准方式的调整，有利于减少组建村镇银行的协调成本，更好地实现规模化、批量化发起设立村镇银行①，同时也有利于优化村镇银行布局，加强中西部地区村镇银行的组建，更好地支持欠发达地区农村经济发展。

(3)关于主发起行资格

在 2007 年的《村镇银行管理暂行规定》及《村镇银行组建审批工作指引》中，对于主发起行的资格并无明确规定。但在 2011 年 7 月的《关于调整村镇银行组建核准有关事项的通知》中明确规定了主发起行的资格，“监管评级达二级以上(含)，满足持续审慎监管要求”，“按照集约化发展、地域适

① 这一文件精神已得到较好地贯彻，从 2014 年和 2015 年村镇银行的设立来看，大部分都是由几家大型农村商业银行批量设立的。

当集中的原则,规模化、批量化发起设立”,“具备七个软条件:明确的农村金融市场发展战略规划,专业的农村金融市场调查,翔实的拟设村镇银行成本收益分析和风险评估,足够的合格人才储备,充分的并表管理能力及信息科技建设和管理能力,已经探索出可行有效的农村金融商业模式,有到中西部地区发展的内在意愿和具体计划”。同时规定,主发起行资格“应向银监会提出申请”,“并附本行村镇银行发展战略、跨区域发展自我评估报告、年度村镇银行发起设立规划”,“对于实施属地监管的法人机构,应同时抄送属地银监局”。这些资格条件的设立,将有利于银监会遴选优质主发起行,提高村镇银行的设立质量。

(4)关于设立地点

2007 年 1 月的《村镇银行管理暂行规定》中规定,村镇银行应“在农村地区设立”①,“需要设立机构的地域名单依据省内县域金融服务充分性状况确定,重点解决服务空白和竞争不充分问题”。2009 年 7 月银监会《关于做好〈新型农村金融机构 2009 年至 2011 年总体工作安排〉有关事项的通知》中提出,“准入挂钩措施”,即“主发起行在规划内的全国百强县或大中城市市辖区发起设立村镇银行的,原则上与国定贫困县实行 1∶1 挂钩,或与中西部地区实行 1∶2 挂钩,在东部地区规划地点(全国百强县、国定贫困县、大中城市市辖区除外)发起设立村镇银行的,原则上与国定贫困县实行 2∶1 挂钩,或与中西部地区实行 1∶1 挂钩”。2010 年 4 月的《关于加快发展新型农村金融机构有关事宜的通知》,对“东西挂钩、城乡挂钩、发达与不发达挂钩”政策进行了完善,提出“中西部省定贫困县可按国定贫困县标准执行,辽宁、河北、海南三省视同中西部省份,新疆所有县(市)按国定贫困县对待”。2011 年 7 月,在《关于调整村镇银行组建核准有关事项的通知》中再次对挂钩政策进行规定,“在地点上,由全国范围内的点对点挂钩,调整为省份与省份挂钩”,“在次序上,按照先西部地区、后东部地区,先欠发达县域、后发达县域的原则组建”。这些有关设立地点,以及东部与中西部挂钩、发达与不发达地区挂钩的措施,充分体现了中央政府设立村镇银行服务“三农”的意愿。

(5)关于市场定位监管

2007 年 1 月的《村镇银行管理暂行规定》指出,“村镇银行不得发放异地

---

① 在调研中,笔者发现很多村镇银行都设立在较为发达的县城地区,甚至有一些村镇银行变相设立在城市内。

贷款”,“村镇银行发放贷款应坚持小额、分散的原则,提高贷款覆盖面,防止贷款过度集中”。2007年5月的《关于加强村镇银行监管的意见》专门就“支农服务监管”进行了规定,提出“要建立支农服务质量评价考核体系”,定期对客户贷款覆盖面、客户贷款满意度、涉农贷款比例等指标进行考核。2011年1月的《农村中小金融机构行政许可事项补充规定》提出,“对偏离支农服务方向、违规购买理财产品、违规受让他行贷款、违规发放政府融资平台贷款和开办贷款转让业务以及存在贷款‘垒大户’、逆程序发放贷款、抵质押担保无效、贷款风险分类不准确等问题的机构”,要严肃问责。2012年6月的《关于做好村镇银行非现场监管工作有关问题的通知》提出“引导村镇银行下沉服务重心”,原则上3~5年内应实现对辖内重要乡镇的网点覆盖,并再次强调“三个禁止”:“禁止向政府融资平台公司、小额贷款公司、融资性担保公司等发放贷款”,“禁止以票据转贴现等方式接受其他银行业金融机构非农贷款”,“禁止通过购买主发起行发行的理财产品、票据等方式帮助主发起行绕规模”。这些规定不仅明确了村镇银行应服务于农村,而且还能有效地控制村镇银行的经营风险①。

(6)关于主发起行责任

2007年5月的《关于加强村镇银行监管的意见》规定,“引导村镇银行与持股银行建立流动性风险管理支持机制,确保持股银行对村镇银行必要的流动性支持”,当村镇银行出现支付风险时,“要求村镇银行启动流动性风险管理支持机制,协助处置支付风险”。同时要督促村镇银行“借鉴持股银行内部控制要求,建立与其业务性质、规模及复杂程度相适应的内部控制制度”。2011年1月的《农村中小金融机构行政许可事项补充规定》强调“严禁以各种形式承接主发起银行和其他银行贷款”,同时强调要“协助属地局督促发起行予以流动性支持”,“督促发起行切实履行大股东职责”,“帮助村镇银行完善公司治理、健全内部控制,在信息科技、支付结算、风险管理、制度建设和人员培训等方面给予必要的支持和帮助”。2012年6月的《关于做好村镇银行非现场监管工作有关问题的通知》提出要“强化主发起行的风险处置责任”,“加强对主发起行履行股东职责监管”,同时“确保村镇银行独立性”,“切实加强联动监管”,对村镇银行的风险进行及时有效的处置。主发起行在村镇银行IT建设、人员培训、风险控制、资源支持、沟通协调等方面

---

① 这些规定虽然在一定程度上控制了村镇银行的经营风险,但也在某种程度上限制了村镇银行产品的开发,导致村镇银行产品与服务的同质化。

积极发挥作用,要加强对村镇银行的并表管理。2012 年 7 月拟定的《村镇银行风险处置办法》中,明确提出主发起行全面负责村镇银行风险处置工作。随着这些规定的颁布,银监会对于主发起行所应承担的责任进行了逐步明确,但与此同时,这些规定中对于主发起行所拥有的权利并不清晰,存在着严重的权责不匹配情况①。这一情况在某种程度上导致了主发起行对于村镇银行监管过度,村镇银行在实际经营中放不开手脚,畏首畏尾。

从以上六个方面,我们可以看出,当前监管机构对于村镇银行的治理机制以监管为主。而且,这一监管为主的治理机制还具体表现在各项法规中。如在《关于加强村镇银行监管的意见》中规定,按照"管法人、管风险、管内控、提高透明度"的监管理念,坚持"属地监管与联动监管相结合、合规监管和风险监管相结合、法人监管和并表监管相结合、持续监管和分类监管相结合"的原则,对村镇银行实施以资本为基础的风险监管,达到"促进村镇银行合法、稳健运行,把村镇银行真正办成以服务'三农'为宗旨、具有可持续发展能力的农村社区性银行"目的。在其后的《农村中小金融机构行政许可事项补充规定》中强调"加强合规性监管""加强风险监管""加强市场定位监管"。2011 年 6 月出台的《村镇银行监管评级内部指引》中规定,对设立两年以上(含)的村镇银行进行评级,分为六级十二档,以此作为分类监管的依据。重点评价村镇银行"资本,资产质量,管理,盈利,流动性,农村金融服务"等六个方面。在 2012 年 7 月发布的《村镇银行风险处置办法》中,以评级为依据,进一步把村镇银行风险划分为轻度、中度、重度三个层次,并采取不同的处置措施:对轻度风险予以纠正,以主发起行督促村镇银行自我整改为主;对中度风险予以救助,以主发起行和其他股东为主体实施;对重度风险予以综合性化解,由主发起行与其他股东协商成立领导小组,争取银监、人行、地方政府等有关方面的配合和支持。

2. 政府治理的激励机制

与监管机制相对应,为了支持村镇银行的可持续发展,中央也给予了村镇银行一定的激励政策。但是,这一激励机制与监管机制相比,仍然显得较为匮乏。当前,涉及村镇银行激励机制的制度及规范性文件主要有:《财政部关于实行新型农村金融机构定向费用补贴的通知》(2009 年 3 月 2 日);

---

① 由于绝大部分村镇银行都不是由主发起行 100%控股的,因而主发起行并不能完全控制村镇银行的日常经营活动,而其经营风险又由主发起行负责,银行造成了主发起行权力与责任的不匹配。

《中央财政新型农村金融机构定向费用补贴资金管理暂行办法》(2009 年 4 月 22 日);《关于金融企业涉农贷款和中小企业贷款损失准备金税前扣除政策的通知》(2009 年 8 月 21 日);《关于农村金融有关税收政策的通知》(2010 年 5 月 13 日);《中央财政农村金融机构定向费用补贴资金管理暂行办法》(2010 年 5 月 18 日)等五项文件。在这些文件中,政府激励机制主要包括以下几点。

(1)关于财政补贴

财政部于 2009 年 3 月颁布的《财政部关于实行新型农村金融机构定向费用补贴的通知》中指出,"凡村镇银行存贷比大于 50%,且达到监管要求[①]并实现上年末贷款余额同比增长的,由中央财政按照上年末贷款余额的 2%给予补贴,纳入机构当年收入核算,以增强机构经营发展和风险拨备能力"。2009 年 4 月的《中央财政新型农村金融机构定向费用补贴资金管理暂行办法》中再次强调,"对上年贷款平均余额同比增长、上年末存贷比高于 50%且达到银监会监管指标要求的村镇银行,按其上年贷款平均余额的 2%给予补贴"。在 2010 年 5 月《中央财政农村金融机构定向费用补贴资金管理暂行办法》中,进一步规定"中央财政对基础金融服务薄弱地区的银行业金融机构(网点),按其当年贷款平均余额的 2%给予补贴"。这些中央财政的补贴,在一定程度上支持了村镇银行的发展。

(2)关于税收优惠

在 2009 年 8 月《关于金融企业涉农贷款和中小企业贷款损失准备金税前扣除政策的通知》中指出,"金融企业发生的符合条件的涉农贷款和中小企业贷款损失,应先冲减已在税前扣除的贷款损失准备金,不足冲减部分可据实在计算应纳税所得额时扣除"。2010 年 5 月发布的《关于农村金融有关税收政策的通知》中对村镇银行涉农业务的各项税收优惠进行了明确规定,"对金融机构农户小额贷款的利息收入,免征营业税","对金融机构农户小额贷款的利息收入在计算应纳税所得额时,按 90%计入收入总额","对金融保险业收入减按 3%的税率征收营业税","对保险公司为种植业、养殖业提供保险业务取得的保费收入,在计算应纳税所得额时,按 90%比例减计收入"。中央政府的这些税收优惠政策,在一定程度上降低了村镇的税收负担。

以上两个方面是全国所有村镇银行都适用的财政补贴和税收优惠政

---

① 依据银监会监管要求,各类银行存贷比不得超过 75%。

策。在实际中,中央政府也鼓励各级地方政府根据各地的实际情况设立符合本地村镇银行的激励政策,如在《财政部关于实行新型农村金融机构定向费用补贴的通知》中就明确指出,“鼓励各地政府因地制宜实施扶持政策,促进新型农村金融机构持续健康发展”。

4.1.3 民间资本基本情况

长期以来,我国民间金融一直没有得到官方认可,除极少数渠道外,均以“非法”的形式存在,民间资本没有获得应有的增值能力。2005 年,国务院发布《关于鼓励支持和引导个体私营等非公有制经济发展的若干意见》,为民间资本进入银行业打开了一扇大门。同时,银监会在 2006 年 12 月 20 日发布《关于调整放宽农村地区银行业金融机构准入政策,更好支持社会主义新农村建设的若干意见》,也为民间资本找到了一条可行的道路。经过多年发展,民间资本已是银行业,尤其是村镇银行资本金的重要组成部分。

1. 民间资本转化银行资本情况

民间资本参与了部分大型商业银行、股份制商业银行的首次公开募股(IPO),以及城商行与农商行的增资扩股。目前民间资本主要以参与发起设立、增资扩股和在股票市场买入股份等方式入股银行业,已成为银行业股本的重要组成部分,特别是在中小商业银行和农村中小金融机构股本中占据主要份额。截至 2011 年年底,在股份制商业银行和城市商业银行总股本中,民间资本(含境内法人股、自然人股和其他社会公众股)占比分别为 42%和 54%。在农村中小金融机构总股本中,民间资本分别占农村合作金融机构和已批准组建的 726 家村镇银行总股本的 92%和 74%[①]。

以浙江省情况为例,截至 2010 年年末,全省地方法人银行业金融机构(不含小额贷款公司,简称小贷公司)有 94 家,注册资本 173.89 亿元,其中,民间资本 144.95 亿元,占比达 83.36%。自 2008 年以来,注册资本增加了 37.73 亿元,其中,民间资本增加 28.75 亿元,占增加额的 76.20%。

表面看来,浙江省民间资本进入银行业的绝对值不大,增加额不多,但浙江省民间资本大量进入小贷公司。截至 2010 年年末,全省设立小贷公司 117 家,注册资本 87 亿元,全部为民间资本,最大的公司注册资本金为 3 亿元,最小的为 0.1 亿元。已开业的 117 家小贷公司累计发放贷款 1003.31 亿元,平均每笔贷款 83.1 万元,贷款余额 226.57 亿元。

---

① 数据来源于中国银监会发布的《中国银行业监督管理委员会 2011 年报》。

尽管理论界认为民间资本转化为银行资本有多达五种渠道，但从浙江省情况来看，主要有两种方式：一是增资扩股，这是民间资本进入具有银监会颁发的金融许可证的地方法人银行类金融机构的主渠道，占整个新增民间资本的 48.28%；二是新设村镇银行，这其中以设立小贷公司为主要方式，占整个新增民间资本的 51.72%。在现实中，民间资本更愿意以大股东的身份、新设村镇银行的方式进入金融行业。

2. 民间资本持股村镇银行情况

当前，村镇银行的控股模式有两种：一种是由民间资本控股的村镇银行，即各民间资本参与主体持股比例之和大于 50%①；另一种是由主发起行绝对控股，民间资本参股的模式。在民间资本控股模式下，主发起行话语权有限，各大股东之间可以形成利益牵制，村镇银行经营管理更多依靠全体股东共同决策。而在主发起行控股模式下，主发起行拥有的股份比例占到 50%以上，控制着董事会和监事会，拥有绝对的话语权，村镇银行的经营往往服从主发起行大的经营战略和整体规划。

本书选取 2007—2013 年在中国农村地区设立的村镇银行，通过发放问卷以及查阅村镇银行的财务报告和网站信息，在剔除数据不全的村镇银行后，共获得 899 家研究样本。对于村镇银行民间资本持股情况，分布如表 4-9 所示。

表 4-9　民间资本持股比例分析

<table>
<tr><th>主发起行控股模式</th><th>民间资本股权比例(S)</th><th>村镇银行数量/家</th><th>所占比例/%</th><th>累积比例/%</th></tr>
<tr><td rowspan="3">主发起行控股</td><td>S=0</td><td>50</td><td>5.6</td><td rowspan="3">62</td></tr>
<tr><td>1%<S≤49%</td><td>179</td><td>19.9</td></tr>
<tr><td>49%<S≤50%</td><td>328</td><td>36.5</td></tr>
<tr><td rowspan="2">民间资本控股</td><td>50%<S≤75%</td><td>235</td><td>26.1</td><td rowspan="2">38</td></tr>
<tr><td>75%<S≤80%</td><td>107</td><td>11.9</td></tr>
<tr><td>合计</td><td></td><td>899</td><td>100.0</td><td>100</td></tr>
</table>

① 《村镇银行管理暂行规定》中明确指出，单个自然人股东和单一非银行金融机构持股比例不得超过村镇银行股本总额的 10%，因而此处的民间资本控股指的是所有民间资本股东持股比例之和大于 50%，而非单一民间资本股东持股比例大于 50%。

总体来看,在899家村镇银行中,有342家村镇银行采用民间资本控股模式,557家村镇银行采用主发起行控股模式;采用民间资本控股的村镇银行占比达38%,而采用主发起行控股,民间资本参股的村镇银行比例达62%。进一步分析主发起行股权分布可以发现,有107家民间资本的持股比例在75%～80%之间,仅仅满足了银监会对于主发起行的最低持股要求,其余资金都是由民间资本投入。此外,村镇银行的数量随着民间资本持股比例的下降而增加,并在49%～50%这一点上达到最高值——328家①。在此之后,随着民间资本持股比例进一步下降,村镇银行数量逐渐减少,当没有民间资本投入时,村镇银行数量达到最小值,仅有50家。总的来说,村镇银行数量随着民间资本持股比例的上升呈U形分布。

从年度上来看,随着时间的推移,民间资本控股村镇银行呈现逐年下降的趋势,而主发起行控股村镇银行呈现逐年上升的趋势,如表4-10所示。从2008年开始,由民间资本控股的村镇银行比例逐年下降,由54.4%下降为2013年的29.8%;而由主发起行控股的村镇银行比例逐年上升,由45.6%上升到2013年的70.2%。

表4-10 分年度民间资本与主发起行控股分析

年度	民间资本控股		主发起行控股	
	数量/家	比例/%	数量/家	比例/%
2007	5	45.7	9	64.3
2008	31	54.4	26	45.6
2009	22	48.9	23	51.1
2010	75	43.4	98	56.6
2011	108	40.6	158	59.4
2012	48	30.8	108	69.2
2013	56	29.8	132	70.2

此外,注册资本情况也会影响民间资本控股的选择,如表4-11所示。注册资本在3000万～5000万元和5000万～10000万元区间的村镇银行占多数,两个区间村镇银行合计达到567家,占村镇银行总数的63%。在初始阶

① 此时,主发起行的持股比例为51%,由此可见,主发起行具有较为明显的绝对控股意图。

段，随着注册资本的上升，民间资本控股的村镇银行呈逐渐下降趋势，当注册资本在 3000 万～5000 万元时，采用民间资本控股模式的比例降至最高点（30.2%）。随着注册资本的进一步上升，采用民间资本控股模式的村镇银行比例呈现上升趋势。当村镇银行注册资本达到 1 亿元以上时，采用两种控股模式的村镇银行在数量上基本一致。

表 4-11　注册资本与控股模式选择

注册资本	民间资本控股		主发起行控股	
	数量/家	比例/%	数量/家	比例/%
1000 万元以下	11	45.8	13	54.2
1000 万～3000 万元（含）	75	37.5	125	62.5
3000 万～5000 万元（含）	86	30.2	199	69.8
5000 万～10000 万元（含）	118	41.8	164	58.2
10000 万元以上	55	50.9	53	49.1
合计	345	38.4	554	61.6

4.2　村镇银行发展中政府治理与民间资本投入的发展趋势

4.2.1　村镇银行发展趋势

1. 村镇银行规模巨型化

通过实地调研，笔者发现经过几年的发展，村镇银行呈现出一种规模不断扩大的趋势。根据《村镇银行管理暂行规定》中的要求，在县（市）设立的村镇银行，其最低注册资本为人民币 300 万元；在乡（镇）设立的村镇银行，其最低注册资本为人民币 100 万元。但在实际中设立的村镇银行，注册资本远远大于规定的数额。虽然 2007 年 3 月首家成立的村镇银行——四川仪陇惠民村镇银行的注册资本只有 200 万元，但 2008 年以后设立的村镇银行注册资本多在 5000 万元以上。从全国范围来看，2010 年 12 月开业的由天津农商行发起的南阳村镇银行，其注册资本高达 5 亿元，成为我国注册资本最大的村镇银行。

笔者于2013年年底对辽宁省46家村镇银行进行了实地调研[①]，注册资本情况如图4-3所示。

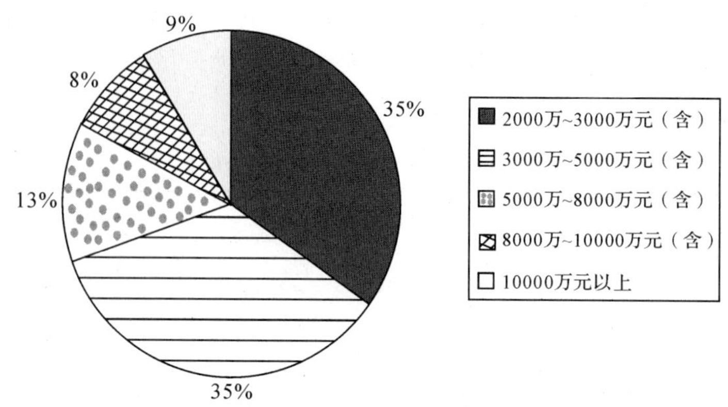

图4-3　辽宁省村镇银行注册资本情况

笔者发现辽宁省村镇银行的平均注册资本为5500万元，注册资本大部分集中在2000万～3000万元和3000万～5000万元这两个区间。有9%（4家）的村镇银行的注册资本达到了1亿元以上，其中最高注册资本额达到了1.5亿元。注册资本最小的一家村镇银行也达到了2000万元。由此可见，村镇银行的注册资本规模不断扩大，有些甚至向巨型化发展。

2. 村镇银行注册地发达化

2007年批准设立的18家村镇银行中只有少数几家处于经济发达地区，其余大部分都处于不发达地区，真正响应国家对于村镇银行服务“三农”、填补农村金融空白的要求[②]。而之后几年，发达地区设立村镇银行的数量出现了较大的增长，截至2014年年底，东部较发达地区共设立村镇银行488家，占比剧增至42.6%；而西部欠发达地区设立村镇银行的数量仅为318家，占比为27.8%，数量低于东部地区所设立的村镇银行。监管机构希望村镇银行设立在中西部的欠发达地区，更多是从社会效益的角度考虑，希望通过设立村镇银行来解决农村金融供给不足所带来的农村金融环境恶化等现实问题，能够起到“鲶鱼效应”。但是作为一个商业主体，村镇银行必然具有逐利倾向，其不可能也没有能力只尽社会责任而不盈利。而作为经济较为发达

① 此次调研笔者综合采用了实地走访与问卷发放相结合的调查方法，向全部46家村镇银行发放了问卷，并全部收回。

② 2007年，东部地区并没有设立村镇银行，18家村镇银行都是在中西部地区设立。

的东部地区，无论是在市场规模、居民收入水平还是在金融服务方面，都较之中西部地区有着不可比拟的优势。因此，村镇银行的注册地向东部发达地区转移也就在所难免了。

3. 发起行以中小银行为主

从主发起人方面来看，城市商业银行与农村小型金融机构是设立村镇银行的主力军，尤其是农村商业银行，近几年设立村镇银行的比例不断提高（见图 4-4）。通过笔者对于辽宁、浙江和安徽地区的调研来看，90％的样本都是由城商行和农村小型金融机构发起设立的。从全国范围来看，截至 2014 年年底，由农村小型金融机构作为主发起人设立的村镇银行数量占比高达 48％左右，尤其是在 2014 年，88.47％的村镇银行都是由农村小型金融机构发起设立的；同时，由城市商业银行发起设立的村镇银行占比也达到 35％左右，仅此两类金融机构作为主发起人设立的村镇银行数量占比近八成，足见其积极性之高。

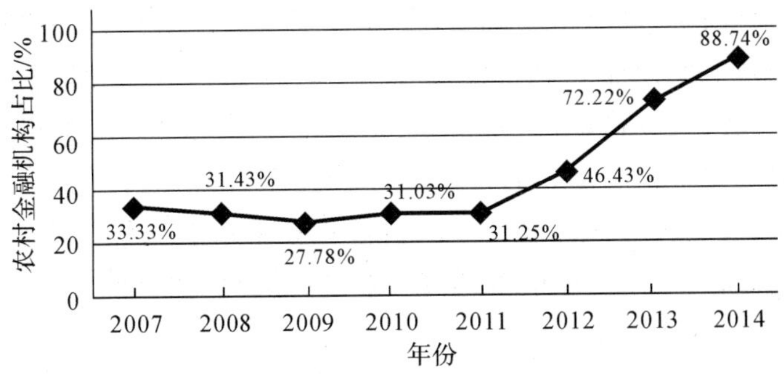

图 4-4　农村金融机构发起设立村镇银行情况

但当前城商行和农商行设立村镇银行的热情并不仅仅是为了响应国家政策，其中大多数是为了变相实现跨区经营。当前，国有银行和股份制银行不受地域性限制，其分支机构已经遍布全国各地，而城商行及农村金融机构在这方面表现出较大的劣势。为此，众多城商行和农村金融机构具有由“地方银行”向“区域性银行”乃至“全国性银行”转变的强烈愿望。然而，监管部门对于商业银行跨区域设立分支机构，尤其是分行的条件限制较多，在核准制情况下，金融牌照十分稀缺，因此，设立村镇银行成为城商行实现跨区域经营的突破口①。但从 2011 年开始，为了控制通过设立村镇银行变相跨区

① 据统计，50％以上的城商行和农村合作金融机构选择跨区域设立村镇银行。

域经营，银监会与各地银监局收紧了城商行和农商行发起设立村镇银行的审批，城商行和农商行设立村镇银行的速度开始放缓。与城商行和农商行的积极设立村镇银行相对应，反观我国四大国有银行及全国性股份制商业银行在这方面的积极性并不强烈。为了鼓励管理水平更高、风险控制能力更强的国有银行和全国性股份制银行参与到村镇银行的建设中来，银监会于2010年颁布了《中国银行业监督管理委员会关于加快发展新型农村金融机构有关事宜的通知》，规定对设立10家以上新型农村金融机构的主发起人，允许其设立新型农村金融机构管理总部；对设立30家以上新型农村金融机构的主发起人，允许其探索组建新型农村金融机构控股公司。这一政策极大地提高了四大国有银行的热情，尤其是建设银行计划在未来建设200余家村镇银行①。

4. 村镇银行金融创新深化

村镇银行的金融创新首先体现在经营决策链条短，贷款审批方便快捷。大型商业银行的县级支行审批权限往往受到较多的限制，村镇银行在贷款审批速度上与大型商业银行相比具有明显优势。在审批时间上，村镇银行由于具有一级法人资格，对于符合条件、手续齐全的单笔贷款申请，从调查到放款一般不超过5个工作日。如沈阳法库富民村镇银行，对于信用好的客户贷款并不需要抵押品，从客户申请贷款到正式批复和办结，不得超过5个工作日；而沈北富民村镇银行则对小额贷款实行“绿色通道”服务，整个流程不超过3个工作日。

其次，村镇银行经营机制灵活，有助于创新农村金融产品。当前村镇银行在经营发展过程中，充分发挥业务经营灵活的特点，在贷款产品流程设计、风险识别、担保方式等方面进行了大量的创新。村镇银行的创新主要体现在以下几个方面：一是授信机制创新。针对小微型企业财务不健全的问题，一些村镇银行采用了“三品四表四性”分析策略，即针对企业产品、物品、人品和报表、电表、水表、纳税申报表，从资金需求的合理性、贷款用途的真实性、还款来源的可靠性和担保措施的有效性进行分析，力争在风险可控的前提下降低信贷门槛。二是担保物创新。村镇银行积极拓展担保物范围，将农户和农企所拥有的林权、土地经营权纳入担保物的范围，推出了林权抵

① 从目前的情况来看，建设银行已经放缓了设立村镇银行的步伐，尤其是自2014年以来，建设银行并没有增设1家村镇银行。

押贷款和土地流转经营权质押贷款。三是通过开展“公司＋农户”“公司＋基地＋农户”等信贷创新业务，将支农金融服务的对象范围不断向农业生产的上、下游延伸。四是推出农户联保贷款、小企业联保贷款等创新产品，根据借款人信用或联保信用联合体信用等级确定存在村镇银行的授信额度。

4.2.2　政府治理发展趋势

村镇银行的可持续发展离不开各级政府的支持，这种支持主要体现在三个方面。

1. 中央政府的奖补政策趋稳

对于中央统一的奖补政策，主要是由财政部和人民银行发文，对村镇银行的涉农业务进行奖励。为支持村镇银行为“三农”服务，财政部于 2009 年出台了《中央财政新型农村金融机构定向费用补贴资金管理暂行办法》，对当年贷款平均余额同比增长、年末存贷比高于 50％且达到银监会监管指标要求的村镇银行，按其当年贷款平均余额的 2％给予补贴。此外，财政部开展了包括村镇银行在内的县域金融机构涉农贷款增量的奖励工作。2010 年，财政部出台了《财政县域金融机构涉农贷款增量奖励资金管理办法》，其中对县域金融机构上年涉农贷款平均余额同比增长超过 15％的部分，按 2％的比例给予奖励。此外，人民银行也积极为村镇银行等新型金融机构完善相应的支持政策，如 2009 年人民银行印发了《中国人民银行关于完善支农再贷款管理、支持春耕备耕、扩大“三农”信贷投放的通知》，将支农再贷款对象由农村信用社扩大到农村合作银行、农村商业银行以及村镇银行等县域内存款类金融机构。

2. 地方政府的财政补贴增多

自 2009 年中央出台了《中央财政新型农村金融机构定向费用补贴资金管理暂行办法》之后，各地方政府也纷纷出台了与当地农村金融环境相适应的补贴文件。虽然，各地方政府对所在辖区的村镇银行提供的补贴与奖励无论在数额上还是在形式上都存在着较大的差异，但一般都包括税费补贴、一次性的开办费奖励和不同形式的支农风险补偿等。笔者通过对辽宁省和浙江省的实地调研发现，2010—2012 年，辽宁省辽阳县当地政府对于 LNSS 村镇银行补贴形式为税费补贴，补贴金额为当年企业所得税县级留成部分，同时营业税按 3％征收；而浙江省 DSCZ 村镇银行则一次性得到当地县政府奖励的 20 万元开办费奖励。

3. 政府加速搭建合作平台

在法人客户方面,通过当地政府积极开展对接会,为村镇银行与当地企业牵线搭桥。如2013年9月,四平DF村镇银行与当地镇政府共同举办银政企信贷业务对接洽谈会,铁东工商分局主管局长、行政审批办、商广科负责人及10余名中小企业代表参加了会议。在此次洽谈会上,DF村镇银行与10余家企业达成600万元的合作意向。在个人客户方面,村镇银行与政府及事业单位合作,针对特定客户群体推出金融创新产品。例如,浙江CX村镇银行与县政府合作,发放农村青年创业贷款。

虽然各家村镇银行都会收到政府的财政补贴与税收返还,但即使是同一个地区,各家村镇银行所获得的激励强度也并不相同。以辽宁地区村镇银行为例,政府对于村镇银行的支持强度如表4-12所示。

表4-12 辽宁地区村镇银行政府支持情况

银行名称	政府财政补贴/万元	税收减免
FKFM	41.50	营业税从5%降至3%
SBFM	600.50	营业税从5%降至3%
XMFM	107.50	营业税从5%降至3%
LZFM	18.20	营业税从5%降至3%
YXXH	193.00	营业税从5%降至3%
DSQLF	1215.29	营业税从5%降至3%
LNSS	208.00	开业前三年,地方政府留成部分予以返还,从5%降至3%
DT	262.00	开业前三年,一定额度税收返还
CZHT	406.00	开业前五年,营业税与所得税地方政府留成部分予以减免
CTMX	765.41	营业税从5%降至3%,5万元以下农户小额贷款免营业税,所得税计算时,农户小额贷款按90%计算
KYXYS	619.00	营业税从5%降至3%
KD	1320.00	营业税从5%降至3%
HCJH	0.00	营业税从5%降至3%
BXHF	0.00	营业税从5%降至3%
JCCY	0.00	营业税从5%降至3%,5万元以下农户小额贷款所得税计算时,农户小额贷款按90%计算
HLDGX	1.60	营业税从5%降至3%

表 4-12 列示了辽宁地区部分村镇银行所获得的政府支持。从该表中可以看出：①在政府的补贴方面，各家村镇银行所获得的政府补贴金额具有较大的差异。有两家村镇银行累计获得的政府补贴额达到了 1000 万元以上；而有的村镇银行并没有获得政府补贴。②在税收减免方面，各家村镇银行所获得的税收减免政策并不相同[①]。有些村镇银行仅仅享受了中央政府对于营业税的优惠，即营业税从 5%降至 3%；而有些村镇银行所获得的税收减免则更具体、更多样，如 CZHT 村镇银行的税收减免政策是开业前五年，营业税与所得税地方政府留成部分予以减免。

4.2.3　民间资本投入发展趋势

1. 民间资本投资趋于理性

村镇银行设立之初，民间资本纷纷表达对于村镇银行的投资积极性，民间资本投资村镇银行热情高涨，经过几年发展，民间资本在谋求控股地位、分红获利等方面屡屡受挫，其盲目的投资热情已经冷却。近年，多家村镇银行股权被民营企业股东转让。多家村镇银行民企股东表示，村镇银行经营规模小，经营状况远未达到参股预期，民间资本参股本是为了获得控股权进入银行业，但控股无望，而且被排斥在日常经营管理之外，让民营企业股东心生去意。2012 年 8 月，山东寿光张农商村镇银行、浙江慈溪民生村镇银行的小股东山东乐义金融担保投资和亿晶光电分别转让其持有的该行股份；2012 年 11 月，四川彭州民生村镇银行为第二大股东邦信资产管理有限公司发布公告拟转让其持有的全部股权；同月，四川都江堰金都村镇银行的两家股东四川三羊房地产开发有限公司和寅河建设有限责任公司同时转让其持有的共计 1050 万股该行股份。

为了鼓励民间资本进入银行业，2012 年，银监会出台了《关于鼓励和引导民间资本进入银行业的实施意见》(以下简称《意见》)，将村镇银行主发起行的最低持股比例由 20%降低为 15%。值得注意的是，该《意见》虽然降低了发起行的最低持股比例，但是没有提高民营企业的最高持股比例。大部分村镇银行中，发起行的持股比例都超过了 50%，有的甚至高达 80%～90%。此外，到目前为止，分配现金股利的村镇银行不多[②]，四年没分红的村镇银行十分常见，民间资本已经失去了最初投资村镇银行的热情，投资越发

---

① 这与村镇银行所在县、市的激励强度有关。

② 当前，各家村镇银行内部都有三年不分红的隐性规定。

趋于理性。

2. 民营银行成民资新出路

2014年起,经党中央、国务院批准,银监会开展了首批民营银行试点工作。2014年3月,银监会公布了国务院批准的首批五家民营银行试点名单,正式启动民营银行试点工作。2015年6月,国务院办公厅正式转发《关于促进民营银行发展的指导意见》,银监会正式依法对合格的民间资本发起设立民营银行的申请进行受理。截至2015年6月末,第一批试点的5家民营银行,即深圳前海微众银行、上海华瑞银行、温州民商银行、天津金城银行、浙江网商银行已全部开业,总体运行平稳,社会各界给予了积极评价。

虽然民营银行在规模上无法同国有大型商业银行相比拟,但因为股东性质的截然不同,民营银行被视为小微企业的救世主,民企股东设立"自己"的银行又出现了新的希望。根据银监会对外披露的信息,经批准筹建的3家民营银行分别是深圳前海微众银行、温州民商银行、天津金城银行。虽然都是民营银行,各自的定位却有明显的不同。据尚福林介绍,个人消费者和小微企业是前海微众银行的服务重点;民商银行的定位则是为温州区域的小微企业、个体工商户和小区居民、县域"三农"提供金融服务;金城银行则将服务对象重点定位于发展天津地区的对公业务。从民营银行性质可以看出,民营银行主要为小微企业、个人工商户、个人及"三农"服务,符合条件的民间资本可以成为银行大股东,激发了大型民营企业的投资热情,这将成为民间资本新的发展出路。

3. 民间资本中介服务平台逐步确立

民间资本中介服务平台源于欧洲,在国内仍然属于一个新兴行业,近年来经历了迅速膨胀期。民间资本中介服务平台发展得益于广大的市场空间和利好政策的引导。2014年博鳌亚洲论坛年会上公布的《小微企业融资发展报告》统计,当前中国中小企业,贡献了中国60%的GDP、50%的税收,而这部分中小企业、小微企业中约有90%没有与金融机构发生任何借贷关系,得到的金融服务资源很少。对此类中小微企业而言,简便、快捷的民间融资成为重要的融资渠道。民间资本由于缺乏安全有效的投资渠道,积累了大量的闲置资金,为民间资本中介服务平台提供了广阔的市场。

2011年最高法院下发《关于依法妥善审理民间借贷纠纷案件促进经济发展维护社会稳定的通知》,指出有条件放开企业间借贷活动,有条件承认企业间借贷的合法性。2012年,银监会和国务院领导多次在重要会议以及重要场合上提及民间借贷的合法性。“新 36 条”出台，鼓励民间资本进入金融领域，发起设立金融中介服务机构。以上一系列利好政策的引导，使民间资本中介服务平台得到迅速发展。从长远看，民间资本中介服务平台会有一个较长时间的稳健发展期，随着我国的信用体系更加完备，银行业将逐渐放开，民间资本中介服务平台将成为金融中介服务的重要平台。

4.3　村镇银行发展存在的问题

在本书写作期间，笔者走访了辽宁省、浙江省、安徽省等地的村镇银行，并借第二届村镇银行论坛，向多家村镇银行的行长发放了问卷，同时就相关问题与村镇银行的行长进行访谈。通过问卷和访谈的结果，笔者发现，大部分行长认为当前村镇银行的发展现状一般①，而且有 30％的行长对当前的发展情况不满意。结合问卷调查、实地调研和现有研究结论，笔者发现村镇银行政府治理与民间资本投入中仍存在许多尚待解决的问题。

1. 经营管理尚未独立

银监会规定村镇银行必须有 1 家银行业金融机构作为主发起行，且主发起行所占股份不得低于总股数的 20％，而且必须是村镇银行的最大股东。这一规定决定了主发起行的权限在村镇银行的管理决策中最大。不可否认，主发起行能够为村镇银行提供先进的技术支持和管理经验，但村镇银行作为其发展战略的一个部分，必然要服从主发起行的整体战略，这势必会影响村镇银行的独立性。在当前的产权结构安排下，民间资本的话语权较弱，许多民间资本在短暂的热情之后，对村镇银行逐渐采取观望态度，这对于鼓励民间资本参与农村金融改革极为不利。

此外，银监会规定农村信用社作为独立的银行业金融机构，也可以发起成立村镇银行。根据辽宁地区的调研来看，目前共有 6 家村镇银行是由农村合作金融机构发起设立的，其中农信社 4 家，农村商业银行 2 家，成为设立村镇银行的主要力量。农村合作金融机构相比于其他银行来说，对于农村金融市场更为熟悉，能够更好地指导村镇银行向农村、农户开展金融服务。但在人事安排上，村镇银行在设立时，管理人员与工作人员基本上都是

---

① 占全部受访谈者的 63％。

主发起行的原班人马,村镇银行难免无法完全摆脱农村信用社的工作方式。此外,农村信用社发起设立村镇银行也是为了保持其市场地位的因素,有些村镇银行有可能只是农信社的另一面旗帜,“新瓶装旧酒,改号不换质”。

此外,四大国有银行和大型股份制商业银行发起设立的村镇银行,由于发起行绝大部分都是绝对控股,管理人员都是由主发起行指派,无论在经营管理上,还是在经营业务上都基本承袭了主发起行的模式,不能自主开发针对农村、农户和农民的金融产品,因而在农村地区经常会出现水土不服的现象。

2. 市场拓展能力较弱

村镇银行缺乏特色产品与服务,在业务的拓展过程中,势必要与国有商业银行、大型股份制银行的分支机构,以及当地农信社产生竞争。在竞争中,村镇银行表现出了服务网点少、认知度低和贷款额度低等劣势,导致村镇银行的市场拓展能力较弱;同时,村镇银行在信贷产品和服务、担保和抵押方式上创新不足。目前,村镇银行在贷款中主要还是局限于传统抵押方式,如住房、商厅、设备等,而缺乏新型的担保和抵押方式,信用贷款和农户联保贷款等业务也未开展①。村镇银行作为农村金融机构的新晋成员,其员工素质普遍不高、村镇银行与当地建立起来的人缘和地缘不够深厚,信贷市场拓展面临诸多困难。目前,部分村镇银行所采取的担保和抵押模式并不契合中国农村的实际,农民在缺乏有效担保和抵押物的情况下,仍然无法从村镇银行获得信贷资金。

3. 社会认可程度较低

虽然相关媒体对村镇银行进行了大力宣传,但村镇银行毕竟是一个新生事物,在农村地区尚未被广泛接受和认可,大部分群众对传统的金融机构比较信任。事实上,农民对国家金融新方针、新政策并不十分了解,调查中一些村民甚至认为村镇银行就是村里的银行,没有保证,随时有破产倒闭的风险。他们对村镇银行抱有怀疑和观望的态度,有钱不敢存到村镇银行,认为其门户小,贷款多了就贷不出来,不愿与村镇银行建立客户关系,致使村镇银行存贷款业务发展缓慢。

除了以上问题外,笔者通过调研,还发现了一个很重要的问题,即村镇银行的市场定位出现不同程度偏离。2007 年银监会发布的《村镇银行管理

① 虽然有些村镇银行已经开展了小额信用贷款业务,但其发放贷款金额较小、限制较多。

暂行规定》中规定，“村镇银行”在本质上属于“银行业金融机构”，因此，它在本质上与其他银行业金融机构并没有区别。但其所冠名的“村镇”一词也刻画了其设立区域、服务对象，即“在农村地区设立，服务对象主要为当地农民、农业和农村经济”。然而，笔者调研发现，村镇银行大多将其总部设在各县、区行政中心所在地，周边商贸较为发达，经济与金融环境也都比较良好。这一地域布局，并不符合村镇银行在金融服务空白区域布局的发展思路，呈现出一种“冠名村镇，身处县城”的格局。在经营项目上，村镇银行更多的是经营风险较小的城镇化建设项目、县域中小企业贷款项目，与成为农村社区“草根”银行的设立初衷渐行渐远。甚至一些外资银行发起设立的村镇银行，将经营网点设立在大企业集聚的县级经济开发区，成为外资银行大城市战略的一部分。

4. 村镇银行发展配套政策亟待完善

自 2006 年批准设立村镇银行以来，村镇银行配套政策仍然不完善，主要存在以下问题：一是行名、行号问题。村镇银行没有在人民银行结算系统核准落实行名、行号，不能在人民银行开立清算账户，不能参加同城票据交换，不能参加大、小支付系统结算。部分村镇银行至今没有单独的行名、行号，无法加入人民银行的大小额实时支付系统，汇划到账速度较慢，不能满足客户快速、便捷的服务要求。此外，村镇银行的通存通兑没有开通、银行卡业务缺失，汇路不畅也是一个大问题。二是征信系统接入问题。征信系统在农户小额贷款的发放过程中发挥着极大的作用，目前村镇银行还无法直接与该系统实现对接，这降低了村镇银行贷款发放的效率，增加了村镇银行的人员成本。三是统计信息报送问题。目前，村镇银行只能按月收集纸质存贷款数据，其数据不能录入“金融统计监测管理信息系统”；同时，总行也没有对统计系统建设、信息采集内容、报送频度等做出明确规定。四是村镇银行不能进入银联，使得银行卡业务一直无法开展，也影响了储蓄业务的发展。由于无法加入银联，存款被迫大量流出。

5. 缺乏分层系统的外部监管体系

村镇银行监管所依据的《村镇银行管理暂行规定》是 2007 年出台的，但经历十年的时间，依旧是暂行规定，有关村镇银行管理没有后续具体补充条例，也没有更加完善的法规。实地调研中，村镇银行的行长们多次提及村镇银行发展缺乏政策先导的引导。当前，银监会对于村镇银行的监管按照一般商业银行的监管体系执行，并没有因为村镇银行的规模小、业务少而降低监管要求。村镇银行之间,在自身规模、设立区域方面存在着诸多差异,监管部门对于不同类型的村镇银行应做到差别监管。遗憾的是,由于缺乏具体相关监管条例,村镇银行监管“一刀切”问题十分严重。广西兴安民兴村镇银行董事长李锡军明确提出:“不同地区的村镇银行在监管上应差别对待,很多经济发达地区村镇银行可以开展的业务,在欠发达地区是无法开展的,对于不同地区村镇银行的监管指标也应随之做出相应调整。”此外,尽管国家出台了一些村镇银行支持政策,但与农村信用社的待遇相比仍有很大的差距。当前,农村信用社的所得税是15%,而村镇银行依旧是25%。与农村信用社相比,村镇银行更为弱势①,更加需要政府配套政策的支持。当前,政府大力支持农村经济发展,将大量农业补贴直接补给了农民,而对于村镇银行的财政补贴极为有限。

① 这种弱势不仅体现在业务规模与网点数量上,更体现在经营农村金融机构的经验上。

第5章　村镇银行发展中主发起行与民间资本股权结构安排实证分析

本章针对“主发起行制度”下，中国村镇银行主发起行持股比例的现实差异，基于公司治理理论和博弈分析思路，根据第三章理论分析框架中的纳什谈判模型及其拓展模型的博弈均衡解，从谈判优势和控制权收益视角实证检验了村镇银行主发起行持股比例的决定机制。本书发现：相比城市商业银行和农村金融机构，谈判优势较大的四大国有银行、政策性银行和大型股份制银行等类型的主发起行将会持有村镇银行更高的股权份额。同时，当村镇银行具有较高的控制权收益时，主发起行将会降低所持有的村镇银行股权份额。当村镇银行的控制权收益较高时，主发起行利用谈判优势获取较高股权份额的意愿将较弱。本书结论表明，村镇银行的股权结构是一个内生变量，受到主发起行的谈判优势和控制权收益等多方面因素的影响。

5.1　村镇银行股权结构安排的研究假说

股权结构作为企业事前融资各方博弈的结果，会对企业基本制度产生重要影响(王奇波等，2006)。作为新型农村金融机构的村镇银行，采取“主发起行制度”[①]设立,其股权结构与一般公司制企业相比具有特殊性,即主发起行可以凭借较低的股权份额成为村镇银行的第一大股东。但本书发现:现实中村镇银行的主发起行持股比例存在较大差异[②]。那么,在主发起行被制度确立为第一大股东的情况下,为什么村镇银行主发起行持股还会出现集中化趋势?哪些因素决定了主发起行的持股比例?既有研究对此没有给予足够重视和有效回答。

企业是一系列契约的有机组合,在企业内部,不同参与者在控制权和收入分配上具有不对称性(Jensen,Meckling,1976),是权威,而非价格机制进行生产要素配置(Coase,1937)。在企业权威的确定过程中,所有权结构安排是一个重要因素(郑志刚,2010)。企业设立时,股权比例配置不仅决定了股东对企业资源的投入,而且也决定了股东在事后对企业剩余控制权与剩余索取权的分配。随着股东持股比例的提高,一方面可以提高股东对于企业租金的分成比例;另一方面,可以提高股东对公司的控制权,进而可以获得控制权收益(Grossman,Hart,1988)[③]。在股权份额谈判中,谈判力度的大小取决于各方对关键性资源的控制(Rajan,Zingales,1998)。在村镇银行股权配置中,各参与主体都希望获得村镇银行的控制权,进而获取较高的控制权收益。与其他股东相比,主发起行除了需要向村镇银行投入资金外,还要投入相应的管理、技术与设备,以维护村镇银行日常运营。因此,主发起行由于控制了村镇银行的关键性资源,在股权谈判中获得了优势地位。

本章基于第3.5.2小节中主发起行与民企股东博弈模型所得出的三项

---

① 中国银行业监督管理委员会在《村镇银行管理暂行规定》(银监发〔2007〕5号)第二十五条明确指出:村镇银行最大股东或唯一股东必须是银行业金融机构,最大银行业金融机构股东持股比例不得低于村镇银行股本总额的20%[在《关于鼓励和引导民间资本进入银行业的实施意见》(银监发〔2012〕27号)中,这一比例已下调整至15%],单个自然人股东及关联方持股比例不得超过村镇银行股本总额的10%,单一非银行金融机构或单一非金融机构企业法人及其关联方持股比例不得超过村镇银行股本总额的10%。

② 通过对我国村镇银行主发起行持股比例的统计发现:持股比例最低为15%,最高为100%,中值为51%,平均值为49%,标准差为20%。

③ Grossman,Hart(1988)指出,公司中持股比例较高的大股东会获取控制权收益,而且这种收益不能为其他股东分享。

推论①，从主发起行谈判优势和控制权收益视角构建分析框架，进而运用全国 865 家村镇银行的数据，实证分析村镇银行主发起行与民间资本股权结构安排。

一般来说，相对于城市商业银行、农村商业银行等区域性金融机构来说，四大国有银行、政策性银行和大型股份制银行具有资金实力更强、管理水平更高、交易系统更加完善的优势，其向村镇银行中投入资产的专用性也会更高。此时，作为主发起行的四大国有银行、政策性银行和大型股份制银行，在村镇银行设立时的股权结构谈判中，便会被赋予更高的谈判力度，相对于其他股东来说，谈判优势更大。

基于第 3.5.2 小节中的有关主发起行与民企股东博弈的推论 1，本书提出如下假说：

H1：在村镇银行设立时，相对于城市商业银行与农村金融机构，四大国有银行、政策性银行和大型股份制银行等类型的主发起行，将会持有更高的股权份额。

控制权收益很大程度上来源于企业资源，而且这种资源能够由控股股东进行支配（Dyck，Zingales，2001）。一般来说，企业规模越大，其所附带的企业资源越多，控股股东能够获取的控制权收益也会越大（赵昌文等，2004）。基于第 3.5.2 小节中的有关主发起行与民企股东博弈的推论 2，本书提出如下假说：

H2：村镇银行设立规模越大，主发起行越倾向于持有较低份额的股权。

根据第 3.5.2 小节中的有关主发起行与民企股东博弈的推论 3，本书提出如下假说：

H3：在规模较大的村镇银行中，四大国有银行、政策性银行和大型股份制银行等类型的主发起行，利用谈判优势获取更高股权份额的倾向较低。

---

①　本书第 3.5.2 小节中，3 项推论分别如下：

推论 1：在村镇银行设立时，相对于其他股东的谈判优势越大，越有利于主发起行持有更高份额的股权。

推论 2：在村镇银行中，主发起行的控制权收益越高，越倾向于持有较低份额的股权。

推论 3：较高的控制权收益，会抑制主发起行利用谈判优势追求更高股权份额的倾向。

5.2 村镇银行股权结构安排的实证方法

5.2.1 样本来源

本书选取在中国农村地区设立的村镇银行为研究样本,分析谈判优势、控制权与主发起行持股的关系。本书的数据主要来源于三个渠道:①村镇银行主发起行、注册资本和股权结构等数据,来源于本书发放的调查问卷以及各家村镇银行的财务报告和网站信息;②各地区金融运行数据,来源于中国人民银行编制的各年度《中国区域金融运行报告》[①];③各地区其他经济数据,来源于各年度《中国统计年鉴》[②]。在获得原始数据的基础上,本书进行了如下处理:①考虑到样本数据的可比性,剔除了由外资银行作为主发起行的村镇银行样本;②剔除了变量数据缺失的村镇银行样本。最终,本书得到865家有效观测样本。为了进行实证检验,本书在分析中使用了SPSS、STATA和Excel等统计分析软件。

5.2.2 变量选择

本书以主发起行在村镇银行设立之初的持股比例作为被解释变量,以主发起行谈判优势和控制权收益作为解释变量。根据前文的理论分析,本书选择主发起行类型作为主发起行谈判优势的代理变量;选择村镇银行设立规模作为控制权收益的代理变量。

此外,根据Altunbas等(2002)、夏祥谦(2014)、陆智强和熊德平(2015)等的研究,本书选择了区域经济总量、金融效率、经济增长率、第一产业比例、进出口贸易等作为控制变量。同时,考虑到时间因素对村镇银行主发起行持股的影响,本书加入了年份虚拟变量。变量的详细说明见表5-1。

---

① 可参见中国人民银行网站中历年发布的中国区域金融运行报告。

② 国家统计局. 中国统计年鉴(2007—2014年)(历年)[M]. 北京:中国统计出版社.

表 5-1　变量说明

	变量符号	变量名称	变量定义
被解释变量	S_1	主发起行持股比例	主发起行持股/村镇银行总股数
解释变量	POW	谈判优势	当样本村镇银行的主发起行为四大国有银行、政策性银行和大型股份制银行，该变量取值为 1，否则为 0
	CAP	设立规模	村镇银行注册资本总额的对数
	GDP	经济总量	所在省份地区生产总值的对数
	FIR	金融效率	（所在省份金融机构存款余额＋所在省份金融机构贷款余额）/所在省份地区生产总值
	RGDP	经济增长率	所在省份地区生产总值实际增长率
	PRI	第一产业比例	所在省份第一产业增加值/所在省份地区生产总值
	IBE	进出口贸易	所在省份进出口贸易总额/所在省份地区生产总值
	Y	年份虚拟变量	在样本村镇银行设立的年份，所对应的年份虚拟变量取值为 1，否则为 0

5.2.3　相关变量的描述性统计

根据所选择的变量，本书对样本村镇银行的主要变量进行了描述性统计（见表 5-2）。

表 5-2　描述性统计

变量	最小值	最大值	平均值	中值	标准差
S_1	15%	100%	49%	51%	20%
POW	0	1	0.17	0	0.37
CAP/万元	300.00	42000.00	7124.62	5000.00	5308.06

从表 5-2 中的描述性统计结果可以看出：①村镇银行主发起行持股比例普遍较高，从中值来看，大部分主发起行的持股比例达到了 50%以上。此外，各家村镇银行的主发起行持股比例具有较大差异。一些主发起行持有的村镇银行股份比例仅仅达到政策最低要求的 15%，而有些主发起行却选择全资控股村镇银行。②从主发起行的类型来看，大部分村镇银行都是由城市商业银行与农村金融机构发起设立的，仅有 17%的村镇银行的主发起行为四大国有银行、政策性银行和大型股份制银行。③在村镇银行设立规

模方面,村镇银行的平均注册资本额为 7124.62 万元,而且大部分村镇银行的设立规模都在 5000 万元及以上。

5.2.4 实证检验模型设计

首先,为了检验假说 H1,本书将代表主发起行谈判优势的变量 POW 代入回归模型,此时回归模型的形式为

$$S_1 = \alpha + \beta_1 \mathrm{POW} + \beta_2 \mathrm{GDP} + \beta_3 \mathrm{FIR} + \beta_4 \mathrm{RGDP} + \beta_5 \mathrm{PRI} + \beta_6 \mathrm{IBE} + \sum Y \tag{5-1}$$

如果假说 H1 成立,则回归模型式(5-1)中变量 POW 显著,且其回归系数 β_1 大于 0。

其次,为了检验假说 H2,本书将代表控制权收益的变量 CAP 代入回归模型,此时回归模型的形式为

$$S_1 = \alpha + \beta_1 \mathrm{POW} + \beta_2 \mathrm{CAP} + \beta_3 \mathrm{GDP} + \beta_4 \mathrm{FIR} + \beta_5 \mathrm{RGDP} + \beta_6 \mathrm{PRI} + \beta_7 \mathrm{IBE} + \sum Y \tag{5-2}$$

如果假说 H2 成立,则回归模型式(5-2)中变量 CAP 显著,且其回归系数 β_2 小于 0。

为了检验假说 H3,本书将主发起行谈判优势变量 POW 与控制权收益变量 CAP 的交叉项带入回归模型,此时回归模型的形式为

$$S_1 = \alpha + \beta_1 \mathrm{POW} + \beta_2 \mathrm{CAP} + \beta_3 \mathrm{POW} \times \mathrm{CAP} + \beta_4 \mathrm{GDP} + \beta_5 \mathrm{FIR} + \beta_6 \mathrm{RGDP} + \beta_7 \mathrm{PRI} + \beta_8 \mathrm{IBE} + \sum Y \tag{5-3}$$

如果假说 H3 成立,则在回归模型式(5-3)中变量 POW 和 CAP 显著的同时,交互项 POW×CAP 也显著,且其系数 β_3 小于 0。

5.3 村镇银行股权结构安排的回归分析

5.3.1 单变量分析

为了初步检验金融发展水平和大股东持股对村镇银行投入资本的影响,本书首先进行单变量分析。在这一过程中,本书将样本数据按照谈判优势与控制权收益两个方面进行分组:①在谈判优势方面,按主发起行类型,将样本划分成两组。其中,主发起行为城市商业银行与农村金融机构的为组 1,主发起行为四大国有银行、政策性银行、大型股份制银行的为组 2。

②在控制权收益方面，按村镇银行设立时的注册资本中值，将样本划分成两组。其中，注册资本低于中值的村镇银行为组 1，反之为组 2。在此基础上，对分组样本进行独立样本 t 检验，分析这两个因素对主发起行持股比例的影响。分析结果见表 5-3。

表 5-3 单变量分析

A 栏：谈判优势与主发起行持股比例			
	组 1：谈判优势较低	组 2：谈判优势较高	组 1 和组 2 均值比较
	均值	均值	显著性水平
S_1	0.463	0.635	0.000***
N	720	145	
B 栏：控制权收益与主发起行持股比例			
	组 1：设立规模较小	组 2：设立规模较大	组 1 和组 2 均值比较
	均值	均值	显著性水平
S_1	0.520	0.456	0.000***
N	486	379	

注：*** 表示显著性水平为 1%。

从表 5-3 中的单变量分析结果可以看出：首先，谈判优势较高的主发起行，其持有的村镇银行股权比例要高于谈判优势较低的主发起行所持有的村镇银行股权比例，而且这种差异在 1%的水平上显著。其次，设立规模较大的村镇银行，其主发起行所持有的股份比例要显著低于设立规模较小的村镇银行的主发起行。这两项结果均与本书假说的预期相一致。为了进一步检验本书所提出的假说，本书将在控制其他变量影响的基础上，对谈判优势、控制权收益与主发起行持股的关系进行回归分析。

5.3.2 多元回归分析

(1)谈判优势、控制权收益对主发起行持股的影响。本书在本部分实证检验了谈判优势、控制权收益对主发起行持股的影响，回归结果如表 5-4 所示。

表 5-4 谈判优势、控制权收益与主发起行持股的回归结果

解释变量	方程 1	方程 2	方程 3
截距	−0.207 (−1.245)	−0.094 (−0.529)	0.095 (0.556)

续表

解释变量	方程 1	方程 2	方程 3
POW	0.155*** (9.066)		0.151*** (8.999)
CAP		−0.067*** (−6.077)	−0.063*** (−5.986)
GDP	0.059*** (4.755)	0.102*** (7.806)	0.081*** (6.393)
FIR	0.005 (0.481)	0.024** (2.462)	0.017* (1.821)
RGDP	1.242** (2.543)	1.498*** (2.997)	1.240** (2.590)
PRI	0.057 (0.984)	0.012 (0.205)	0.016 (0.289)
IBE	0.004 (0.662)	0.010 (1.638)	0.011* (1.845)
Y	控制	控制	控制
N	865	865	865
F 值	14.017***	9.898***	16.224***
调整 R^2	0.153	0.110	0.186

注:括号中的数字为 *t* 检验值,***、**、* 分别表示显著性水平为 1%、5%、10%。

从表 5-4 中的回归结果可以看出,首先,谈判优势变量(POW)在 1%的水平上显著,且其回归系数为正。如在回归方程 3 中,POW 的回归系数为 0.151,表明相比于城市商业银行和农村金融机构,当主发起行为四大国有银行、政策性银行和大型股份制银行时,主发起行所持有的村镇银行股权份额平均会提高 15.1%。这一回归结果与本书的假说 H1 相一致,即四大国有银行、政策性银行和大型股份制银行以主发起行的身份投资设立村镇银行时,其谈判优势更大,因而会持有更高份额的股权。

其次,控制权收益变量(CAP)在 1%的水平上显著,且其回归系数为负。这一结果符合本书假说 H2 的预期。这说明,随着村镇银行设立规模的扩大,主发起行更易于依赖其控制权地位以获取更高的控制权收益。此时,村镇银行的价值总额将会随着主发起行控制权收益的提升而降低,主发起行按比例获取的村镇银行租金收益占总收益的比重也将有所下降。在这种情况下,主发起行倾向于通过降低股权投资份额的方式来节约投资成本。

最后，在控制变量方面，本书发现区域经济总量（GDP）、金融效率（FIR）、经济增长率（RGDP）、进出口贸易（IBE）等宏观经济变量都会对村镇银行的主发起行持股比例产生正向影响。

（2）谈判优势、控制权收益对主发起行持股的交互影响。本部分实证检验了谈判优势、控制权收益对主发起行持股的交互影响，估计结果如表 5-5 所示。其中，Panel A 部分是基于全样本的回归结果，并在方程 2 中加入了谈判优势与控制权收益的交互项。为了便于分析回归结果，本书根据控制权收益变量（CAP）的中值，构建一个虚拟变量 CAP′。当村镇银行的 CAP 值高于中值时，该变量为 1，表示村镇银行规模较大，主发起行可转移的控制权收益较多；否则为 0，表示村镇银行规模较小，主发起行可转移的控制权收益较少。Panel B 部分是为了进一步说明谈判优势对控制权收益不同的主发起行持股的影响，分别对注册资本较低和注册资本较高的村镇银行样本进行回归分析的结果。

表 5-5　谈判优势、控制权收益对主发起行持股交互影响的回归结果

解释变量	Panel A		Panel B	
	全样本		CAP′＝0	CAP′＝1
	方程 1	方程 2	方程 3	方程 4
截距	−0.402** (−2.442)	−0.397** (−2.429)	−0.073 (−0.312)	−1.620*** (−6.548)
POW	0.152*** (9.069)	0.203*** (9.102)	0.204*** (8.011)	0.089*** (4.816)
CAP′	−0.093*** (−6.918)	−0.074*** (−5.102)	—	—
POW×CAP′	—	−0.114*** (−3.448)	—	—
GDP	0.079*** (6.365)	0.078*** (6.337)	0.066*** (3.729)	0.142*** (7.943)
FIR	0.017* (1.784)	0.018* (1.923)	−0.023 (−1.217)	0.082*** (7.482)
RGDP	1.355*** (2.849)	1.243** (2.623)	0.156 (0.224)	3.347*** (5.814)
PRI	0.015 (0.260)	0.006 (0.114)	0.117 (1.299)	1.278*** (4.984)
IBE	0.009 (1.600)	0.007 (1.299)	−0.001 (−0.040)	0.023*** (4.275)

续表

解释变量	Panel A		Panel B	
	全样本		CAP′=0	CAP′=1
	方程 1	方程 2	方程 3	方程 4
Y	控制	控制	控制	控制
N	865	865	720	145
F 值	17.331***	17.148***	11.888***	11.953***
调整 R^2	0.197	0.207	0.212	0.258

注:括号中的数字为 *t* 检验值,***、**、* 分别表示显著性水平为 1%、5%、10%。

从表 5-5 中的回归结果可以看出,Panel A 中,在谈判优势变量(POW)显著的条件下,谈判优势与控制权收益的交互项(POW×CAP′)在 1%的水平上显著,且回归系数为负,说明较高的控制权收益,能够抑制谈判优势较高的主发起行追求持有较高股权份额的倾向,这一结果与本书假说 H3 一致。在此基础上,笔者对 POW 和 POW×CAP′进行联合检验,发现变量(POW+POW×CAP′)在 1%的水平上显著,且其系数为正。这说明,虽然控制权收益的提高减弱了具有谈判优势的主发起行追求持有更高股权份额的倾向,但这并不会改变主发起行追求持有较高股权份额的基本趋势。

Panel B 中的分组回归结果,可以更为直观地呈现出对于控制权收益不同的村镇银行,其谈判优势对主发起持股影响的差异。从总体上来看,无论是在控制权收益较低的样本组(方程 3),还是在控制权收益较高的样本组(方程 4),谈判优势变量(POW)均在 1%的水平上显著,且其回归系数为正。通过比较分析发现,在控制权收益较高的样本组中,谈判优势变量(POW)的回归系数要低于控制权收益较低的样本组。这进一步说明了,控制权收益的提高,会抑制谈判优势对主发起行持股的正向影响。

5.3.3 稳健性检验

前文假定四大国有银行、政策性银行和大型股份制银行谈判力度一致,相对于其他股东来说,属于谈判优势较大的主发起行;而城市商业银行与农村金融机构谈判力度一致,相对于其他股东来说,属于谈判优势较小的主发起行。为了得到更为稳健的结论,本书对主发起行做了更为细致的划分,并构建了一个新的变量 POW′:当主发起行为农村金融机构时,POW′=1;当主发起行为城市商业银行时,POW′=2;当主发起行为大型股份制银行时,

$POW'=3$；当主发起行为四大国有银行与政策性银行时，$POW'=4$。将谈判优势分类进行重新调整后，本书的主要结论保持不变。

此外，本书根据主发起行是否控股，对因变量 S_1 进行了重新设定：当主发起行持有村镇银行股份比例小于或等于50%时，$S_1=0$；当主发起行持有村镇银行股份比例大于50%时，$S_1=1$。利用 Logistic 回归的方法进行估计，本书的主要结论依然保持不变。

5.3.4　进一步的讨论：主发起行持股的经济后果

Levy(1983)、Faccio 等(2001)、郝云宏和汪茜(2005)等学者通过分析发现，大股东持股比例会对公司的经营业绩产生影响。然而，尚无研究从公司股权结构的内生性视角出发，分析在不同条件下，大股东持股对于公司经营行为的影响。鉴于控股股东的谈判优势和控制权收益是影响村镇银行持股的重要因素，因此，本书分别考察在不同的谈判优势和控制权收益水平情况下，主发起行持股的经济后果。考虑到各家村镇银行的建设正处于起步阶段，以财务指标进行评价并不恰当，因此本书选取村镇银行经营网点数量的对数[①](NUM)作为因变量，代表村镇银行设立后的发展速度。首先，分析主发起行持股比例对于村镇银行发展速度的影响。进一步地，按照变量谈判优势 POW 和控制权收益水平 CAP′分组，分析在不同情况下，主发起行持股对于村镇银行发展速度的影响。估计结果如表5-6所示。

表5-6　主发起行持股对村镇银行发展速度影响的回归结果(因变量 NUM)

解释变量	Panel A	Panel B		Panel C	
	全样本	POW=0	POW=1	CAP′=0	CAP′=1
	方程1	方程2	方程3	方程4	方程5
截距	1.160** (2.217)	0.713 (1.264)	0.388 (0.259)	1.621** (2.528)	0.103 (0.093)
S_1	−0.415*** (−4.011)	−0.435*** (−3.712)	0.431 (1.394)	−0.324*** (−2.722)	−0.661*** (−3.053)
GDP	0.019 (0.486)	0.049 (1.163)	0.040 (0.390)	−0.014 (−0.285)	0.060 (0.727)

① 《农村中小金融机构行政许可事项实施办法》中规定，村镇银行设立支行的最低年限为6个月。基于此，考虑支行的审批与建设时间，本书选取的村镇银行样本都是截至2014年年底设立一年以上的村镇银行。村镇银行的营业网点包括：村镇银行总行营业部、当地支行与分理处等。

续表

解释变量	Panel A	Panel B		Panel C	
	全样本	POW=0	POW=1	CAP′=0	CAP′=1
	方程 1	方程 2	方程 3	方程 4	方程 5
FIR	−0.078*** (−2.635)	−0.056* (−1.778)	−0.048 (−0.546)	−0.182*** (−3.563)	0.064 (1.267)
RGDP	−5.962*** (−3.844)	−5.035*** (−2.924)	−8.777*** (−2.837)	−4.971*** (−2.588)	−7.668*** (−2.987)
PRI	0.471** (2.555)	0.415** (2.145)	1.719 (1.125)	0.882*** (3.549)	5.502*** (4.880)
IBE	0.046** (2.544)	0.042** (2.225)	0.014 (0.203)	0.069 (1.000)	0.065*** (2.724)
Y	控制	控制	控制	控制	控制
N	865	720	145	486	379
F 值	22.750***	20.993***	5.136***	9.522***	19.725***
调整 R^2	0.232	0.250	0.256	0.174	0.373

注:括号中的数字为 t 检验值,***、**、* 分别表示显著性水平为 1%、5%、10%。

从表 5-6 的回归结果可知,首先,回归方程 1 中的变量 S_1 在 1%的水平上显著,且回归系数为负,说明从总体上看,主发起行持股比例的提升,抑制了村镇银行的发展速度。其次,在表 5-6 的回归方程 2 中,S_1 在 1%的水平上显著,且回归系数为负,这一结果与全样本的结果基本一致,说明当主发起行谈判优势较低时,持股比例的提升抑制了村镇银行的发展速度。然而,在回归方程 3 中,S_1 系数为正,虽然变量并不显著,但也能够说明当主发起行谈判优势较高时,持股比例的提升并不会抑制村镇银行的发展速度。上述结果也可以表明,谈判优势较高的主发起行,在设立村镇银行时更应该提升其持股比例。最后,在表 5-6 的回归方程 4 和回归方程 5 中,S_1 在 1%的水平上显著,且回归系数为负,与全样本的结果基本一致。但具体分析发现,在控制权收益水平较高的组,变量 S_1 的回归系数绝对值要大于控制权收益水平较低的组,说明控制权收益水平越高,主发起行持股比例提升对于村镇银行发展速度的抑制效应越明显。上述结果也可以表明,在控制权收益较高的村镇银行中,主发起行应降低其持有的村镇银行股权比例。

5.4 本章小结

本书以近年来中国农村地区新设立的村镇银行为研究样本，实证检验了主发起行与民间资本股权结构安排问题，得出以下研究结论：

第一，主发起行的谈判优势会显著影响村镇银行的主发起行持股水平。具体来说，在村镇银行设立时，相对于城市商业银行与农村金融机构，谈判优势较大的四大国有银行、政策性银行和大型股份制银行等类型的主发起行，将会持有村镇银行更高的股权份额。

第二，村镇银行的控制权收益水平会显著影响村镇银行的主发起行持股水平。具体来说，当可获得的控制权收益水平越高时，主发起行越倾向于持有村镇银行较低份额的股权，并通过攫取控制权收益的方式提升总收益。

第三，设立后控制权收益的高低，将会影响主发起行谈判优势对于股权份额的追求。具体来说，当村镇银行的控制权收益提高时，主发起行利用谈判优势获取较高股权份额的倾向将会降低，即村镇银行的控制权收益水平，将会抑制谈判优势对主发起行持股的正向影响。

第四，本章还对主发起行持股的经济后果做了进一步研究。研究结果发现，从总体上看，主发起行持股对于村镇银行的发展速度具有抑制作用，即主发起行持股比例的提高会降低民企股东参与村镇银行建设积极性，村镇银行设立的营业网点数量将会减少。进一步地，通过对不同样本组的比较分析发现，当主发起行谈判优势较高时，持股比例的提升并不会降低村镇银行的发展速度；当村镇银行的控制权收益较高时，主发起行持股对于村镇银行的发展速度的抑制作用更明显。本书表明，“主发起行制度”虽然有利于村镇银行专业化运作、强化对村镇银行的监管、增强村镇银行的社会声誉，但却加剧了村镇银行主发起行与民间资本之间的第二类代理问题，造成村镇银行内部治理结构失衡，大股东过度控制等问题，其所产生的代理成本会降低村镇银行的建设速度。

第6章　村镇银行发展中政府治理与民间资本投入关系实证分析

本章基于政府治理与民间资本投入关系的制度背景，根据第3章理论分析框架中对于政府治理、民间资本投入机制，以及村镇银行发展中各参与主体的博弈分析，实证检验政府治理对于民间资本投入的影响。本章研究发现：政府治理水平越高的地区，村镇银行的投入资本规模越大，相应地，民间资本投入水平也越高；主发起行持股比例越高，村镇银行的投入资本规模越小，相应地，民间资本投入水平也越低；进一步地，政府治理水平会减弱主发起行持股对于民间资本投入的负向影响。据此，本书认为，政府治理水平、大股东持股比例会对村镇银行的民间资本投入产生综合影响。

6.1　政府治理与民间资本投入关系的制度背景

6.1.1　政府治理对于民间资本投入的促进分析

村镇银行作为农村金融“增量改革”的重要组成部分，实现了农村金融机构产权主体的多元化。这种产权主体的多元化能够有效地吸引各类资本，尤其是民间资本，进入银行业，拓宽民间资本的投资渠道。在村镇银行吸收民间资本的过程中，政府治理起着重要的作用。

一般来说，政府治理水平的提升有利于村镇银行吸收民间资本。村镇银行作为繁荣地方金融市场的新生力量，从成立之初便成为各方关注的重点。由于各地区金融水平对当地的经济发展和社会发展程度起着重要的作用,因而各地政府都具有强烈的动机支持当地金融发展。但是,在我们区域发展水平和区域资源禀赋具有较大差异的背景下,各区域产权保护、民营经济发展、法律制度环境等方面存在着较大的差异。同时,由于各地区的文化传统和社会习惯等各方面也存在着较大差异,进而导致虽然各地区基本执行统一的政策①,但各区域的政府治理水平存在着明显差异。

金融交易具有较为明显的信任契约性质,其实质是用当前的资金换取未来更多的资金(Guiso et al., 2001)。民间资本是否愿意将资金投入到村镇银行中,取决于其对当地金融发展水平的判断,以及对金融风险的评估。一般来说,区域金融发展水平越高,民间资本投入的资金越有保障,其投入村镇银行的意愿也会相对较高。虽然我国各地区处于统一的金融政策监管下,但由于各区域的政府治理水平不同,导致各地金融发展水平存在显著的差异。政府治理水平越高的地区,越有利于提升当地的金融发展水平,进而保障各类金融契约的执行。这是因为:

首先,政府治理能够有效降低金融交易过程中的逆向选择。在资金成本一定的情况下,如果没有政府干预,那么往往都是风险较高的项目或企业倾向于进行融资,这会导致金融资源的错配,降低金融资源使用效率,提升社会的金融风险。如果在这一过程中加入政府干预,则政府治理水平较高的地区将会提升对于金融契约的法律规范和法律保护,而贷款人一旦违约,政府也将提供较为及时的司法执行,这就提升了代理人的违约成本,有效地保护了银行投资者的利益,降低了金融交易过程中的逆向选择风险。其次,政府治理能够有效降低金融交易过程中的道德风险。由于对贷款人的监督成本高昂,银行只能按照贷款人所提供的信息对其进行监督。但是,如果没有政府干预,贷款人所提供的信息有时却是不可信的,这就导致了银行贷款风险的提升。同样,如果在这一过程中加入政府干预,则政府治理水平较高的地区将会提升对于银行投资者的保护力度,提高区域内整体的信息透明度,并对提供虚假信息的企业进行惩罚,这会直接降低银行的监督成本,确保金融契约的顺利实施。

6.1.2　政府治理与民间资本投入的冲突分析

从上面的分析可以看出,由于政府治理水平的提高可以促进当地的金

---

① 这一统一政策是由中央政府发布的。虽然各地区也会发布独立的法律、法规,但基本上是与中央政策保持一致的。

融发展,进而加大民间资本的投入意愿;然而,政府治理的加入也有可能会抑制民间资本投入村镇银行。虽然村镇银行的股东实现了多元化,但银监会却对各类股东的投资形式进行了明确的规定,如《村镇银行管理暂行规定》(以下简称《规定》)中指出,村镇银行最大股东或唯一股东必须是银行业金融机构。最大银行业金融机构股东持股比例不得低于村镇银行股本总额的20%,单个自然人股东及关联方持股比例不得超过村镇银行股本总额的10%,单一非银行金融机构或单一非金融机构企业法人及其关联方持股比例不得超过村镇银行股本总额的10%。这一规定将村镇银行的最大股东地位定为银行业金融机构,而不能是其他经营主体。虽然《规定》能在一定程度上降低村镇银行的经营风险,但忽略了各类股东参与村镇银行的目的。王曙光(2008)指出,村镇银行的股东具有多元化偏好,这种多元化偏好体现在:政策性银行希望将村镇银行变成自己的"基层网点",扩展自身的经营范围;中国农业银行希望通过开办村镇银行表示自身支农的决心,以此获取政策支持;城市商业银行和农村商业银行希望通过村镇银行达到跨区经营的目的;民营企业和自然人希望通过村镇银行获取盈利,而且具有明显的关联交易倾向。由此可见,各股东之间具有较为明显的目标冲突。

此外,村镇银行在设立之后,基本上都是直接复制主发起行的经营模式,并由主发起行向村镇银行委派行长和董事长,而其他股东,尤其是民营股东,基本上不参与村镇银行的日常经营管理。这样,在主发起行与其他股东之间,就形成了较为明显的信息不对称,相对于民企股东,主发起行借助"主发起行制度"获得了政策优势,此外,在村镇银行日常经营管理中作为内部人又获得了信息优势,使其具有了侵害民企股东利益的能力。

通过以上分析可知,政府治理对于民间资本投入的作用具有双面性。首先,政府治理水平的提高可以促进区域金融发展水平,进而有利于吸引民间资本投入。其次,由于政府出台的《村镇银行管理暂行规定》中对村镇银行的大股东进行了限定,即只能是银行业金融机构,而各类股东参与村镇银行设立的目的又有所差异,这将会导致主发起行与其他股东之间产生利益冲突。而且随着主发起行的持股比例增加,主发起行对于村镇银行的控制力越大,民营股东对于主发起行的制衡能力越弱,这又会降低其他资本参与村镇银行的热情。

6.2 政府治理与民间资本投入关系的假说提出

与一般工商企业相比,银行业金融机构具有较为典型的规模经济特征[①](Benston,1965;Bell,Murphy,1968),但当银行规模达到一定程度时,银行内部结构会因规模扩大趋于复杂,这种复杂性会消耗银行内部资源,抵消规模经济所带来的好处,使得规模经济效应呈现出典型的"倒U形"曲线特征(Lawrence,1989;Ashton,1998),这表明中小型商业银行更有可能获得规模经济效应。进一步地,于良春和高波(2003)通过对中国商业银行进行比较分析后指出,与国有商业银行相比,新兴中小型商业银行的规模经济效应更加显著。因而,对于中小型商业银行来说,股东加大投入资本的意愿更强。

村镇银行作为新兴的小型商业银行,同样也应该具有规模经济特征。但是,中国幅员辽阔,地区间资源禀赋、地理位置以及政府治理水平具有较大差异。同时,自党的十一届三中全会以来,中国地方政府在决定和处理区域内政治、社会和经济事务方面拥有越来越多的自主权(青木昌彦,2001),政府治理水平的差异导致各地区间金融发展水平不均衡(樊纲,王小鲁,2010),各地区商业银行的规模经济效应也必然存在着较大差异。

各地区政府治理水平的差异所导致的区域间金融发展水平的差异,会对村镇银行的规模经济效应产生重要的影响,进而影响股东对村镇银行的资本投入水平。具体来说,政府治理水平越高的区域,其金融发展水平越高,村镇银行越有可能体现出规模经济特征,相应地,股东越愿意加大对村镇银行的投入资本。这是因为:一方面,金融发展能够促进经济增长(Goldsmith,1969;McKinnon,1973),而这种经济增长又会带来新的信贷需求(Patrick,1966),进而降低单位产品供给成本,产生规模经济效应;另一方面,较高的政府治理水平能够有效降低银行与企业间的信息成本和交易成本,有助于银行向最有机会在创新产品和生产过程中成功的企业家提供融资(熊彼特,2009),使其更容易获得由规模经济所产生的收益。由此可知,在政府治理水平较高的区域,股东(尤其是小股东)更愿意加大对村镇银行的资本投入,进而获得更高的投资收益。基于此,本章提出假设1:

---

① 银行的服务对象、服务产品具有同质性特征,规模扩大后,可以有效降低单位服务的成本。

H1a:在其他条件一定的情况下,政府治理水平对村镇银行资本投入具有正向影响。

H1b:在其他条件一定的情况下,政府治理水平对村镇银行民间资本投入具有正向影响。

与所有者和经营者之间的代理问题相对应,学者们将大股东和小股东之间的关系称为"第二类代理问题"。在企业中,控股股东与小股东的利益并不一致,两者之间经常会发生利益冲突(LaPorta,1999)。在外部制度不完善的情况下,具有企业控制权的大股东就会侵害小股东的利益(Shleifer,Vishny,1997)。进一步地,Fama 和 Jensen(1983)指出,公司股权集中度越高,作为企业最终决策者的控股股东地位就越有可能被强化,这会导致大股东的侵害行为得到更大的包庇,不利于公司治理的改善和公司价值的提升。

与国外学者的研究相类似,我国学者在对中国企业进行实证检验后,发现当大股东持股比例较高时,公司价值较低;而当其他股东持股比例提高,进而对第一大股东的私人收益产生制衡时,有利于提高公司的价值(徐向艺,张立达,2008;刘星,安灵,2010)。与之相类似,学者们对于我国银行业金融机构的研究也得出了相似的结论(李成,秦旭,2008;刘敏,冯虎军,2011)。

在村镇银行内部,各类股东间存在着明显的目标冲突:政策性银行具有行政职能倾向、城商行和农商行具有跨区经营倾向、私营企业与自然人则具有盈利偏好及关联交易倾向等(王曙光,2009)。而且,从总体上来看,中国企业的外部治理环境存在着较多的缺陷,如外部制度不完善、控制权市场并未真正形成等(张维迎,2005),这使得村镇银行的外部治理机制失效,不能有效地制约大股东对于小股东的利益侵害行为。在这种情况下,当村镇银行的大股东持股比例较高时,其他股东,尤其是民营股东为了避免利益受到损害,将降低其资本投资额,甚至不愿意向村镇银行投资①。与此同时,村镇银行的服务对象为农村金融市场,其面临的金融风险较高,在缺少其他股东参股的情况下,控股股东无法有效地分散金融风险。为降低由此可能产生的损失,控股股东也会减少对村镇银行的资本投入。基于此,本章提出假设 2:

H2a:在其他条件一定的情况下,村镇银行资本投入与大股东持股比例负相关。

---

① 在村镇银行的建设实践中,笔者也发现,当主发起行持股比例较高时,民营企业及自然人股东缺乏足够的话语权,导致他们纷纷准备从村镇银行中撤资。

H2b：在其他条件一定的情况下，村镇银行民间资本投入与大股东持股比例负相关。

另一方面，由于中国各区域政府治理、金融发展水平不均衡，各地区间企业所面临的外部治理环境具有较大的差异。根据樊纲、王小鲁（2010）的研究可知，在政府治理水平较高的区域，企业所面临的外部法律环境较为完善，外部治理机制能够发挥对企业内部治理机制的替代作用，在一定程度上可以有效保护小股东的利益。因而，在这些区域，即使大股东持股比例较高，小股东也愿意加大对村镇银行的资本投入。此外，在政府治理水平较高的区域，银行与企业间的信息不对称程度大大降低（熊彼特，2009），这有效地降低了村镇银行所面临的金融风险，因而，控股股东也具有加大投入资本的动机。基于此，本章提出假设3：

H3a：在其他条件一定的条件下，政府治理水平越高的地区，大股东持股对于村镇银行资本投入的负向影响程度越低。

H3b：在其他条件一定的条件下，政府治理水平越高的地区，大股东持股对于村镇银行民间资本投入的负向影响程度越低。

6.3　政府治理与民间资本投入关系的实证方法

6.3.1　样本选择

本章选取2007—2013年度在中国农村地区设立的村镇银行为研究样本。研究中的数据来源主要由以下三个渠道构成：①区域金融发展水平数据，来源于中国人民银行编制的各年度的区域金融运行报告[①]；②村镇银行注册资本和股权结构数据来源于笔者发放的调查问卷，以及各家村镇银行的财务报告和网站信息；③其他区域经济数据，来源于《中国统计年鉴》[②]。在剔除数据不全的村镇银行后，最终，本章得到503家有效观测样本。为了进行实证检验，分析中使用了SPSS、Eviews和Excel等统计分析软件。样本村镇银行的设立信息如表6-1所示。

---

① 各年度《中国区域金融运行报告》发布于中国人民银行网站，http://www.pbc.gov.cn/publish/ zhengcehuobisi/601/index.html。

② 国家统计局.中国统计年鉴(2007—2014)[M].北京：中国统计出版社，2014.

表 6-1　样本描述统计

年度	地区	机构数/个	注册资本中值/万元	注册资本均值/万元
2007	东部	0	0	0
	西部	7	1800.00	2017.86
	中部	11	1600.00	1781.82
	合计/平均	18	1700.00	1873.61
2008	东部	22	8000.00	8754.64
	西部	28	3500.00	3638.86
	中部	14	3550.00	3757.00
	合计/平均	64	4050.00	5423.25
2009	东部	25	10000.00	11321.04
	西部	16	3000.00	3985.63
	中部	10	7500.00	7680.00
	合计/平均	51	5000.00	8305.80
2010	东部	77	7000.00	10022.77
	西部	48	4550.00	5022.06
	中部	48	5350.00	7615.17
	合计/平均	173	5000.00	7967.28
2011	东部	101	10000.00	8972.47
	西部	66	5000.00	6113.64
	中部	69	5000.00	5823.00
	合计/平均	236	5000.00	7252.14
2012	东部	44	10000.00	10431.82
	西部	46	5000.00	6260.87
	中部	49	5000.00	5932.65
	合计/平均	139	5000.00	7465.47

续表

年度	地区	机构数/个	注册资本中值/万元	注册资本均值/万元
2013	东部	66	10000.00	10321.21
	西部	49	5000.00	5177.55
	中部	23	5000.00	5600.00
	合计/平均	138	5000.00	7707.97
总样本	东部	335	10000.00	9832.24
	西部	260	5000.00	5254.01
	中部	224	5000.00	5963.45
	合计/平均	819	5000.00	7320.70

从表 6-1 中可以看出：①在村镇银行设立的时间分布方面，村镇银行从 2007 年起正式开始设立，但在当年仅成立 18 家村镇银行。之后，设立数量逐年增加，并于 2011 年达到峰值，但在此之后，呈现出一种下降趋势。这一设立趋势的放缓，与银监会从关注发展速度到关注提高村镇银行设立质量的思路转变有关。②在村镇银行设立的区域分布方面，早期设立的区域以中西部为主，这与银监会重点解决欠发达地区银行业金融机构网点覆盖率低、金融服务空白、竞争不充分的指导思想有关。但从 2009 年开始，村镇银行主要的设立区域逐步转移到经济与金融发展水平更高的东部地区。③在村镇银行的设立规模方面，平均注册资本随着时间的推移而逐步增加。此外，在各年度，东部地区设立的村镇银行规模要显著大于中西部地区，这表明区域因素是影响村镇银行资本投入的一个重要因素。

6.3.2　变量设计

1. 区域政府治理水平

本书认为，各区域的政府治理水平越高，会导致该区域金融发展水平越高，因而，本书用各区域的金融发展水平作为政府治理水平的替代变量。Goldsmith(1969)指出，金融发展是指金融结构的变化，既包括金融结构的总量的变化，又包括金融结构的流量的变化。根据这一说法，本书认为可以从三个维度出发衡量区域金融发展水平：①金融规模是反映区域金融发展水平的重要指标。对于一个地区来说，金融规模的大小反映了其动员储蓄能力的强弱，金融规模越大，实体经济获取的资金支持也就越多(夏祥谦，

2014)。由于研究对象是银行业金融机构,由此,笔者使用各省银行业金融机构资产总额占所在省份GDP的比重衡量区域金融规模。②金融效率也是反映区域金融发展水平的重要因素。如果仅仅考虑金融规模的扩张,那就是一种粗放式的发展,不利于区域金融的可持续发展。金融效率代表了金融部门的投入与产出关系,金融效率越高,资金转化为投资的获利能力越强,金融资源的边际产出越高(Wurgler,2000)。由此,本书选取各省金融业增加值占各省银行业金融机构总资产的比重衡量区域金融效率。③金融贡献率反映了区域金融对于区域经济的支持程度。发达的金融体系可以为企业家提供有效的资金支持,进而加速企业创新,促进经济增长(Schumpeter,1912)。本书选取各省银行年末贷款余额占所在省份GDP的比重代表金融贡献率,这是因为贷款规模不仅代表了区域金融发展水平,而且也是衡量金融对实体经济支持力度的重要指标(Beck et al.,2000;Levine et al.,2005)。

在此基础上,本书将以上三个反映金融发展的变量利用因子分析的方法,凝结成一个反映区域政府治理水平的综合指标(DEVELOP),该指标越大,表明区域政府治理水平越高。

2. 大股东持股与控制变量

银监会颁布的《村镇银行暂行管理规定》中明确指出,村镇银行最大股东或唯一股东必须是银行业金融机构,即村镇银行的主发起行。由此,本书选取村镇银行主发起行持股占总股份的比重作为大股东持股的代理变量。

此外,根据以往文献可知,GDP总量与增长率(Altimbas et al.,2009)、贸易开放程度(Rajan,Zingales,2003)、经济结构和金融市场结构(Allen et al.,2006)等因素都会对信贷需求和金融发展产生影响。基于此,本书选择了区域经济总量、经济增长率、对外贸易、第一产业比例、融资结构等作为控制变量。同时,考虑到时间因素对于村镇银行资本投入规模的影响,本书还加入了年度虚拟变量。变量说明见表6-2。

表6-2 变量说明

	变量符号	变量名称	变量定义
因变量	CAP	资本投入额	注册资本的自然对数
	PRI-CAP	民间资本投入额	注册资本中民间资本部分的自然对数

续表

	变量符号	变量名称	变量定义
自变量	SIZE	金融规模	分省银行业金融机构资产总额/所在省份的 GDP
	EFF	金融效率	分省金融业增加值/银行业金融机构资产总额
	CONTRI	金融贡献率	分省银行年末贷款余额/所在省份的 GDP
	DEVELOP	政府治理水平	以上 3 个金融发展水平维度指标的因子分析合成指标
	DEVE	政府治理程度	当该地区的政府治理水平高于各地区政府治理水平中值时，该变量为 1，否则为 0
	S_1	大股东持股率	主发起行的持股数/村镇银行总股数
控制变量	GDP	经济总量	分省 GDP 的自然对数
	GDP Growth	经济增长率	分省 GDP 实际增长率
	IM & EX	对外贸易	分省进出口贸易总额/所在省份的 GDP
	PRIMARY	第一产业比例	分省第一产业增加值/所在省份的 GDP
	FIN	融资结构	分省的非金融机构贷款额/当年融资总量
	YEAR	年度虚拟变量	当样本属于 2008 年、2009 年、2010 年、2011 年、2012 年、2013 年时对应的年度虚拟变量为 1，否则为 0

6.3.3　实证模型设计

(1)为了检验假设 1 和假设 2，本章将代表政府治理水平的 DEVELOP 和大股东持股率的 S_1 代入回归方程中，回归模型为

$$\ln(\mathrm{CAP})=\alpha+\beta_1\,\mathrm{DEVELOP}+\beta_2\,S_1+\beta_3\,\mathrm{GDP}+\beta_4\,\mathrm{GDP\ Growth}+\beta_5\,\mathrm{IM\ \&\ EX}+\beta_6\,\mathrm{PRIMARY}+\beta_7\,\mathrm{FIN}+\sum\mathrm{YEAR} \tag{6-1}$$

$$\ln(\mathrm{PRI-CAP})=\alpha+\beta_1\,\mathrm{DEVELOP}+\beta_2\,S_1+\beta_3\,\mathrm{GDP}+\beta_4\,\mathrm{GDP\ Growth}+\beta_5\,\mathrm{IM\ \&\ EX}+\beta_6\,\mathrm{PRIMARY}+\beta_7\,\mathrm{FIN}+\sum\mathrm{YEAR} \tag{6-2}$$

如果假说 1 成立，则模型式(6-1)和式(6-2)中的变量 DEVELOP 显著，且其系数 β_1 大于 0。

如果假设 2 成立，则模型式(6-1)和式(6-2)中的变量 S_1 显著，且其系数 β_2 小于 0。

(2)为了检验假设3,本章首先按照政府治理水平变量DEVELOP的因子得分将样本分为两组,形成一个反映政府治理程度的哑变量DEVE。当村镇银行所在地区的政府治理水平高于金融发展水平中值时,认为该村镇银行处于政府治理水平较高的地区,则取值为1;反之,认为该村镇银行处于政府治理水平较低的地区,则取值为0。之后,将代表大股东持股的S_1与政府治理程度的哑变量DEVE的交叉项代入回归方程中,回归模型为

$$\ln(\text{CAP})=\alpha+\beta_1\ \text{DEVE}+\beta_2\ S_1+\beta_3\ \text{DEVE}\times S_1+\beta_4\ \text{GDP}+\beta_5\ \text{GDP Growth} \\ +\beta_6\ \text{IM \& EX}+\beta_7\ \text{PRIMARY}+\beta_8\ \text{FIN}+\sum\text{YEAR} \tag{6-3}$$

$$\ln(\text{PRI}-\text{CAP})=\alpha+\beta_1\ \text{DEVE}+\beta_2\ S_1+\beta_3\ \text{DEVE}\times S_1+\beta_4\ \text{GDP}+\beta_5\ \text{GDP Growth} \\ +\beta_6\ \text{IM \& EX}+\beta_7\ \text{PRIMARY}+\beta_8\ \text{FIN}+\sum\text{YEAR} \tag{6-4}$$

如果假设3成立,则模型式(6-3)和式(6-4)中的变量DEVE和S_1显著的同时,变量DEVE×S_1显著,且其系数β_3大于0。

6.4 政府治理与民间资本投入关系的回归分析

6.4.1 政府治理水平变量构建

在本部分,本章首先对衡量区域政府治理水平的三个维度变量进行因子分析,并将其凝结成一个反映政府治理水平的综合变量。在进行因子分析时,采用巴特利检验(bartlett test of sphericity)和KMO(Kaiset-Meyer-Olkin)检验考察各变量之间的相关性,并运用主成分法(principal components)进行因子抽取,具体结果见表6-3至表6-5。

表6-3 巴特利检验和KMO检验结果

KMO检验		0.620
巴特利检验	Approx. Chi-Square	4717.807
	df	3
	Sig.	0.000

表 6-4　因子提取

因子	初始特征值			提取部分平方和		
	Total	% of Variance	Cumulative %	Total	% of Variance	Cumulative %
1	2.454	81.812	81.812	2.454	81.812	81.812
2	0.544	18.121	99.932			
3	0.002	0.068	100.000			

表 6-5　因子载荷矩阵

变量	因子
	1
SIZE	0.967
EFF	0.966
CONTRI	0.766

从表 6-3 中的结果可以看出，KMO 检验的值为 0.620，巴特利检验在 1%的水平上显著，表明金融规模、金融效率和金融贡献率这三个变量适合进行因子分析。根据表 6-4 的结果可以看出，此次因子分析只提取出了一个公因子，而且这个公因子包含了这三个变量的 80%以上的信息。也就是说，这个公因子可以较好地代表金融规模、金融效率和金融贡献率这三个金融发展维度，而且信息损失较小。根据表 7-5 的结果可知，各村镇银行所在地区政府治理水平(DEVELOP)的计算公式可表示为

$$\text{DEVELOP} = 0.967\ \text{SIZE} + 0.966\ \text{EFF} + 0.766\ \text{CONTRI} \tag{6-5}$$

通过模型式(6-5)，可以具体计算出各村镇银行所在地区政府治理水平的得分。

6.4.2　单变量分析

为了初步检验政府治理和大股东持股对村镇银行资本投入和民间资本投入的影响，本章首先进行单变量分析。本章按各村镇银行主发起行持股比例将样本划分成两组，其中低于中值的样本为组 1(Group 1)，而高于中值的样本为组 2(Group 2)。之后，本章对分组样本进行独立样本 t 检验。

表 6-6 单变量分析

A 栏:政府治理水平与村镇银行投入资本			
	Group 1:DEVE=1	Group 2:DEVE=2	Group1 vs Group2
	均值	均值	P 值
CAP/万元	6010.82	8885.02	0.000***
N①	357	462	
B 栏:政府治理水平与民间资本投入			
	Group 1:$DEVE$=1	Group 2:$DEVE$=2	Group1 vs Group2
	均值	均值	P 值
CAP/万元	3110.54	5232.17	0.000***
N	357	462	
A 栏:大股东持股与村镇银行资本投入			
	Group 1:S_1=1	Group 2:S_1=2	Group1 vs Group2
	均值	均值	P 值
CAP/万元	8509.37	7811.93	0.533
N	184	319	
B 栏:大股东持股与民间资本投入			
	Group 1:S_1=1	Group 2:S_1=2	Group1 vs Group2
	均值	均值	P 值
CAP/万元	5552.49	3565.34	0.001***
N	184	319	

注:***、**、*分别表示显著性水平为1%、5%、10%。

从表6-6的单变量分析结果中可以看出,一方面,大股东持股较高的村镇银行与持股比例较低的样本相比,其资本投入额呈现出较低的趋势,虽然这一趋势在统计上并不显著。另一方面,大股东持股较低的村镇银行,其民间资本投入额要大于大股东持股较高的村镇银行,而且这种差异在1%的水平上显著。为了进一步检验本章所提出的假设,本章将在下一部分控制其

① 如前所述,当不考虑村镇银行股权结构的缺失值时,本书共有819个有效样本;而当去掉股权结构缺失的316家村镇银行后,本书共有503个有效样本。

他变量对于村镇银行资本投入的影响，并对多元回归分析的结果进行探讨。

6.4.3　多元回归分析

1. 政府治理、大股东持股对于民间资本投入的影响

在这一部分，本章实证检验了政府治理、大股东持股对于民间资本投入的影响。实证结果如表 6-7 所示。其中，Panel A 检验了政府治理、大股东持股对于村镇银行资本投入总额的影响；Panel B 检验了政府治理、大股东持股对于村镇银行民间资本投入的影响。

表 6-7　大股东持股与资本投入总额和民间资本投入的回归结果

解释变量	Panel A		Panel B	
	因变量＝CAP		因变量＝PRI－CAP	
	模型 1	模型 2	模型 3	模型 4
截距	4.069*** (5.957)	5.133*** (5.353)	7.393*** (6.072)	5.851*** (5.726)
DEVELOP	0.826*** (6.178)	0.659*** (4.103)	0.173 (0.839)	0.601*** (3.437)
S_1		−0.605*** (−3.343)		−2.911*** (−12.910)
GDP	0.382*** (7.256)	0.321*** (4.292)	0.107 (1.123)	0.332*** (4.082)
GDP Growth	1.609 (0.883)	−5.045** (−2.100)	−10.472*** (−3.371)	−4.759* (−1.812)
IM & EX	0.168*** (4.466)	0.228*** (4.853)	0.222*** (3.642)	0.242*** (4.756)
PRIMARY	−0.706 (−0.846)	1.640 (1.422)	−0.706 (−0.479)	1.147 (0.928)
FIN	0.003* (1.953)	1.640 (1.422)	0.011*** (3.534)	0.009*** (3.682)
YEAR	控制	控制	控制	控制
N	503	503	503	503
F 值	32.356***	22.016***	13.810***	32.111***
调整 R^2	0.337	0.386	0.266	0.490

注：***、**、* 分别表示显著性水平为 1%、5%、10%。括号中的数值为 t 检验值。

从表 6-7 的回归分析结果中可以看出,在 Panel A 中,首先,政府治理水平变量在 1%的水平上显著,且其回归系数为正。这说明,所处地区政府治理水平是影响村镇银行投入资本规模的重要因素,即政府治理水平越高,股东越愿意加大投入资本,进而形成规模较大的村镇银行。这一结果与本章的假设 H1a 相一致。其次,本书发现主发起行持股比例(S_1)在 1%的水平上显著,且回归系数为负,这一结果符合本章假设 H2a 的预期。这说明,当持股比例较高时,大股东更易于依赖其控制权地位,实施侵害小股东利益的"掏空"行为,这会降低小股东,尤其是民间资本参与村镇银行建设的热情。事实上,笔者通过调研发现,大部分主发起行都是绝对控股村镇银行(持股比例超过 50%)并主导其日常管理权,这导致村镇银行更像是主发起行的一个"支行",其他股东很难参与到村镇银行的经营管理中,从而引起了民企股东的"退出潮"。由于参股股东热情不高,大股东考虑到农村金融生态环境恶劣和资金安全问题,也会减小出资规模。

与 Panel A 的结果相似,在 Panel B 中,政府治理水平变量在 1%的水平上显著,且其回归系数为正;主发起行持股比例(S_1)也在 1%的水平上显著,且其回归系数仍为负,而且 β_2 绝对值有所增大。这一结果符合本章假设 H1b 和 H2b 的预期。这说明在政府治理水平较高的区域,民间资本对于村镇银行的投入热情较高。同时,当大股东持股比例较高时,由于民间资本缺乏话语权,就会抑制民间资本对于村镇银行的投入热情。

最后,在控制变量方面,本章发现区域政府治理水平、区域经济总量(GDP)、对外贸易(IM & EX)、融资结构(FIN)等宏观经济变量都会对村镇银行的资本投入总额和民间资本投入产生影响,即区域金融发展水平越高,区域经济总量、对外贸易总额和间接融资比例越大,村镇银行的资本投入总额和民间资本投入越多。

2. 政府治理、大股东持股对于村镇银行资本投入总额和民间资本投入的交互影响

在这一部分,本章实证检验了政府治理、大股东持股对于村镇银行资本投入的交互影响。实证结果如表 6-8 所示。Panel A 检验了政府治理与大股东持股的交互项对于村镇银行资本投入总额的影响;Panel B 检验了政府治理与大股东持股的交互项对于村镇银行民间资本投入的影响。

表 6-8　金融发展、大股东持股对资本投入总额和民间资本投入交互影响的回归结果

解释变量	Panel A		Panel B	
	因变量＝CAP		因变量＝PRI－CAP	
	模型 1	模型 2	模型 3	模型 4
截距	6.518*** (7.427)	6.492*** (7.437)	5.564 (5.916)	5.433*** (5.826)
DEVE	0.181** (2.346)	0.210*** (2.694)	0.185** (2.245)	0.240*** (2.863)
S_1	−0.499*** (−2.739)	−0.827*** (−3.583)	−2.775*** (−12.421)	−3.355*** (−11.236)
DEVE×S_1		0.847** (2.294)		1.267*** (2.892)
GDP	0.228*** (3.241)	−9.024*** (−4.017)	0.249 (3.299)	0.268*** (3.565)
GDP Growth	−8.453*** (−3.765)	−9.024*** (−4.017)	−7.897 (−3.252)	−8.611*** (−3.562)
IM & EX	0.232*** (4.888)	0.234*** (4.944)	0.247 (4.823)	0.255*** (5.015)
PRIMARY	0.086 (0.081)	0.324 (0.303)	−0.176 (−.154)	0.181 (0.162)
FIN	0.008*** (3.257)	0.008*** (3.249)	0.009*** (3.322)	0.009*** (3.313)
YEAR	控制	控制	控制	控制
N	503	503	503	503
F 值	20.497***	19.532***	31.002***	29.822***
调整 R^2	0.368	0.375	0.481	0.491

注：***、**、* 分别表示显著性水平为 1%、5%、10%。括号中的数值为 t 检验值。

从表 6-8 的回归分析结果中可以看出，在 Panel A 中，本章发现在主发起行持股比例(S_1)与政府治理程度(DEVE)的回归结果保持不变的情况下，政府治理程度与主发起行持股比例的交互项(DEVE×S_1)回归系数为正，且在 5%的水平上显著，说明区域政府治理水平和大股东持股会对村镇银行的资本投入产生交互影响。这一结果与本章的假设 H3a 一致，说明在政府治理程度较高的区域，良好的金融体系会抑制大股东持股对于村镇银行资本投入的负向影响。

在 Panel B 中，对于民间资本投入的回归结果与投入资本总额的回归结果基本一致，而且回归系数更大，也更显著。在回归方程中，在主发起行持股比例（S_1）显著为负、政府治理程度（DEVE）显著为正的前提下，政府治理程度与主发起行持股比例的交互项（DEVE×S_1）回归系数为正，而且在1%的水平上显著。这一结果与本章的假设 H3b 一致。

为了进一步说明在不同政府治理水平下，大股东持股对于资本投入总额与民间资本投入的影响，分别对处于金融发展程度较低和较高区域的村镇银行进行回归分析。回归结果如表6-9所示。

表 6-9　金融发展、大股东持股对资本投入交互影响的回归结果

解释变量	Panel A		Panel B	
	因变量=CAP		因变量=PRI-CAP	
	DEVE=0	DEVE=1	DEVE=0	DEVE=1
截距	5.803** (2.013)	7.956*** (8.302)	6.603** (2.103)	7.803*** (7.945)
S_1	−1.181*** (−4.743)	−0.110 (−0.411)	−3.798*** (−11.360)	−2.259** (−2.327)
GDP	0.229 (1.435)	0.138* (1.714)	0.236 (1.342)	0.196** (2.375)
GDP Growth	0.799 (0.151)	−6.218** (−2.240)	1.315 (0.224)	−4.236 (−1.487)
IM & EX	3.027*** (3.520)	0.155*** (3.314)	3.046*** (3.237)	0.171*** (3.497)
PRIMARY	9.519*** (3.546)	−3.230** (−2.497)	10.741*** (3.694)	−3.863*** (−2.912)
FIN	−2.852** (−2.350)	0.008*** (3.616)	−2.793** (−2.114)	0.009*** (3.699)
YEAR	控制	控制	控制	控制
N	236	267	236	267
F 值	10.123***	13.224***	16.876***	20.046***
调整 R^2	0.333	0.403	0.479	0.515

注：***、**、*分别表示显著性水平为1%、5%、10%。括号中的数值为 t 检验值。

从表6-9的分项回归结果，可以更为直观地呈现出在不同政府治理程度的区域，大股东持股对于村镇银行资本投入总额和民间资本影响的差异。在 Panel A 中，对于资本投入总额的回归分析可以看出，在政府治理程度较低的区域，其回归结果与全样本的结果基本相同，大股东持股变量(S_1)的回归系数为负，且在1%的水平上显著。而在政府治理程度较高的区域，大股东持股变量(S_1)的回归系数绝对值大大降低，而且在统计上并不显著。这说明在政府治理程度较高的区域，大股东持股基本上不会对村镇银行的资本投资总额产生负向影响。

在Panel B中，对于民间资本投入的回归分析可以看出，在政府治理程度较低的区域，大股东持股变量(S_1)的回归系数为负，且在1%的水平上显著。而在政府治理程度较高的区域，大股东持股(S_1)仍然会对民间资本投入产生影响，但影响的程度已经下降，且回归系数的显著性也下降为在5%的水平上显著。这说明在政府治理程度较高的区域，大股东持股虽然仍然会对民间资本投入产生负向影响，但影响程度已经大大下降。

3. 稳健性检验

为了得到更稳健的研究结论，本章进行了如下稳健性检验。

为避免因变量与自变量之间的内生性问题，笔者分别将滞后一期的金融发展变量与区域经济变量作为自变量和控制变量重新代入回归方程中。此时，回归方程为

$$\ln(\mathrm{CAP}_t)=\alpha+\beta_1\mathrm{DEVE}_{t-1}+\beta_2 S_1+\beta_3\mathrm{DEVE}_{t-1}\times S_1+\beta_4\mathrm{GDP}_{t-1}+\beta_5\mathrm{RGDP}_{t-1}+\beta_6\mathrm{IBE}_{t-1}+\beta_7\mathrm{PRI}_{t-1}+\beta_8\mathrm{FIN}_{t-1}+\sum Y \tag{6-6}$$

$$\ln(\mathrm{PRI}-\mathrm{CAP}_t)=\alpha+\beta_1\mathrm{DEVE}_{t-1}+\beta_2 S_1+\beta_3\mathrm{DEVE}_{t-1}\times S_1+\beta_4\mathrm{GDP}_{t-1}+\beta_5\mathrm{RGDP}_{t-1}+\beta_6\mathrm{IBE}_{t-1}+\beta_7\mathrm{PRI}_{t-1}+\beta_8\mathrm{FIN}_{t-1}+\sum Y \tag{6-7}$$

经检验，回归结果基本没有发生变化，研究结论较为稳健。具体回归结果如表6-10所示。

表6-10　滞后一期金融发展、大股东持股对投入资本交互影响的回归结果

解释变量	Panel A	Panel B
	因变量＝CAP	因变量＝PRI－CAP
	方程1	方程2
截距	6.423*** (4.274)	3.344*** (3.124)

续表

解释变量	Panel A	Panel B
	因变量=CAP	因变量=PRI−CAP
	方程 1	方程 2
$DEVE_{t-1}$	0.374*** (2.629)	0.197*** (2.631)
S_1	−1.541** (−1.977)	−3.115*** (−10.104)
$DEVE_{t-1} \times S_1$	1.565* (1.732)	1.201*** (2.769)
GDP_{t-1}	0.322*** (2.631)	0.234*** (3.006)
$RGDP_{t-1}$	5.372 (1.095)	−8.825*** (−3.872)
IBE_{t-1}	0.245*** (3.073)	0.276*** (5.451)
PRI_{t-1}	−2.137 (−1.275)	0.176 (0.143)
FIN_{t-1}	0.005 (1.280)	0.010*** (3.432)
Y	控制	控制
N	503	503
F 值	12.608***	23.232***
调整 R^2	0.335	0.453

注:括号中的数字为 t 检验值,***、**、* 分别表示显著性水平为1%、5%、10%。

6.5 本章小结

本章以2007—2013年度设立的村镇银行为研究样本,实证检验了政府治理水平、大股东持股对于村镇银行资本投入总额和民间资本投入的影响,得出以下结论:

(1)村镇银行的资本投入规模呈现出逐年增加的趋势,而且东部地区设立的村镇银行,其资本投入规模要显著大于中西部地区。与此同时,从机构的设立数量上来看,东部地区设立的村镇银行也要显著多于西部地区和中部地区。

(2)政府治理水平和大股东持股都会对村镇银行的资本投入总额和民间资本投入产生影响。具体来说,村镇银行的资本投入总额和民间资本投入规模随着政府治理水平的提升而增大,随着大股东持股比例的增加而减少。这一结论表明,村镇银行的股东们,尤其是民间资本股东在进行资本投入决策时,会充分考虑村镇银行所处地区的政府治理水平,以及村镇银行内部的"第二类代理问题",尽可能避免投资风险。

(3)通过对比分析发现,区域政府治理水平能够有效地抑制大股东持股对于村镇银行资本投入的负向影响。这一结论表明,在外部金融生态环境较为良好的地区,外部治理机制将会发挥作用,这在一定程度上缓解了大股东与小股东之间的"第二类代理问题",提升了股东们的投资意愿。

综上所述,作为独立的商业性金融机构,村镇银行的股东更愿意将资本投入金融环境较好、金融发展水平较高的地区,而非那些金融覆盖率较低、金融供给不足、竞争不充分的欠发达地区,这与银监会引入村镇银行的初衷相悖。同时,作为村镇银行最大股东的主发起行,其持股比例的提升虽然会为村镇银行的发展提供更多的支持,但由于其他股东难以对其形成有效的制衡,不利于村镇银行吸引其他资本,尤其是民间资本投入①。目前,银监会对村镇银行的准入条件和股东持股比例在全国范围内做了统一规定,但由于中国各地区在经济、金融方面具有较大的差异,这种"一刀切"的政策并不利于村镇银行,尤其是中西部地区村镇银行的建设与发展。因而,本书认为,政府部门应根据各地区经济、金融发展水平,设计具有差异化的村镇银行准入政策。例如,对于在东部地区设立的村镇银行,可以设置较高的主发起行持股比例要求,降低村镇银行的金融风险;而对于在西部地区设立的村镇银行,为了吸引各类资本参与到村镇银行的建设中,需要调低主发起行持股比例要求,同时加大当地银监局对于村镇银行的审批权限和监管力度。

---

① 在银监会 2007 年发布的《村镇银行管理暂行规定》中,将主发起行的最低持股比例定为 20%。随后,在 2012 年,为支持民间资本参与村镇银行发起设立或增资扩股,银监会在印发的《关于鼓励和引导民间资本进入银行业的实施意见》中,将这一比例由 20%降低到 15%。

第 7 章　政府治理、民间资本投入与村镇银行发展:效果评价

本章在前两章分析政府治理、民间资本投入与村镇银行发展关系的基础上,利用村镇银行的调研数据,对村镇银行发展效果进行评价。对于村镇银行发展效果,本书考虑到村镇银行成立时间较短,如果仅以经营利润水平进行评价并不合适,因而本书以村镇银行发展速度进行评价。村镇银行营业网点作为直接向"三农"提供金融服务的基本单位,无论是对村镇银行的自身发展,还是对填补农村金融空白,都起着至关重要的作用。本书以在中国地区设立的村镇银行为研究样本,实证分析了政府治理水平和民间资本投入对村镇银行发展速度的影响。在民间资本与村镇银行发展关系的效果分析中,本章分别从控股模式、主发起行类型和注册资本等方面细致分析了资本投入对于村镇银行发展速度的影响。在政府治理与村镇银行发展关系的效果分析中,本章实证检验了农村金融供给水平、跨区域经营等对村镇银行发展速度的影响。

7.1　民间资本与村镇银行发展关系的效果分析

游走于国有商业银行之外的民间资本,是中国经济发展转型中一股不可回避的资金力量。民间借贷如一把双刃剑,在有助于企业发展的同时,也潜藏巨大风险。由于民间借贷行为存在交易隐蔽、监管缺位、法律地位不确定、风险不易控制等特征,有些甚至以"地下钱庄"的形式存在,非法集资、洗

钱等犯罪行为充斥其间,更充分说明规范民间借贷的重要性。降低民间资本进入金融服务业的市场准入门槛,鼓励民间资本参与村镇银行建设,有助于促进民间借贷行为阳光化、合法化。此外,传统银行为了规避银行业的利率管制,通过银信合作、银证合作、银保合作等业务通道延长了实体经济的融资链条,导致实体经济融资成本高、金融资源结构性短缺。金融业吸收民间资本,有助于倒逼银行体系改革,促进金融市场的公平竞争。

因此,村镇银行吸收民间资本,有助于民间资本阳光化、合法化,降低实体经济融资成本,进而促进自身健康发展。相关学者从理论方面对村镇银行吸收民间资本问题进行了论述①,但运用数理统计的相关方法验证吸收民间资本后对村镇银行发展影响的研究并不多见。对于村镇银行发展的衡量,考虑到村镇银行成立时间较短,同时考虑到营业网点既是村镇银行提供金融产品和服务的主要平台,又是吸引与维护客户资源的重要渠道(柳宗伟,毛蕴诗,2004),如果仅以经营利润水平进行评价并不合适。而且,村镇银行作为中国金融界的新生事物②,具有起步较晚、规模较小、科技水平较低等特征,这使得村镇银行的电子银行与手机银行业务基本没有开展起来。在这种情况下,营业网点对于村镇银行的业务开展更加重要,因此,本书认为以经营网点建设情况分析村镇银行发展速度更为贴切。

7.1.1　民间资本持股水平与村镇银行发展速度

根据第 4 章的分析可知,村镇银行中民间资本持股包括民间资本控股③和主发起行绝对控股,民间资本参股两种模式。在民间资本控股模式下,主发起行话语权有限,各大股东之间可以形成利益牵制,村镇银行经营管理更多依靠全体股东共同决策。而在主发起行控股模式下,主发起行拥有的股份比例占到 50%以上,控制着董事会和监事会,拥有绝对话语权,村镇银行的经营往往服从主发起行大的经营战略和整体规划。

对于民间资本持股与村镇银行发展速度的关系,其分布情况如表 7-1 所示。

---

①　如董晓林等(2014)、柴瑞娟(2012)、肖月和王学忠(2010)等学者都对相关问题进行了论述。

②　直到 2007 年 3 月,中国第一家村镇银行——四川仪陇惠民村镇银行才正式成立。

③　《村镇银行管理暂行规定》中明确指出,单个自然人股东和单一非银行金融机构持股比例不得超过村镇银行股本总额的 10%,因而此处的民间资本控股指的是所有民间资本股东持股比例之和大于 50%,而非单一民间资本股东持股比例大于 50%。

表 7-1　村镇银行网点数量基本分析

民间资本持股模式	民间资本股权比例(S)	网点数量均值/个	累积均值
民间资本参股	$S=0$	2.12	2.52
	$1\%<S\leqslant49\%$	2.37	
	$49<S\leqslant50\%$	2.67	
民间资本控股	$50\%<S\leqslant75\%$	3.41	3.31
	$75\%<S\leqslant80\%$	3.08	

表 7-1 分析了在不同的民间资本持股比例区间,村镇银行营业网点建设速度的差异。总体来看,民间资本控股模式下的村镇银行营业网点数量(3.31)显著大于①主发起行绝对控股模式村镇银行营业网点数量(2.52)。民间资本持股比例在 50%～75%时,村镇银行营业网点数量最多,均值为 3.41;民间资本持股比例在 75%～80%的村镇银行营业网点数量次之,均值为 3.08。当持股模式为主发起行绝对控股,民间资本参股时,村镇银行营业网点数量随着控股比例的升高而下降,其中民间资本没有参股(即主发起行全资控股)的村镇银行的发展速度最低,平均仅设立了 2.12 个营业网点。从营业网点建设速度来看,民企股东持股比例较高的村镇银行,其发展速度更快一些。

7.1.2　跨区域设立、民企股东持股水平与村镇银行发展速度

进一步地,本书分析了民间资本持股、设立区域对于村镇银行发展速度的综合影响,分析结果如表 7-2 所示。

表 7-2　跨区域经营与村镇银行网点数量分析

是否跨区域	民间资本控股(均值)/个	主发起行控股(均值)/个	t 值
本地设立	3.16	3.04	0.578
跨区域设立	3.75	2.59	3.435***
合计	3.35	2.79	

注:*** 表示显著性水平为 1%。

观察表 7-2 可以发现,对于本地设立的村镇银行,无论采用何种控股模式,营业网点数量相差不大。但村镇银行跨区域设立②时,民间资本控股村

① 在 1%的统计水平上显著。

② 这里的跨区域设立村镇银行专指农村金融机构和城市商业银行跨省设立村镇银行,不包括四大国有银行、政策性银行、大型股份制银行、外资银行发起设立的村镇银行。

镇银行的营业网点数量均值为 3.75,而主发起行控股村镇银行的营业网点数量均值为 2.59,该差异在 1%的水平下显著。这表明跨区域经营时,主发起行对当地经济政策、金融环境等不够熟悉,采用民间资本控股模式有利于提高当地其他股东参与村镇银行经营管理的积极性,有助于保障决策的有效性,进而提升了村镇银行的发展速度。

7.1.3　注册资本影响、民企股东持股水平与村镇银行发展速度

最后,在本部分本书分析了民间资本持股、注册资本对于村镇银行发展速度的综合影响,分析结果如表 7-3 所示。

表 7-3　注册资本与村镇银行网点数量分析

注册资本	民间资本控股(均值)/个	主发起行控股(均值)/个	合计/个
1000 万元以下	1.73	2.15	1.96
1000 万～3000 万元(含)	2.60	2.43	2.50
3000 万～5000 万元(含)	2.97	2.26	2.47
5000 万～10000 万元(含)	3.55	2.66	3.03
10000 万元以上	4.64	3.36	4.01

观察表 7-3 可发现,注册资本在 10000 万元以上的村镇银行营业网点最多,均值达 4.01,注册资本在 1000 万元以下的村镇银行营业网点最少,均值为 1.96。细致对比这两种控股模式可以发现,注册资本小于 3000 万元时,村镇银行营业网点数量不存在显著差异,当注册资本大于 3000 万元时,采用民间资本控股模式的村镇银行营业网点数量更多。事实上,当村镇银行自身规模较小时,村镇银行的人力、物力、财力等资源都较为有限,不论采用哪种控股模式都无法显著增加村镇银行营业网点数量。随着村镇银行自身规模扩大,村镇银行发展所需资源得以丰富,此时,与主发起行控股模式相比,民间资本控股模式更有利于调动民企股东积极性,进而有助于提升村镇银行的发展速度。

7.2　政府治理与村镇银行发展关系的效果分析

中国银行业监督管理委员会在《关于调整放宽农村地区银行业金融机构准入政策,更好支持社会主义新农村建设的若干意见》(以下简称《意见》)中明确指出,设立村镇银行等新型农村金融机构的目的是为了解决农村地

区银行业金融机构网点覆盖率低、金融供给不足等问题。何广文(2008)指出,村镇银行等新型金融机构的引入,可以有效地改善农村金融结构与布局。进一步地,王曙光(2008)指出,村镇银行的设立,有利于民间资本进一步释放活力,对构建产权多元、竞争充分、多层次、多主体的农村金融体系能够起到积极的推动作用。基于相关学者的研究,本部分主要分析如下几个问题:①政府治理意图是否会对村镇银行发展产生影响?具体来说,在农村金融供给水平较低的地区,村镇银行是否会通过营业网点的扩张来对当地金融供给进行有效补充?②主发起行的战略意图是否会对村镇银行发展产生影响?具体来说,跨区域经营是否会对村镇银行营业网点的设立数量产生影响?本部分利用实证分析的方法对以上两方面的问题进行检验,并从政府设立村镇银行的目的出发,分析政府是否有效地将治理意图落实到村镇银行发展中。

7.2.1 政府治理与村镇银行发展关系的制度背景与假说提出

1. 农村金融供给与村镇银行营业网点数量

银监会在2006年发布的《意见》中鼓励主发起人在农村金融供给匮乏区域设立以村镇银行为代表的新型农村金融机构,试图通过培育新型农村金融机构增加农村信贷供给。进一步地,在《关于调整村镇银行组建核准有关事项的通知》中,要求主发起行按照"先西部、后东部,先欠发达县域、后发达县域"原则,优先在农村金融供给不足地区设立村镇银行。可以说,银监会发布的一系列相关政策①为村镇银行在农村金融供给匮乏地区进行战略布局和网点扩张提供了良好的制度环境,其政府治理意图就是促进村镇银行在金融供给水平落后的农村地区设立更多的村镇银行,促进村镇银行在当地迅速扩张发展。

事实上,村镇银行作为农村金融市场后入者,与以农信社为代表的其他农村金融机构相比,在资产规模、业务种类和人员素质等方面均处于劣势。相比之下,在同业竞争较为缓和、金融覆盖率较低的农村地区,村镇银行具有较大的生存与发展空间,有利于村镇银行通过设立营业网点的方式扩大经营规模,进而提高营业收益。据此,本章提出假说1:

H1:在其他条件一定的情况下,农村金融供给水平对村镇银行营业网

① 除以上政策、文件外,还包括《新型农村金融机构2009—2011年总体工作安排》《关于银行业金融机构发起设立村镇银行有关事项的通知》《关于加强村镇银行监管的意见》等。

点数量具有负向影响。

2. 跨区域经营与营业网点数量

当前,中国中小银行跨区域经营主要有跨区设立分支机构、跨区持股银行以及跨区设立分支行与跨区持股银行相结合三种模式(李广子,2014)。在跨区域设立分支机构方面,银监会一直采取较为审慎的审批态度。与跨区设立分支机构相比,中小商业银行跨区域发起设立村镇银行受到的限制相对较少,直至 2011 年,银监会在《农村中小金融机构行政许可事项补充规定》才对金融机构跨区域设立村镇银行的条件有了具体规定,而且在注册资本、资产规模和监管评级等方面的要求远低于中小银行跨区域设立分支机构。可以说,发起设立村镇银行已经逐渐成为中小金融机构跨区经营的捷径。

此外,村镇银行的主发起行大都是农商行或城商行,区域内设立村镇银行容易与自身构成同业竞争关系,而跨区域设立村镇银行较好地规避了竞争风险。因此主发起行有意愿在异地快速扩充村镇银行营业网点数量,以期获得竞争优势。据此,本章提出假说 2:

H2:在其他条件一定的情况下,主发起行跨区域设立村镇银行对营业网点数量具有正向影响。

7.2.2　政府治理与村镇银行发展关系的研究设计

1. 样本选择

本书以 2007—2013 年在中国农村地区设立的村镇银行为研究样本,分析截至 2014 年年末,村镇银行设立的网点数量与农村金融供给,以及跨区域经营的关系。对原始数据处理后共得到 865 个有效观测样本。

2. 变量设计

(1)村镇银行网点数量。本书的村镇银行数量是指,截至 2014 年年底各家村镇银行开设的营业网点之和。其中,村镇银行的营业网点包括:村镇银行总行营业部、当地支行与分理处。

(2)农村金融供给水平。农村金融供给水平既要考虑中国农村总体的供给水平,又要考虑农村金融资源在各区域的配置情况。具体来说,农村金融供给主要表现为金融服务在地理维度的渗透性和人口维度的可得性两方面(王婧,胡国晖,2013)。在某种程度上,农村地区金融机构的人均覆盖率既可以体现农村金融服务的地理可达性,又可以体现每单位农村经济主体对于农村金融服务的可得性(高沛星,王修华,2011)。此外,从 20 世纪 90 年代国有金融机构大规模撤出农村地区开始，农村合作金融机构①便成为农村金融服务的"主力军"，其绝大部分营业网点分布于农村地区。基于此，本书选取农村每万人拥有的农村合作金融机构网点数量作为农村金融供给水平的代理变量。

(3)跨区域经营。本书将主发起行跨省设立村镇银行定义为跨区域经营变量。由于四大国有银行和全国性商业银行本身就可以在各省建立营业网点，其建立的村镇银行都不属于跨区域经营，因此，本书所提到的主发起行跨区域经营专指城市商业银行和农村合作金融机构。

此外，根据 Altimbas 等(2002)、Allen 和 Gale(1999)、夏祥谦(2014)、陆智强和熊德平(2015)等学者的研究，本书选择了区域经济总量、区域金融规模、第一产业比例、大股东持股和村镇银行投入资本作为控制变量。同时，考虑到时间因素对于村镇银行设立营业网点的影响，本书还加入了年份虚拟变量。变量的详细说明见表 7-4。

表 7-4　变量说明

	变量符号	变量名称	变量定义
因变量	NUMBER	村镇银行网点数量	村镇银行营业部、支行和分理处数量之和
自变量	RFS	农村金融供给水平	所在省份农村合作金融机构网点数量/所在省份农村常住人口(万人)
	ZONE	跨区域经营	当样本村镇银行为主发起行跨区域(跨省)设立时，该变量取值为 1，否则为 0
	RB	主发起行类型	当样本村镇银行的主发起行为农村合作金融机构时，该变量取值为 1，否则为 0
	GDP	经济总量	所在省份地区生产总值
	FS	金融规模	所在省份银行业金融机构资产总额/所在省份地区生产总值
	PRI	第一产业比例	所在省份第一产业增加值/所在省份地区生产总值
	S_1	大股东持股	主发起行持股/村镇银行总股数
	CAP	投入资本	村镇银行注册资本总额
	Y	年份虚拟变量	当样本属于 2007 年、2008 年、2009 年、2010 年、2011 年、2012 年时，所对应的年份虚拟变量取值为 1，否则为 0

① 农村合作金融机构包含农村信用社、农村商业银行和农村合作银行。

3. 相关变量的描述性统计

根据表7-4选择的变量，本书对样本村镇银行的主要研究变量进行了描述性统计(见表7-5)。

表7-5 描述性统计

变量	最小值	最大值	平均值	中值	标准差
NUMBER	1	26	2.87	2	2.34
RFS	0.70	2.60	1.27	1.12	0.46
ZONE	0	1	0.36	0	0.48
RB	0	1	0.43	0	0.50
S_1	15%	100%	49%	51%	20%
CAP	300	42000	7124.62	5000	5308.06

从表7-5中的描述性统计结果可以看出:①村镇银行目前开设的经营网点数量普遍较低，平均每家只开设了2.87个营业网点。此外，各家村镇银行开设的经营网点数量具有较大差异。开设营业网点数量最多的村镇银行除了总行营业部外，还拥有25家支行及分理处;与之相反，很多村镇银行仅开设了总行营业部1家营业网点，并未开设任何支行与分理处。②各区域农村金融服务覆盖水平不平衡。从平均值来看，中国农村每万人拥有的农村商业银行、农村合作银行与农村合作社的营业网点数量为1.27个。其中，在农村金融机构网点覆盖较高的区域，农村每万人拥有的农村合作金融机构营业网点数量为2.6个;而在覆盖较低的区域，农村每万人拥有的农村合作金融机构营业网点数量仅为0.7个。③在村镇银行的设立情况方面，有36%的主发起行选择跨区域设立村镇银行，并有43%的村镇银行是由农村合作金融机构发起设立的;在主发起行持股方面，大部分村镇银行都是由主发起行绝对控股;在投入资本方面，村镇银行的平均注册资本额为7124.62万元。

4. 实证模型设计

为了检验假说1，本书将代表农村金融服务覆盖程度的变量 RFS 代入回归模型，此时回归模型的形式为

$$\ln(\text{NUMBER})=\alpha+\beta_1\text{RFS}+\beta_2\ln(\text{GDP})+\beta_3\text{FS}+\beta_4\text{PRI}+\beta_5 S_1+\beta_6\ln(\text{CAP})+\sum Y \quad (7\text{-}1)$$

如果假说 1 成立,则回归模型式(7-1)中变量 RFS 显著,且其系数 β_1 小于 0。

为了检验假说 2,本书将代表设立区域的变量 ZONE 代入回归模型,此时回归模型的形式为

$$\ln(\text{NUMBER})=\alpha+\beta_1\text{RFS}+\beta_2\text{ZONE}+\beta_3\ln(\text{GDP})+\beta_4\text{FS}+\beta_5\text{PRI}+\beta_6 S_1+\beta_7\ln(\text{CAP})+\sum Y \quad (7\text{-}2)$$

如果假说 2 成立,则回归模型式(7-2)中变量 ZONE 显著,且其系数 β_2 大于 0。

7.2.3 政府治理与村镇银行发展关系的计量分析

本书在本部分实证检验了农村金融供给水平、跨区域经营对村镇银行设立营业网点数量的影响。回归结果如表 7-5 所示。

表 7-5 农村金融供给水平、跨区域经营与村镇银行网点数量的回归结果

自变量	方程 1	方程 2	方程 3
截距	−1.253*** (−3.329)	−1.571*** (−4.151)	−1.328*** (−3.483)
RFS	−0.200*** (−4.186)	—	0.182*** (−3.705)
ZONE	—	0.110** (2.564)	0.074* (1.684)
ln(GDP)	0.053 (1.469)	0.054 (1.495)	0.060* (1.663)
FS	0.017 (1.304)	0.004 (0.288)	0.017 (1.267)
PRI	0.240 (1.528)	0.412*** (2.707)	0.252 (1.600)
S_1	−0.461*** (−4.302)	−0.384*** (−3.642)	−0.474*** (−4.417)
ln(CAP)	0.176*** (5.183)	0.172*** (5.022)	0.171*** (5.012)
Y	已控制	已控制	已控制
N	865	865	865
F 值	25.322***	24.806***	23.643***
调整 R^2	0.253	0.248	0.254

注:括号中的数字为 t 检验值,***、**、* 分别表示显著性水平为 1%、5%、10%。

从表 7-5 中的回归结果可以看出,农村金融供给水平变量(RFS)在 1% 的水平上显著,且其回归系数为负。如在方程 3 中,RFS 的回归系数为 −0.182,表明农村金融供给每下降一个微小单位,村镇银行的营业网点数量都会相应增加 18.2%。这一回归结果说明,现有农村金融资源分布情况是影响村镇银行发展速度的重要因素。在农村金融供给水平较低、农村金融机构营业网点较少的地区,村镇银行所面临的同业竞争程度较低。这种较低的竞争水平能够为村镇银行这类新型农村金融机构提供较大的发展空间,也在一定程度上提升了村镇银行的发展速度。因此,将村镇银行设立在农村金融机构网点覆盖率低的地区,可以更有效地缓解当地农村银行机构网点覆盖率低、金融供给不足等问题,村镇银行的设立较好地实现了政府的治理意图。这一结果与本章假说 1 相一致。

其次,跨区域经营变量(ZONE)在 10% 的水平上显著,且回归系数为正。这一结果符合本章假说 2 的预期。跨区域设立村镇银行作为一个可行的跨区域经营策略,能够在一定程度上实现商业银行的规模经济和范围经济效应。事实上,笔者通过调查发现,当主发起行的类型为城市商业银行或农村合作金融机构时,有接近 50% 的村镇银行都是由主发起行跨省设立的。在这一过程中,为了最大化商业银行的规模经济和范围经济效应,主发起行具有加快村镇银行营业网点建设的动机。

7.3　基于政府治理与民资投入的村镇银行发展综合评价

村镇银行吸收民间资本有助于加快村镇银行建设速度,在保证金融风险可控前提下,应致力于提高村镇银行的民企股东持股比例。通过对比分析发现,相对控股模式提高了股东们参与村镇银行经营管理的积极性,采用相对控股模式的村镇银行发展速度更快。关于银行内部治理结构,巴塞尔委员会早在 1999 年就通过了《改善银行机构的公司治理结构》,提出加强商业银行公司治理结构建设的必要性①。近年来,中国金融业改革的成就有目共睹,但是由于股权结构单一,使得董事会、监事会的作用无法充分发挥,治理结构方面的缺陷阻碍了国有商业银行发展。在金融风险可控前提下,鼓励村镇银行引入民间资本有利于实现村镇银行股东多元化,可以为董事会结构合理提供保障,有助于提高村镇银行治理效率。

农村金融供给情况与主发起行设立区域情况都会对村镇银行的发展速度产生影响。一方面,设立在农村金融供给水平较低的地区,减轻了村镇银行在当地农村的同业竞争压力,不仅有利于村镇银行自身的快速发展,也有利于解决农村地区金融机构网点覆盖率低、金融供给不足等问题。因此,政府应鼓励出资人在金融供给水平较低的地区设立村镇银行②,并通过制定费用补贴等办法支持和促进村镇银行在偏远地区开展农村金融业务,确保偏远地区居民有平等获得金融服务的机会(何广文,2010)。另一方面,中小银行将异地设立村镇银行作为实现其跨区域经营战略的一种重要模式,当城市商业银行或农村合作金融机构选择跨区域设立村镇银行时,往往会通过营业网点的扩张抢占当地金融市场。这虽然有助于村镇银行在短期内提升市场份额,但同时也增大了当地的金融风险。因此,对于中小银行跨区域设立的村镇银行,政府应对主发起行资质进行严格审查,鼓励资金实力雄厚、风险管控良好的中小银行跨区域设立村镇银行;此外,为了降低营业网点快速扩张可能带来的金融风险,政府应着力于构建村镇银行风险防控保障机制。

---

① 巴塞尔委员会早在1999年就通过了《改善银行机构的公司治理结构》,其对健全的商业银行公司治理结构做了明确概括。根据其指导意见,商业银行公司治理结构主要应包括三个方面的内容:第一,基于明晰产权关系的控制权、经营管理权和收益分配权的基础框架体系,体现为权利结构;第二,协调的内部各层次的治理关系;第三,强有力的内部控制体系以及对经理人员和员工有效的激励和约束机制。

② 事实上,银监会已经开始支持出资人在贫困地区设立村镇银行。例如,银监会在《关于银行业金融机构发起设立村镇银行有关事项的通知》(银监复〔2012〕158号)中明确指出,优先支持申请人在西部省份或国定贫困县发起设立村镇银行。

第8章 基于政府治理与民间资本投入的村镇银行发展案例分析

本章以衢州辖区龙游义商村镇银行、常山联合村镇银行、江山建信村镇银行、衢江上银村镇银行[①] 4 家村镇银行为代表，运用案例分析方法研究了 4 家村镇银行的政府治理、民间资本投入情况。首先，本书从股权结构、主发起人性质和经营发展能力对 4 家村镇银行的基本运行情况进行了细致描述。其次，本书细致梳理了政府部门针对 4 家村镇银行的政府治理机制，并比较分析了 4 家村镇银行的支农效果。再次，本书从民间资本持股比例和民间资本出资总额两方面，对比分析了 4 家村镇银行的民间资本投入情况。最后，本书总结了四家村镇银行在政府治理和民间资本投入方面的成功经验，提出了促进村镇银行发展的建议。

8.1 案例村镇银行基本运行情况分析

8.1.1 股权结构情况

村镇银行发起情况如表 8-1 所示。

表 8-1 村镇银行发起情况

发起情况	龙游义商	常山联合	江山建信	衢江上银
发起行	义乌农村商业银行	杭州联合银行	建设银行	上海银行
发起行性质	农商行	农商行	国有银行	城商行
发起行股权比例	40%	40%	51%	51%
民间资本股权比例	60%	60%	49%	49%

① 浙江省银监局对衢江区莲花镇有经济对口扶持政策，准予衢江上银村镇银行设于衢州市衢江区内。

由表8-1可知,从股权集中度来看,在上述4家村镇银行中,2家的主发起行股权占比大于50%,为绝对控股;另外2家的主发起行是相对控股,但持股比例仍高达40%。由此可见,该4家村镇银行的股权较为集中。

在大股东方面,《村镇银行管理暂行规定》第二十五条规定:最大银行业金融机构股东持股比例不得低于总股本的20%,单一非银行金融机构或单一非金融机构企业法人等持股比例不得超过村镇银行总股本的10%。为支持民间资本参与村镇银行发起设立或增资扩股,2012年5月,中国银监会发布《关于鼓励和引导民间资本进入银行业的实施意见》,调整了村镇银行主发起行的最低持股比例,将原来的20%降低为15%。

而在实际走访的4家村镇银行中,各家主发起行的持股比例都远高于其他发起人,这一现象比较容易导致主发起行一股独大,其他股东难以对其形成股权制衡。此外,该现象还可能使村镇银行变相成为主发起行涉足异地金融市场的分支机构,不利于村镇银行支农行为的有效开展。

从股权构成来看,村镇银行的股权构成较为单一,除江山建信村镇银行以外,其余3家的参股方仅有法人股,没有社会公众股、自然人股等其他类型的股份形式。此外,在各村镇银行的股权构成中,参股方多为村镇银行所在地的民间资本,尤其是江山建信村镇银行,其民营股东参股部分全部来自江山当地企业①。

课题组认为,村镇银行筹备之初,邀请当地优质企业参股,可以充分调动当地民间资本参与农村金融机构建设的积极性,对引导民间资本进入金融服务领域,拓宽农村金融市场资金来源渠道,推进村镇银行本土化,提升村镇银行在当地影响力有着至关重要的意义。

8.1.2 主发起人性质

在衢州地区的4家村镇银行中,龙游义商村镇银行的主发起行义乌农村商业银行,常山联合村镇银行的主发起行杭州联合银行皆为农商行,衢江上银村镇银行的主发起行上海银行为城商行,而江山建信村镇银行的主发起行建设银行则为大型国有商业银行。

2007年1月,中国银监会发布了《村镇银行管理暂行规定》,要求村镇银行必须以"银行业金融机构"作为主发起人进行组建,这一制度设计排他性地保证了银行业金融机构在发起设立村镇银行中的主导地位。2010年5月

① 大部分村镇银行所吸收的民间资本都来自于当地的民营企业。

国务院又发布《国务院关于鼓励和引导民间投资健康发展的若干意见》(即“新 36 条”),其中第十八条规定“允许民间资本兴办金融机构鼓励民间资本发起或参与设立村镇银行”。“新 36 条”首次允许并提倡民间资本成为村镇银行的“主发起人”主导兴办村镇银行。但截至 2017 年,银监会尚未颁布设立村镇银行的新标准,村镇银行的主发起人仍旧局限于银行业的金融机构,具体包括四类主发起人:国有商业银行、全国股份制商业银行、区域性的银行(城商行、农商行等)及外资银行。

发起人性质对于村镇银行的经营管理具有一定影响,文学(2013)认为,以国有商业银行作为村镇银行主发起人,其优势在于可在品牌管理、资金来源、日常管理等方面为村镇银行提供全面支持。但国有商业银行与村镇银行的公司文化和经营理念大相径庭:前者的市场定位是“做大、做强”,而后者的经营理念是“支农,支小”。因而,国有银行的管理流程、制度文化等不能简单复制到村镇银行的日常运营管理中。此外,大型的国有银行因资金实力雄厚,在其发起设立的村镇银行投资中往往“一股独大”,难以形成相互制衡的股权结构。

课题组通过调研发现,建设银行作为江山建信村镇银行的主发起行,持有其 51%股份。对于这种“一股独大”问题,课题组也专门向该村镇银行行长进行了询问,该行长认为,建设银行具有丰富的银行经营经验,民间资本对建设银行的领导能力充分信任,对其决策能力充满信心。

事实上,建设银行业确实为江山建信村镇银行提供了多方面的支持,如在经营管理等方面,建行授权该行使用“建设银行”品牌标识打响知名度,定期安排村镇银行管理人员参与建设银行总行的人员培训,并为村镇银行提供管理技术支持;在人员安排方面,建设银行积极向村镇银行输送人才,江山建信村镇银行的高级管理人员皆由当地建设银行支行转调。

但是,我们需要注意的是,建设银行以往从事的业务多为对公、大额业务,输送的高级管理人员也只对企业贷款业务比较熟悉,在服务“三农”方面缺乏经验。一般认为,以大型国有商业银行作为主发起人的村镇银行,会导致村镇银行更注重企业贷款业务,而相对忽略农户贷款需求。在对江山建信村镇银行的调研中,课题组也发现了这一现象。

从江山建信村镇银行各贷款情况折现变化图(见图 8-1)可以看出,虽然银行的涉农贷款比例较高,但具体分析后发现,小微企业贷款占涉农贷款比重较大[①],而农户贷款的比重则相对较小。虽然,有一部分小微企业的确从事农业相关活动,但是仍有相当数量从事的是非农业产业活动。

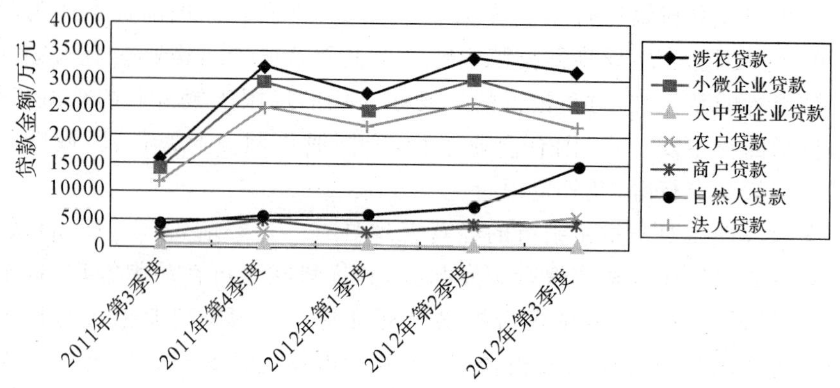

图 8-1 江山建信村镇银行贷款情况

从以上分析可以看出,受建设银行的业务特点影响,江山建信村镇银行存在业务活动向“小微企业”偏离的倾向。但在运行一段时间后,该村镇银行也已经认识到这一问题,正积极调整业务重心,以便更好地开展“三农”贷款业务,尤其是农户贷款业务[②]。

此外,在江山建信村镇银行的重大事项决策方面,江山建信村镇银行采用的是董事长—市级建设银行—省级建设银行—总行的逐级上报制度[③],这一制度极大地影响了村镇银行作为独立法人的自主决策能力,同时也降低了村镇银行对自身重大事件的决策效率。

作为国有银行,主发起行可能借助村镇银行作为其进入农村金融市场的平台,推进相关决策的实施。江山市属于县级市,贺村、峡口等乡镇都是经济强镇,依托较好的经济基础,当地小微企业发展繁荣,农户也相对富裕。在城乡一体化建设过程中,县域更展现出了巨大的经济潜力,国有银行直接进入会比较困难,而通过设立村镇银行的方式,既可消除一部分现实阻碍,也可享受国家的相关政策支持。江山建信村镇银行是 4 家村镇银行中成立最晚的,但发展进程快,发展前景较好。该行奉行扩张战略,制订了一系列

① 当前,在银监会的监管体系中,对于村镇银行在县域以下发放的小微企业贷款也列入涉农贷款指标中。

② 较具代表性的是该行将农户信用贷款的额度上限提升到 8 万元,这在一定程度上反映了江山建信村镇银行支持“三农”的决心。

③ 由这一决策流程可以看出,建设银行将江山建信村镇银行看作自身的一家分支机构。

扩张计划，该行拟在贺村、峡口等原营业网点基础上增设清湖、新塘边等营业网点，并拟设立一系列乡镇咨询网点，以扩大该行在当地的知名度，吸引更多客户。

与大型国有商业银行相比，城市商业银行、城市信用社、农村商业银行等各类区域性银行机构是发起设立村镇银行的主力。相关学者指出，区域性银行机构“服务‘三农’”“支持新农村建设”的经营理念与村镇银行的市场定位和服务理念较为契合，其相关制度、规章、办法、市场营销策略等均可为村镇银行复制使用，可使村镇银行在短期内快速融入当地市场。

课题组走访的另外3家村镇银行都是由区域性中小银行发起的，其中2家为农村商业银行，1家为城市商业银行。针对上述提出的“复制”的观点，课题组通过调研发现了一些问题。城商行的业务定位是为中小企业提供金融支持，为地方经济搭桥铺路，这与村镇银行“支农、支小”的定位存在出入，虽然两者都着眼于区域型经济的发展，但城乡有别，村镇银行若单纯地“复制”城商行的经营模式和经营方向，易造成市场定位的偏离。村镇银行设立的目的是解决我国现有农村地区银行业金融机构覆盖率低、金融供给不足、竞争不充分、金融服务缺位等“金融抑制”问题，进而更好地改进和加强农村金融服务，支持社会主义新农村建设，促进农村经济社会和谐发展和进步。因此，村镇银行应在正确设定市场定位前提下，适当借鉴城商行的经营管理模式。

本次调研的4家村镇银行中，衢州上银村镇银行的主发起行为城商行——上海银行。出于服务“三农”的经营要求，村镇银行常设于县(市)、乡镇，而衢江上银村镇银行却较为特殊——设于市级区内，衢州市的衢江区是农业发展区，农业发展水平较高。衢江上银村镇银行由于其设立地理位置的特殊性，其可接受的政策支持少，不能享受相关补贴，这在一定程度上加深了其经营压力。出于改善自身经营状况等原因，衢江上银村镇银行在主发起行城市区域发展策略的基础上结合衢江区当地经济状况，调整制定出符合衢江当地特色的经营方式，积极开展支农支小业务。

与城商行不同，由农信社发展而来的农商行本就侧重支持农村地区经济建设，在长期经营中积累了充足的支农经验，且由于市场定位与村镇银行一致，其经营理念、业务品种等可较多地为村镇银行所复制。由此可见，城商行和农商行同为区域性银行，但它们作为村镇银行的发起行所起到的效益是不同的。

值得注意的是，区域性银行业金融机构作为主发起人，设立村镇银行的目的可能是为了进行区域扩张。对于区域性银行业金融机构而言,由于被定性为“地方性金融机构”,其跨区经营存在诸多限制,而发起设立村镇银行注册资本要求低,而且政策扶持力度大,是实现跨区经营,扩展服务半径的有效平台。然而一旦抱定这种战略初衷,必然导致村镇银行经营理念和市场定位的偏离。

衢州辖区的4家村镇银行中有3家是由区域性金融机构作为主发起人发起设立,但就实地调研的材料看,这3家村镇银行的战略重点仍为“支持三农”,并积极开展支农方面的产品创新。如常山联合村镇银行根据当地胡柚种植特色农业,推出了“柚乡贷”①系列贷款服务,龙游义商村镇银行根据龙游县的竹子种植和加工产业创新推出了林权抵押等贷款方式,推动了当地农业经济的发展。

由不同性质金融机构作为主发起人设立村镇银行的效益分析可知,不同性质的发起人会对村镇银行的市场定位、产品战略、经营方式、资金支持等方面造成影响。国有制商业银行作为主发起人可以为村镇银行提供强有力的资金、技术、品牌等方面支持;城市商业银行作为主发起人可以为村镇银行提供区域经济的发展理念;农村商业银行作为主发起人可以为村镇银行提供农村金融市场的发展经验等。上述4家村镇银行的股权结构都存在着“一股独大”的现象,从理论上来说,这种现象会削弱村镇银行的自主决策能力,不符合市场竞争的规律,易出现发起行为了自身利益而忽视其他股东和客户利益的情况,导致村镇银行沦为其主发起行的异地分支机构。

8.1.3 经营发展情况

本部分所涉及的衢州4家村镇银行设立时间都处于2～4年之间,从目前的发展来看,这4家村镇银行都面临着各种机遇与挑战。村镇银行是否能够真正解决我国现有农村地区银行业金融机构覆盖率低、金融供给不足、竞争不充分、金融服务缺位等“金融抑制”问题?是否是一种可持续发展的模式?课题组就以衢州4家村镇银行为例,先从业务种类、收入状况、风险指标三个方面对其财务的可持续性进行分析。

1. 业务种类

目前,各家村镇银行实际经营业务种类较为单一,主要包括:负债业务

① “柚乡贷”金融产品包括“柚农贷”“柚商贷”和“柚佳贷”,分别是解决胡柚种植及经营资金需求、胡柚返销资金需求、胡柚深加工资金需求的流动资金贷款。

项下的存款业务和资产业务项下的负债业务，即俗称的存贷业务。而从现行规定来看，村镇银行还可从事一部分中间业务，如：办理国内结算；办理票据承兑与贴现；从事同业拆借；代理发行、代理兑付、承销政府债券；代理收付款项及代理保险业务；经银行业监督管理机构批准的其他业务等。但由于目前村镇银行发展规模小，业务尚处于拓展阶段中，难以达到人民银行对银行业金融机构进入其支付结算系统设置的标准，进而导致村镇银行面临汇兑业务、人民币票据凭证等现代化的结算功能缺失和资金清算系统不完备等困难，无法较为自主地拓展业务。截至 2013 年 6 月末，仅衢江上银村镇银行实现了贴现业务 2251 万元，表外业务中已办理票据承兑业务 3869 万元。江山建信村镇银行已成功申请了银行卡业务，也将在不久后投入使用。

(1)存款业务

在存款业务方面，各家村镇银行普遍采取"存款利率一浮到顶"，即采取 10%存款利率上浮。虽然村镇银行定位于"支农、支小"，但是由于成立时间短，其在农村地区认知度不高，相比之下，农民更加信任已存在多年的农村信用社。村镇银行唯有在存款利率上给予农民最大的优惠，才能逐渐打破农信社在农村地区吸收存款的相对垄断地位。从村镇银行存款方面的数据图表(见图 8-2)可以清楚地看到，4 家村镇银行的存款总量、企业存款额和个人存款额都处于增长趋势(虽然龙游义商村镇银行的存款总量在 2011 年第 3 季度、江山建信村镇银行存款总量于 2011 年第 4 季度存在转折下降的态势，但在下一个季度即恢复上升)。这表明村镇银行存款业务在建立初期虽存在一定的不稳定性，但经过调整仍保持着持续增长，可见村镇银行还是具有业务发展的可持续性的。

鉴于现阶段存款利率尚未完全放开，村镇银行在存款利率方面的优势并不是很大。此外，村镇银行在存款业务方面缺少创新，存款业务品种与一般金融机构无异，对农户吸引力较小。一方面，村镇银行应加强宣传，通过在乡镇召开介绍会或利用广播、电视等媒体宣传方式，向公众介绍村镇银行设立的目的及意义，推广村镇银行的特殊产品服务，提升社会的认知度；另一方面，村镇银行的员工应深入农村，走到农民及农企的身边去，及时了解其生产经营状况，并引导他们将闲置的资金存储到村镇银行或根据他们的需要介绍相关信贷产品。只有当村镇银行的社会认可度上升以后，农户们才放心将自己的积蓄存入村镇银行中，银行内的个人储蓄存款才会上升，才能使得信贷业务良好地循环进行。

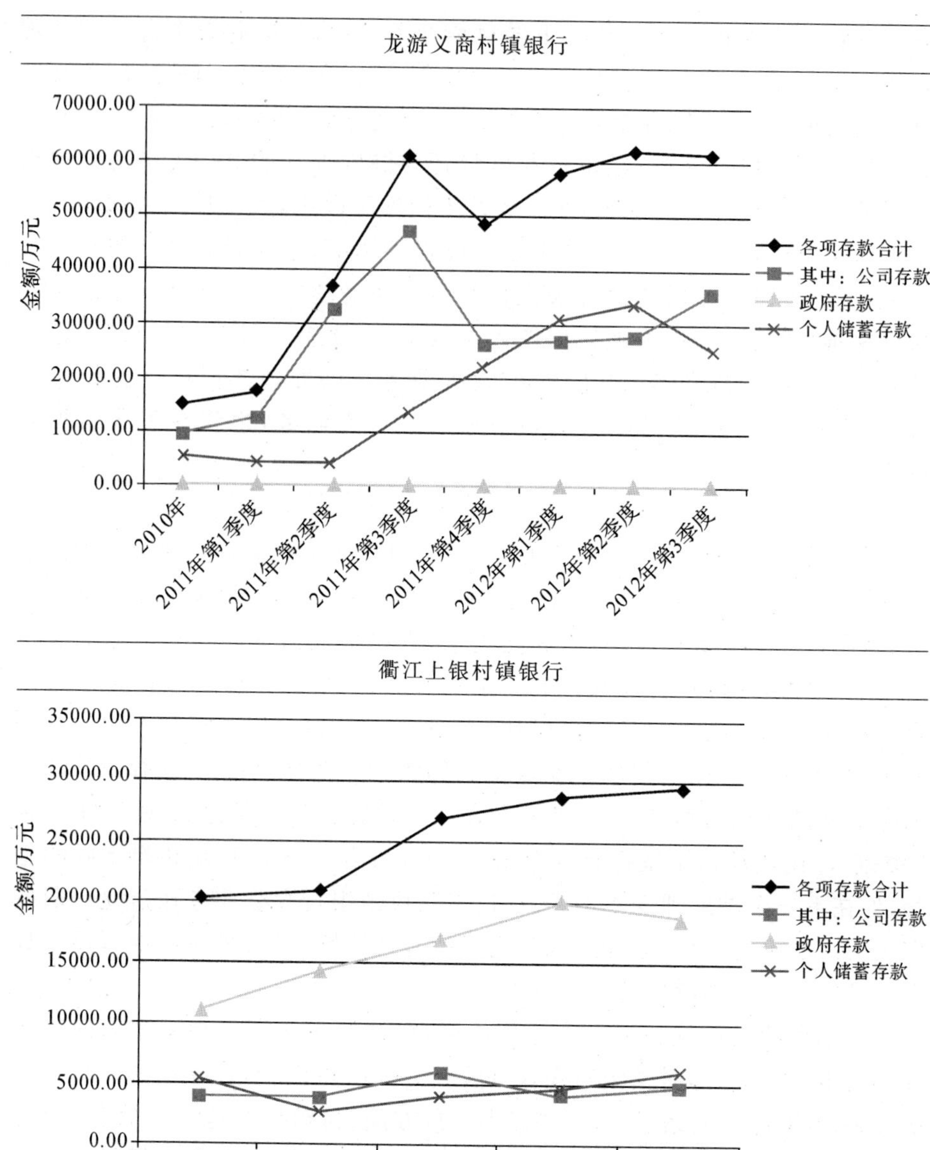
龙游义商村镇银行
70000.00
60000.00
50000.00
40000.00
30000.00
20000.00
10000.00
0.00
金额/万元
2010年
2011年第1季度
2011年第2季度
2011年第3季度
2011年第4季度
2012年第1季度
2012年第2季度
2012年第3季度
各项存款合计
其中：公司存款
政府存款
个人储蓄存款
衢江上银村镇银行
35000.00
30000.00
25000.00
20000.00
15000.00
10000.00
5000.00
0.00
金额/万元
2011年第3季度
2011年第4季度
2012年第1季度
2012年第2季度
2012年第3季度
各项存款合计
其中：公司存款
政府存款
个人储蓄存款

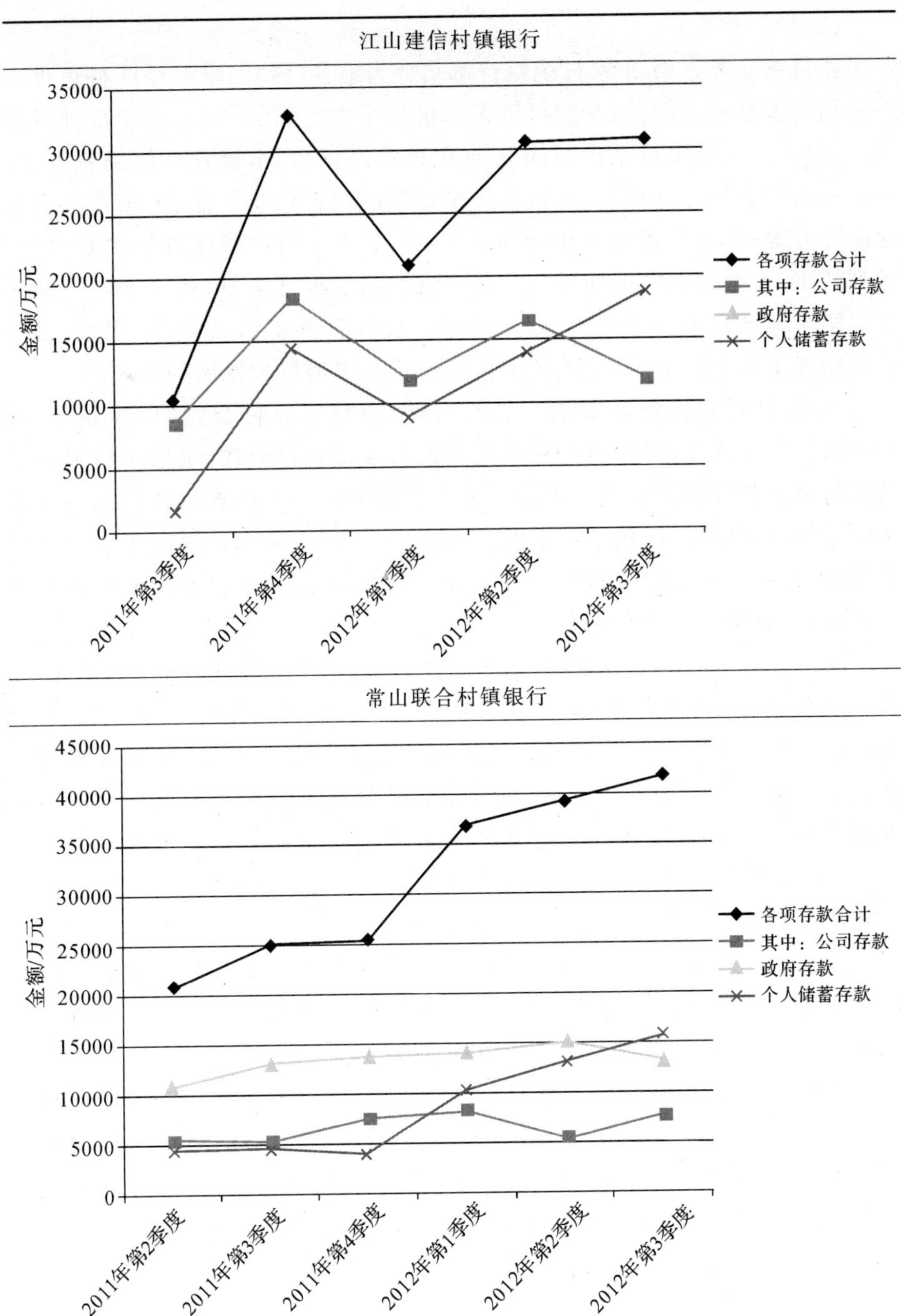

图 8-2　衢州辖区 4 家村镇银行各项存款状况

(2)贷款业务

在贷款业务方面,4 家村镇银行都结合当地县(区)的农业经济特色推出一系列的涉农信贷产品:龙游村镇银行推出了农户联保贷款、林权抵押贷款等;江山建信村镇银行推出村镇企业联贷联保贷款、小额农户信用贷款、农业订单链贷款等;常山联合村镇银行推出"柚乡贷"信贷产品、小额贷款保证保险业务等;衢江上银村镇银行推出农户、个体工商户联保贷款、"农易贷"系列贷款、大型农机具抵押贷款。从涉农产品的设计来看,各家涉农信贷产品是牢牢地结合了当地的产业发展需求,如满足种植业、养殖业、柑橘、柚子的种植加工链等资金需求,满足了村镇银行在当地持续发展的要求。

另外,针对农村资金需求"小额、分散、快捷",农村金融"风险高、成本高、收益低"等特点,村镇银行积极主动地与乡镇农户合作,采取了整村授信的农村金融信贷合作方式。被给予统一授信的农户今后有贷款需求只要直接到银行办理即可,简化了单个农户的申贷手续,这极大地提高了农户的申贷效率,也在更大范围内满足了农户资金需求,扩大了农村金融服务的普及率,降低了放贷的风险和成本。

从下方贷款的统计数据(见图 8-3)可以看到,截至 2012 年第 3 季度,贷款发放总量处于上升状态,除衢江上银村镇银行以外,其他 3 家村镇银行的涉农贷款总量较多。衢江上银村镇银行由于设立于市级区,其所发放的小微企业不能算入涉农贷款内,致使其涉农贷款量远远低于其他三家县域内的村镇银行,而衢江上银村镇银行所发放的小微企业贷款量也呈现上升状态。总的来说,贷款的增长以及结合当地农业特色的信贷产品的持续创新,反映出其财务可持续发展的前景。

在贷款业务设计方面,各村镇银行自建立起以后就在不断地根据当地的产业特色进行创新,然而随着金融市场的发展以及面临信用社强有力的竞争,村镇银行必须在现有的基础上,针对农企和农户数量多、贷款规模小的特点,不断研究符合当地发展要求的"三农"金融产品。当然,为保证村镇银行的可持续发展,可以把小额农贷与当地的产业结构相结合,选择科技含量高的、可以形成规模效益的特色农企,加以信贷的支持,引导农户生产向规模化、产业化、集约化的方向转变(崔宏伟,2013)。

龙游义商村镇银行

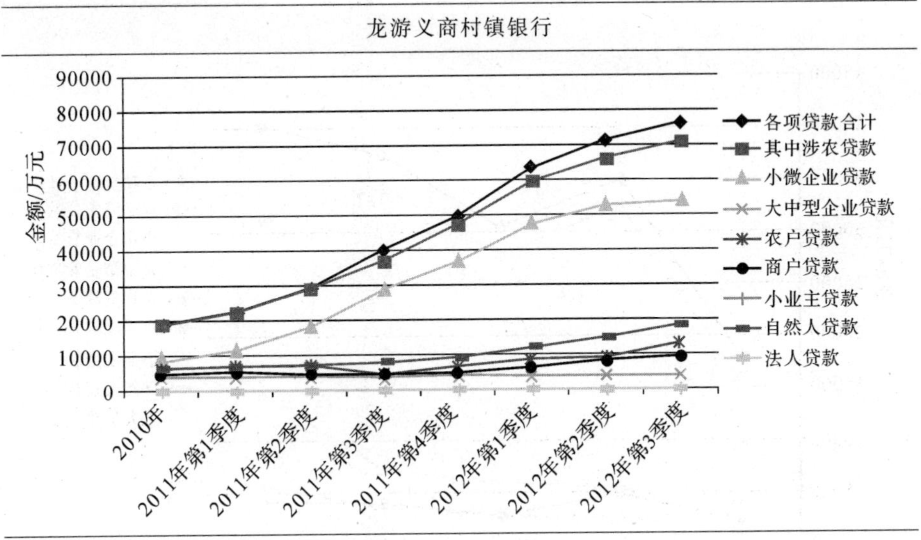

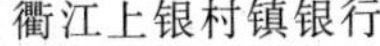
衢江上银村镇银行

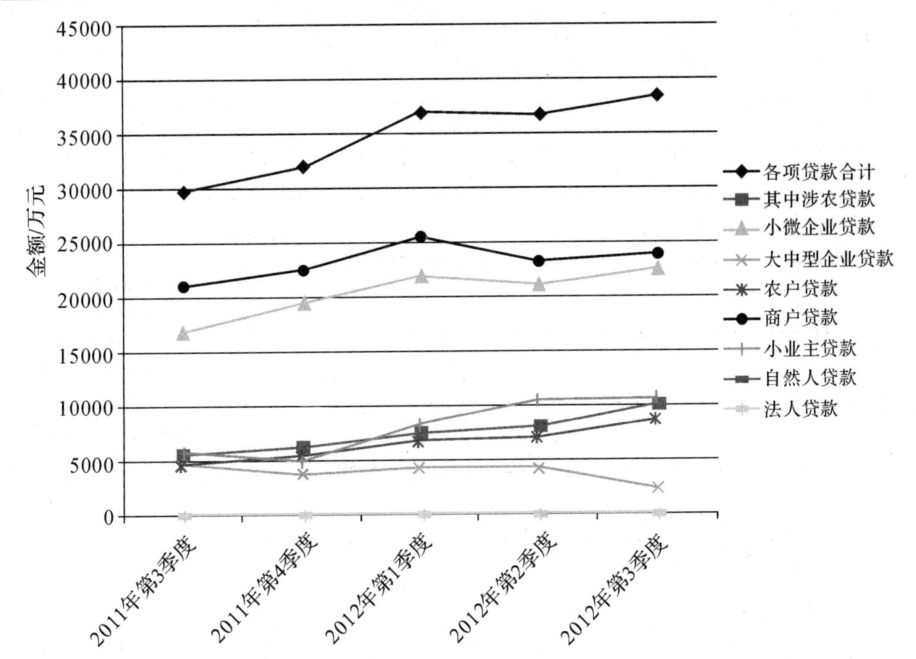

江山建信村镇银行

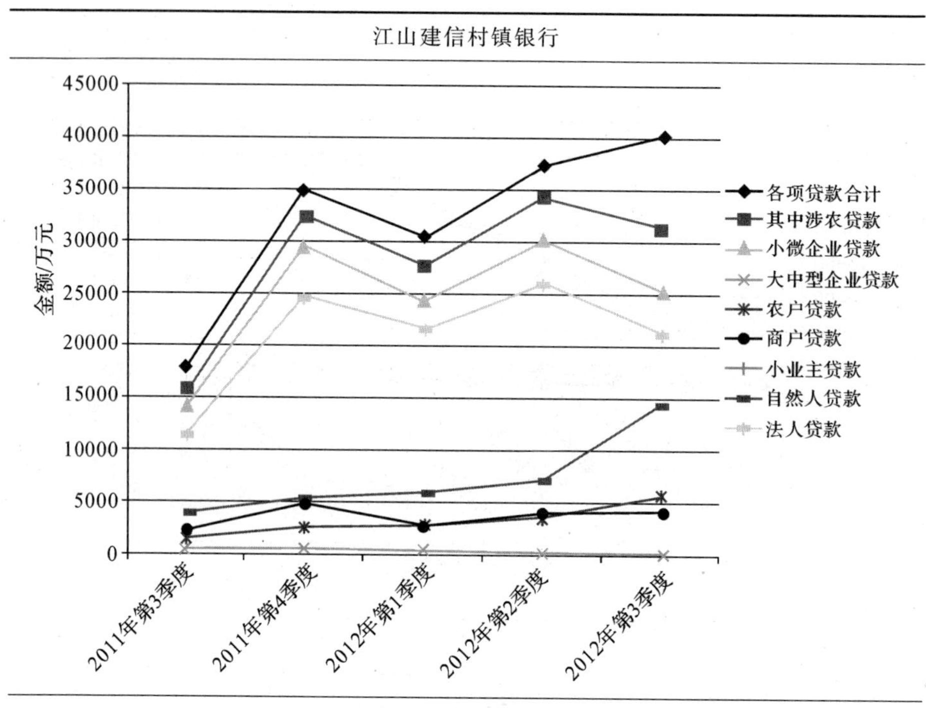

常山联合村镇银行

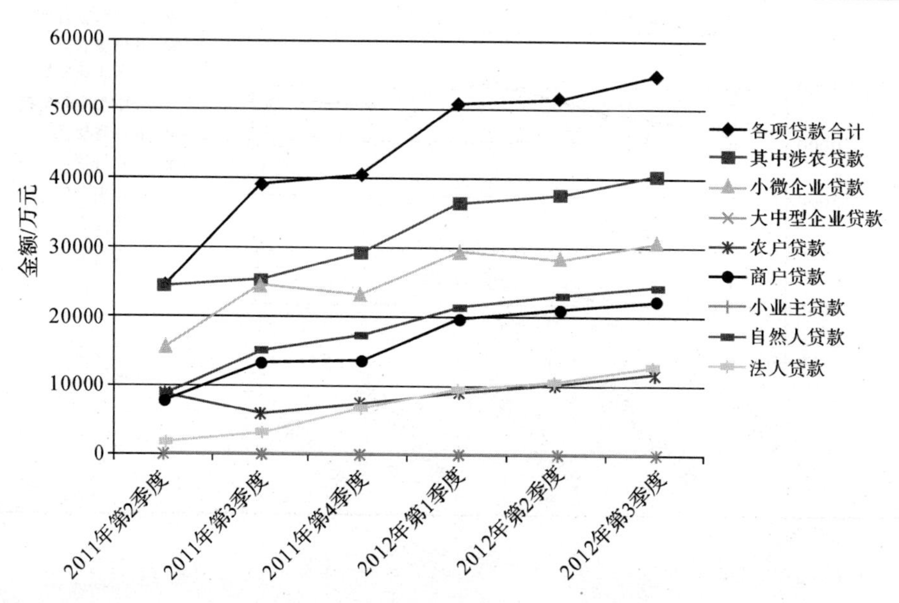

图 8-3　衢州辖区 4 家村镇银行各项贷款状况

2. 收入状况

收入的考量主要通过营业收入和利润两个指标。村镇银行目前主要的业务是吸收存款，发放贷款，其营业收入主要来源于存贷的利差收入。通过对 4 家村镇银行相关指标数据的收集，我们绘制出了如图 8-4 所示的反映各家村镇银行收入指标变化的趋势图。从图 8-4 中我们可以看到，4 家村镇的营业收入皆呈波动上升，且上升较快。再将其营业成本因素纳入考虑范围，各村镇银行的净利润仍呈波动上升趋势，但是由于龙游义商村镇银行和常山联合村镇银行的营业成本较高，其利润增长相对缓慢。相比之下，衢江上银村镇银行和江山建信村镇银行在成本控制方面表现较为突出，其利润呈稳定上升，且有逐渐扩大的趋势。由此来看，衢江上银村镇银行和江山建信村镇银行更具备可持续发展的潜质。

各村镇银行通过近年来的持续经营，都已转亏为盈，净利润随着营业利润的增长而增长，且较为稳定。就此而言，4 家村镇银行的经营是可持续的，在与当地金融环境不断融合的过程中，村镇银行显示出其持续的盈利能力。

龙游义商村镇银行

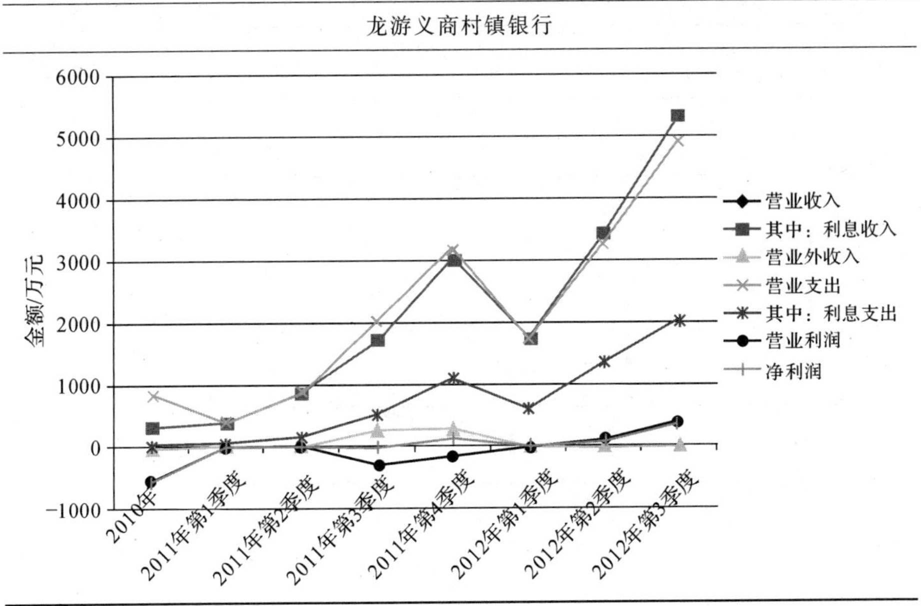

衢江上银村镇银行

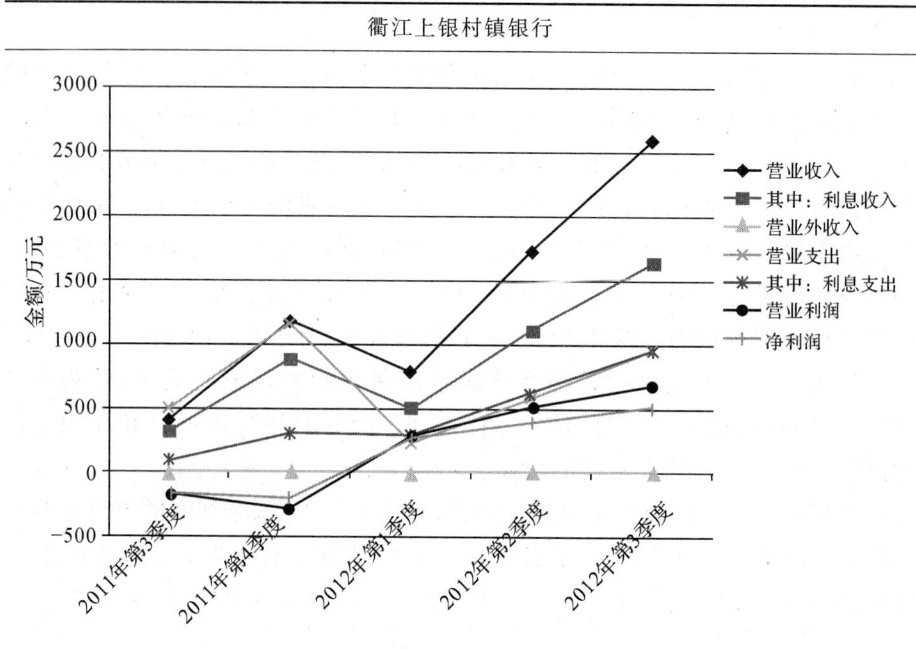

江山建信村镇银行

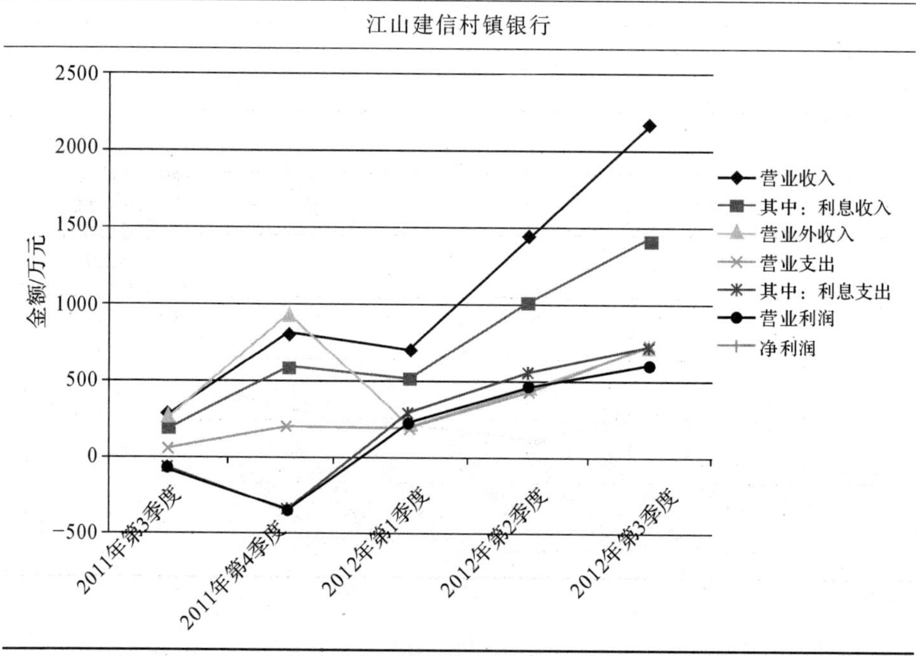

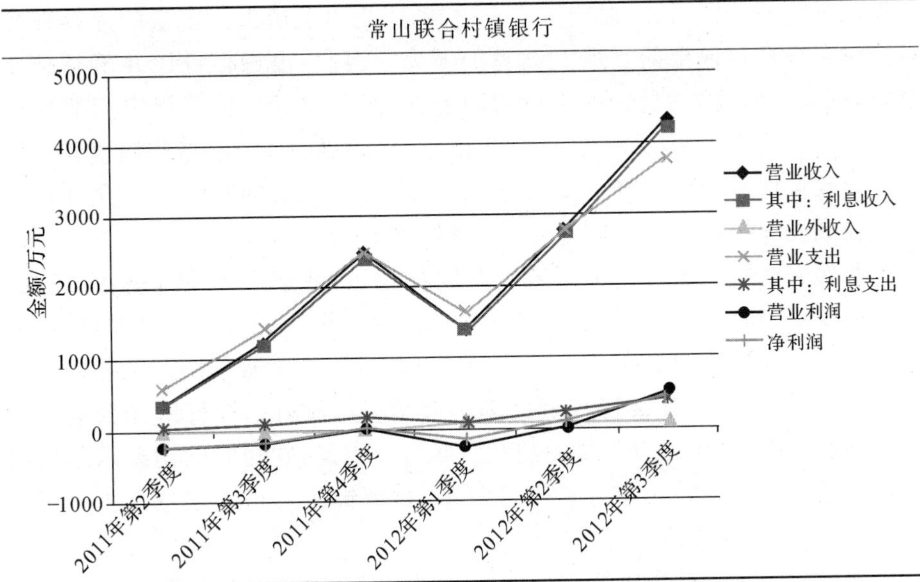

图 8-4　衢州辖区 4 家村镇银行收入支出及利润状况

由于 4 家村镇银行的成立时间较短，且成立时间有先后，本章采集了各村镇银行成立至今各个季度的相关数据。从 4 家银行的收入情况我们可以看出，在成立之初，由于村镇银行社会认知度低、农信社在农村地区的相对垄断经营等因素，根本毫无净利润可言，村镇银行在创建之初皆遇到了挑战，其营业收入都呈现出短暂的下降趋势，但随着其营业网点的铺设、支农业务的创新、服务的优化以后，村镇银行在农民中的认可度不断上升，后期其收入有了显著提高。这表明，各家村镇银行都采用财务扩张战略，积极地发放贷款，提高营业收入，增加净利润。

因此，村镇银行若想取得经营状况的进一步改善，必须不断创新，采取科学的经营战略，增强吸储能力，有效地发放贷款，将农户的钱用于满足农户所需。其收入的持续走高也证明了村镇银行在促进农村地区金融充分竞争、填补金融服务缺位问题上的重要作用。

3. 风险状况

风险指标主要有存贷比、贷款集中度、不良贷款率等。本章也将从这些指标入手对村镇银行的风险进行评价，作为衡量村镇银行财务可持续性的一个维度。

存贷比是衡量商业银行流动性风险情况的比例，由于银行是以盈利为目的的组织，较高的存贷比表示其单位盈利的成本较小，经营越好；但就银行抵抗风险的角度而言，存贷比不宜过高，这是出于留出一定量的库存现金以应付客户日常现金的支取和结算的考虑。因此，银行存贷比并不是越高越好，应该把握适当的尺度；央行为防止银行盲目扩张，目前规定商业银行最高的存贷比例为75%。在2009年银监会所颁布的《关于当前调整部分信贷监管政策促进经济稳健发展的通知》（以下简称《通知》）强调了允许村镇银行在成立5年以内逐步达到存贷比考核要求。

此次采样的4家村镇银行成立时间都较短，截至2012年，仍在《通知》规定的5年以内。从目前所搜集到的数据来看，截至2012年第3季度，各家村镇银行的存贷比皆高于100%，与央行规定的75%仍存在一定差距。对村镇银行而言，降低其银行存贷比刻不容缓。目前村镇银行所经营的业务较少，营业收入主要来自于贷款的利息收入。因此，在短时间内要求村镇银行通过减少放贷来完成指标是不可行的，村镇银行的当务之急是扩大吸收存款，在存款业务方面进行拓展创新。

通过村镇银行存贷比的数据分析（见图8-5）也可看出，截至2013年第3季度，4家村镇银行的存贷比都高于100%，远高于央行规定的75%的监管规定。其中龙游义商村镇银行的存贷比曾一度位于75%的监管要求的范围内，可见村镇银行的存贷比在有效控制和监管条件下是完全可以达到央行的监管要求的，这说明村镇银行在五年内调节好存贷比是可行的。从总体上来看，4家村镇银行中衢江上银村镇银行和江山建信村镇银行存贷比呈波动下降，但仍维持较高水平，龙游义商村镇银行的存贷比基本没有变化，常山联合村镇银行的存贷比不降反升。4家村镇银行的高存贷比反映出这个时期经营的不稳定性和较高的风险状况。

此外，从采集的数据中我们发现（见表8-2至表8-5），4家村镇银行的不良贷款率都小于4%，单一集团客户授信集中度小于15%，皆符合央行规定，信用风险较小；而从银行抵补风险损失能力来看，4家村镇银行核心资本充足率都高于4%，资本充足率都高于8%，符合银监会的监管规定。但是仔细观察数据可知，从各家村镇银行设立至2012年第3季度，其核心资本充足率和资本充足率都处于下降的态势，村镇银行抵抗风险的能力有所下降。与此同时，贷款损失准备则处于不断上升的态势，也反映出银行所面临的风险在逐年上升。

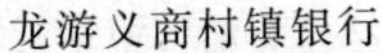
龙游义商村镇银行

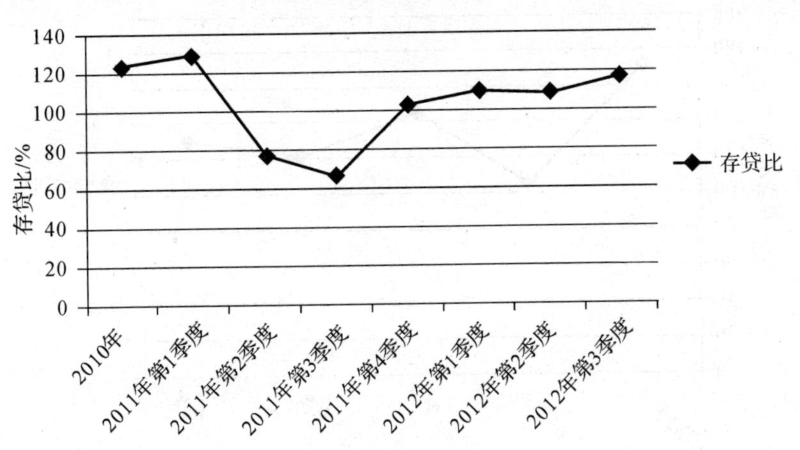
140
120
100
80
60
40
20
0
存贷比/%
存贷比
2010年
2011年第1季度
2011年第2季度
2011年第3季度
2011年第4季度
2012年第1季度
2012年第2季度
2012年第3季度

衢江上银村镇银行

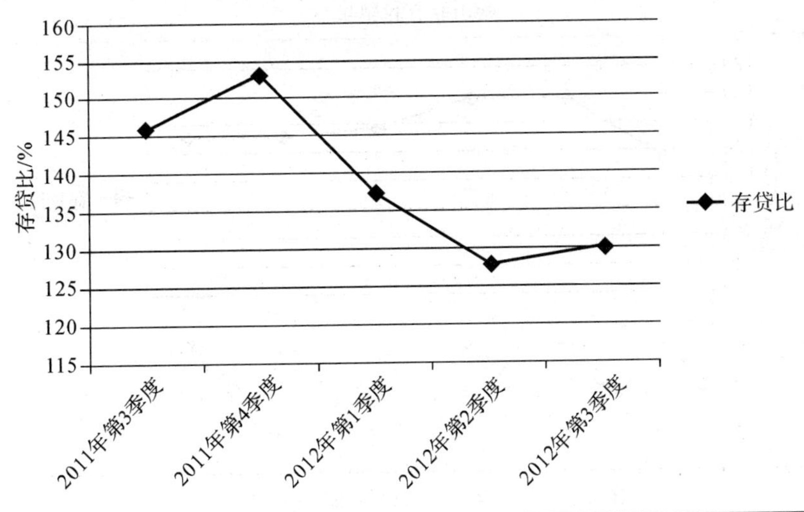
160
155
150
145
140
135
130
125
120
115
存贷比/%
存贷比
2011年第3季度
2011年第4季度
2012年第1季度
2012年第2季度
2012年第3季度

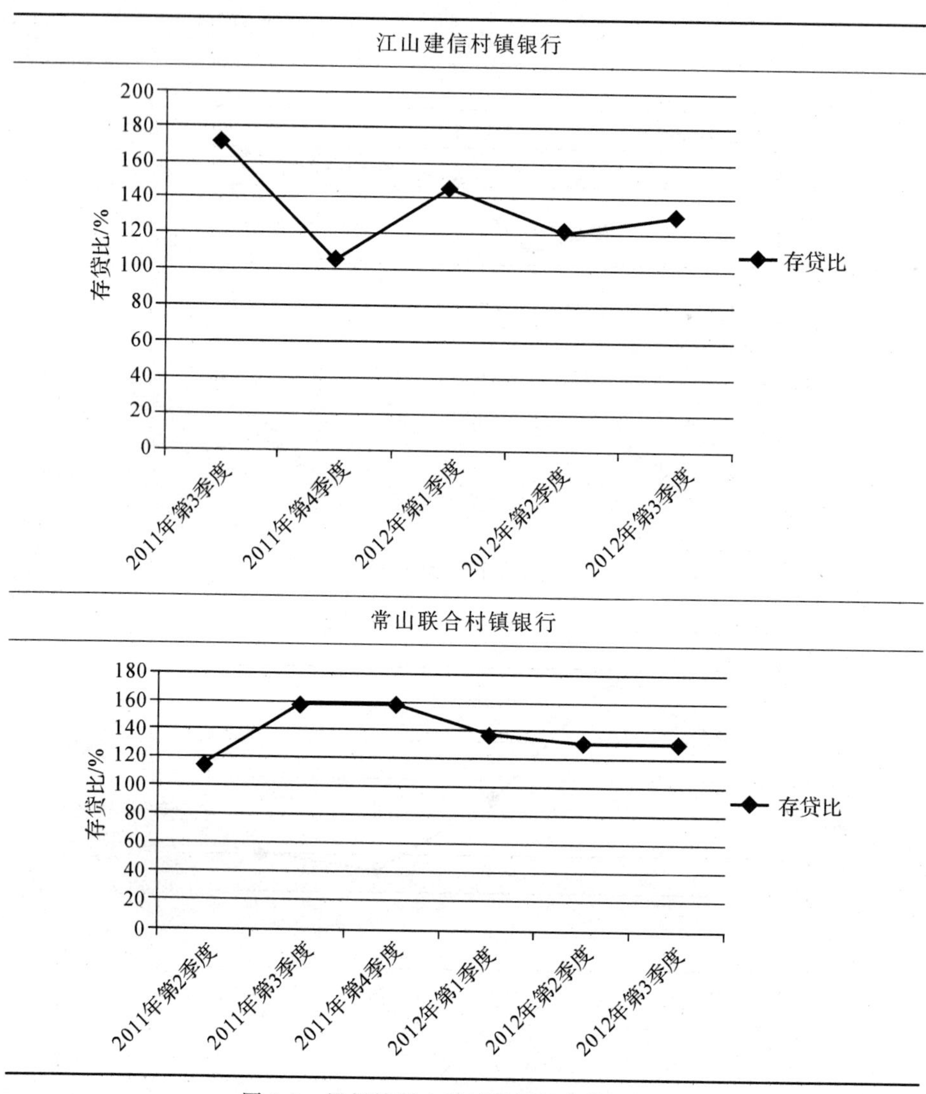

图 8-5　衢州辖区 4 家村镇银行存贷比状况

表 8-2　龙游义商村镇银行各类风险指标状况

时间	资产质量		流动性	贷款集中度	资本充足情况	
	不良贷款率/%	贷存比/%	流动性比率/%	单一客户授信集中度/%	核心资本充足率/%	资本充足率/%
2010 年年末	0	123.17	238.88	9.7	80.51	81.14
2011 年第 1 季度	0	129.27	35.23	9.6	68.57	69.66
2011 年第 2 季度	0	78.4	30.98	9.5	52.25	53.90
2011 年第 3 季度	0	66	60	9.37	38.04	39.42
2011 年年末	0	102.68	35.38	9.13	31.04	32.70
2012 年第 1 季度	0	109.62	23.73	9.05	24.72	26.26
2012 年第 2 季度	0	108.06	42.21	9	22.07	23.44
2012 年第 3 季度	0	117.24	38.48	8.88	21.63	22.95

表 8-3　衢江上银村镇银行各类风险指标状况

时间	资产质量		流动性	贷款集中度	资本充足情况	
	不良贷款率/%	贷存比/%	流动性比率/%	单一客户授信集中度/%	核心资本充足率/%	资本充足率/%
2010 年年末						
2011 年第 1 季度						
2011 年第 2 季度						
2011 年第 3 季度	0	146.16	4.36			33.64
2011 年年末	0	153.37	38.72	9.39	30.41	31.41
2012 年第 1 季度	0	137.48	49.88	9.10	27.14	28.13
2012 年第 2 季度	0	128.07	69.29	9.01	27.40	28.40
2012 年第 3 季度	0	130.44	41.76	8.89	26.37	27.35

表 8-4 江山建信村镇银行各类风险指标状况

时间	资产质量		流动性	贷款集中度	资本充足情况	
	不良贷款率/%	贷存比/%	流动性比率/%	单一客户授信集中度/%	核心资本充足率/%	资本充足率/%
2010 年年末						
2011 年第 1 季度						
2011 年第 2 季度						
2011 年第 3 季度	0	171.89	22.92		54.59	55.58
2011 年年末	0	106.27	84.74		27.53	28.53
2012 年第 1 季度	0	146.39	50.97		32.31	33.3
2012 年第 2 季度	0	122.68	136.93		26.87	27.86
2012 年第 3 季度	0	130.00	154.28		25.35	26.34

表 8-5 常山联合村镇银行各类风险指标状况

时间	资产质量		流动性	贷款集中度	资本充足情况	
	不良贷款率/%	贷存比/%	流动性比率/%	单一客户授信集中度/%	核心资本充足率/%	资本充足率/%
2010 年年末						
2011 年第 1 季度						
2011 年第 2 季度	0	116	3.4	10.41	24.03	25.04
2011 年第 3 季度	0	157	16.8	9.56	13.03	14.04
2011 年年末	0	159	33.71	9.14	11.76	12.83
2012 年第 1 季度	0	138	35.95	8.24	10.73	13.28
2012 年第 2 季度	0	132	28.36	7.53	10.21	12.98
2012 年第 3 季度	0.73	132	30.27	6.94	11.33	14.85

龙游义商村镇银行核心资本充足率从起初的 80.51%降至 21.63%,贷款损失准备则升至 2767 万元;常山联合村镇银行核心资本充足率从 24.03%降至 11.33%,是 4 家银行中最低的,而贷款损失准备却高达 2150 万元。相比较而言,这 2 家村镇银行所面临的风险较大,经营的资金成本也相对高,若要实现其财务的可持续性,需要保持核心资本充足率以维护安全性,并加强对贷款的考察及监控。

衢江上银村镇银行的核心资本充足率和资本充足率、贷款损失准备额度皆较为稳定。虽然该村镇银行的设置地理位置对其涉农放贷造成了影响，但其经营谨慎的方式使其更具有持续性发展的可能性。

在村镇银行建立初期，其存贷比一直居高不下，表明银行贷款资产较高，存款资产不能随着贷款的增加而同步增加，银行的流动性就越来越差，应对风险的能力也逐步减弱。与此同时，村镇银行的资本充足率也随之降低，最主要的原因是资产增长的速度快于资本增长速度。而资本充足率下降对银行抵御风险的能力造成了不良影响，这就使村镇银行需不断增加坏账准备金，降低单一集团客户授信集中度，分散风险却增加了经营成本。村镇银行需根据实际情况做出战略性的调整，如提倡农户农企之间互保机制。

8.2 案例村镇银行政府治理情况分析

8.2.1 案例公司支农效果分析

政府设立村镇银行的初衷是为支持“三农”和中小企业，尤其是“三农”经济的发展，解决我国现有农村地区银行业金融机构覆盖率低、金融供给不足、竞争不充分、金融服务缺位等“金融抑制”问题(李向，2012)。因此，支农效果是评价村镇银行政府治理水平的一个重要因素。

1. 支农力度

支农力度主要从支农份额和支农额度两个方面进行考察。支农份额的考量指标主要有涉农贷款比例和农户贷款比例；支农额度的考量指标主要有涉农贷款金额和农户贷款金额。按照如上统计指标搜集到4家村镇银行支农数据绘制表格，见表8-6。

表8-6 2012年第三季度衢州辖区四家村镇银行支农力度评价指标数据

指标	龙游义商村镇银行	江山建信村镇银行	常山联合村镇银行	衢江上银村镇银行
涉农贷款比例/%	93.1	78.36	73.62	26.30
涉农贷款金额/亿元	7.11	3.15	4.05	1.01
农户贷款比例/%	17.15	14.18	21.45	22.54
农户贷款金额/亿元	1.31	0.57	1.18	0.87

然而,尽管4家村镇银行的支农业绩逐渐提升,支农力度不断加强,却也存在一些问题。从表8-6中我们可知,4家村镇银行农户贷款比例和金额都较为接近,但是涉农贷款比例和金额却大相径庭:除衢江上银村镇银行外,其余3家村镇银行的涉农贷款比例均较高,金额也较大。导致这一区别的主要因素是4家村镇银行"注册地"的不同。2007年9月起实施的《涉农贷款专项统计制度》(以下简称《制度》)采用全口径涉农贷款统计,以注册地作为涉农贷款划分的主要依据,它规定"除地级及以上的城市行政区及市辖建制镇区域的企业及各类组织的所有贷款均归结为'涉农贷款'"。依据《制度》,龙游义商、江山建信、常山联合3家村镇银行注册地为县域,其发放的贷款不论对象可一律可计入涉农贷款。然而这部分贷款中有一部分并非涉农,它可能来自于在农村注册申请贷款的非农企业,这种宽口径的统计方式在一定程度上导致了涉农贷款金额的虚增。

2. 支农广度

支农的广度即支农的覆盖面,它主要有两个指标:户数和户均贷款量、营业网点分布数量。

一般而言,户均越高,说明贷款的集中度越高,4家村镇银行的存贷比都在100%以上,流动资金都较缺乏,在贷款资金有限的情况下,贷款的户数则越少,支农覆盖面则越小。再则,户均越高,说明村镇银行很可能把贷款发放给资金需求量较大的企业,偏离支农的方向。浙江省银监局于2011年颁布的《关于促进村镇银行健康发展的指导意见(试行)》规定[以下简称《意见(试行)》],村镇银行开业满两年后,要实现户均贷款在100万元以内的目标。

村镇银行主要针对的是需求较分散的、资金较小额的、具有个性的低端农村市场领域(邓瑶,2011)。由表8-7可知,这4家村镇银行皆已达到《意见(试行)》中关于村镇银行户均贷额度的要求:其中,常山联合村镇银行的全行户数为四行中最高,全行户均贷款额却为四行中最低的,比较符合"普惠金融"小额分散的贷款原则。相较之下,衢江上银村镇银行全行户均贷款额为99.57万元,较接近于《意见(试行)》规定的上限,且其全行户数为四行中最低,在贷款小额分散方面仍有待提高。再从较直观反映支农绩效的农户户均和农户户数来看:4家村镇银行的农户户均贷款较为接近,基本在20万元左右,基本做到了"小额"的贷款要求;但农户户数则差异较大,最少的为衢江上银村镇银行,其贷款农户户数为389户,最多的为常山联合村镇银行，贷款的农户户数达到了 999 户，单就这一点来看，常山联合村镇银行较好地做到了“支农支散”，支农覆盖面在四行中最广，而衢江上银村镇银行的支农覆盖面相对较小，但在衢江上银村镇银行的贷款户数中，农户户数占据 76%的比例，也在一定程度上显示出其支持“三农”的经营目标。总体而言，4 家村镇银行户均符合标准且农户户数在全行户数中占比较大，体现出 4 家村镇银行“支农支散”的市场定位，有利于村镇银行支农行为的可持续发展。

表 8-7　村镇银行户均贷款情况

	龙游义商	衢江上银	江山建信	常山联合
全行户数/户	800	512	678	1254
全行户均贷款额/万元	89.60	99.57	73.46	45.98
农户户数/户	648	389	461	999
农户户均贷款额/万元	28.70	26.52	20.92	18.80

3. 支农产品

村镇银行基于“三农”而生，其特色在于“三农”，根基也在于“三农”，应因地制宜，针对农户的实际发展需求，开发符合当地农业生产特色的贷款产品，这也符合其支农可持续性的要求。衢州辖区的 4 家村镇银行根据当地三农经济特色和农户需求，开发了如下产品：

龙游义商村镇银行针对当地乡镇的特色农业（竹制品产业、造纸行业），在衢州地区首次提出并办理林权抵押专项贷款；常山联合村镇银行针对当地优势产业推出“柚乡贷”系列贷款业务创新；江山建信村镇银行立足当地经济状况推出了“致富通”[①]专业大户贷款；衢江上银村镇银行根据区域特色开发了“农易贷”[②]系列贷款为“三农”经济发展主体提供支持。

通过对衢州辖区 4 家村镇银行的“支农”情况分析，课题组发现各家村镇银行都根据当地的产业特色和“三农”的发展需求进行了支农贷款产品的创新，涉农贷款比较高，基本做到了“小额、分散”地开展普惠金融，较好地实现了服务“三农”的设立初衷。

① “致富通”专业大户贷款，即以个人或法人的名义申请的用于农业专业大户引进新技术、新设备、扩大经营规模等中长期的资金需求而发放的贷款。

② “农易贷”系列贷款为现代农业、特色农业、农业龙头企业的“三农”客户提供服务。

8.2.2 案例村镇银行政府治理手段分析

村镇银行的发展离不开政府的引导与支持，尤其是为了鼓励村镇银行服务“三农”和小微企业，政府必须加强相关政策引导和财政补贴。课题组通过实地调研发现，案例村镇银行除了获得中央政府的统一性补贴之外，当地政府也为村镇银行发展设计了具体支持与管理政策。

1. 积极提供普惠金融配套政策支持

为进一步规范和引导民间融资，推进县域金融创新和地方金融改革，有效缓解“三农”和中小企业融资难问题，浙江省财政厅发布《关于开展金融创新示范县(市、区)试点工作的意见》(浙财办发〔2010〕114 号)，要求各地、各部门研究出台金融机构税费减免、土地供给、人才吸引、鼓励创新等方面优惠政策。对新设或迁入的金融机构总部、地区总部及后台服务中心，在一次性资金奖励、购租办公用房补贴、人才引进和培训等方面制定相应的鼓励政策。综合运用资本注入、风险补偿和奖励补助等方式，鼓励、引导银行机构和担保机构进一步加大对中小企业的融资规模。在对案例公司的调查中发现，衢州市在浙江省内率先将支农再贷款对象拓展至村镇银行，衢州市政府设立 5000 万元政银种子基金，积极开展村镇银行再贴现业务，帮助村镇银行壮大资金实力，定向用于支农、支小。

2. 设立浙江省金融业发展专项资金

为了更好地服务“三农”、促进中小企业健康发展，2015 年，浙江省财政厅划拨 1.05 亿元设立金融业发展专项资金，根据浙江省财政厅等四部门印发的《浙江省金融业发展专项资金管理办法的通知》规定，省和市、县(区)财政对村镇银行按小微企业贷款比上年净增额的 0.5%予以补偿，鼓励金融机构增加风险容忍度、扩大小微企业信贷投放。截至 2015 年上半年，浙江省财政共下达小微企业贷款风险补偿资金 3.24 亿元，市县财政安排配套资金 2.42 亿元。此外，省和市、县(区)财政对村镇银行按农业贷款比上年净增额的 0.5%予以补偿，加大支农信贷力度，推进现代农业和农村经济发展。

3. 严格实施财政补贴发放的监督管理

根据《农村金融机构定向费用补贴资金管理办法》，补贴资金由中央和地方财政按照 70%、30%比例分担，地方财政负责部分，由省、区县两级财政根据财力进行再分配。因此，省、区县财政配套资金能否及时到位，是中央财政政策真正落地，政策效果显现的重要评判标准。但在对案例公司的调研过程中，发现部分区县财政局借各种理由拖延拨付应由本级财政负担的补贴资金，有的甚至要求村镇银行出具“承诺函”，自愿放弃部分补贴资金。为了监督管理各地区农村金融机构财政补贴配套政策的执行情况，2015 年 9 月，浙江省财政厅设立了专员办查处，专门查收农村金融机构定向费用补贴地方配套资金不到位问题。对该拨未拨地方配套资金，督促财政部门立刻整改，将补贴资金拨付到位，确保中央财政政策有效贯彻落实。

8.3 案例村镇银行民资投入情况分析

8.3.1 案例村镇银行民间股东持股比例情况

1. 常山联合村镇银行民间股东持股比例情况

常山联合村镇银行成立于 2011 年 4 月，由 11 家企业共同发起设立，主发起行为杭州联合农村商业银行，持股 40%，主发起行处于相对控股地位，其余 10 家企业全部为民营企业。民营企业股东持股情况如表 8-8 所示[①]。

表 8-8　常山联合村镇银行民企股东持股情况分析

民企股东	注册地	持股比例/%
浙江四通轴承集团有限公司	衢州常山	9.00
浙江富山纺织有限公司	衢州常山	8.00
浙江宏图建筑工程有限公司	衢州常山	8.00
浙江天地金佰汇实业投资有限公司	衢州常山	6.00
浙江雪峰碳酸钙有限公司	衢州常山	6.00
浙江环宇轴承有限公司	衢州常山	3.00
杭州骏园园林生态工程有限公司	杭州	5.83
浙江汤溪工具制造有限公司	金华	5.83
浙江新华集团有限公司	杭州	5.84
浙江天健远见科技有限公司	杭州	2.50

通过观察常山联合村镇银行民企股东持股情况分析表可以看出，常山

① 按照《村镇银行管理暂行规定》的要求，村镇银行民营股东参股比例不得超过 10%。

联合村镇银行的民企股东全部来自浙江省内,其中,6家民营企业属于衢州市常山县的当地企业,与常山联合村镇银行同处于常山县,其余4家民营企业来自杭州和金华。常山联合村镇银行的单个民企股东持股比例均低于10%,浙江四通轴承集团有限公司持股比例达到9%,浙江天健远见科技有限公司持股比例最低,仅2.5%。

2. 龙游义商村镇银行民间股东持股比例情况

龙游义商村镇银行成立于2010年7月,由18家企业共同发起设立,主发起行为浙江义乌农村合作银行,持股40%,主发起行处于相对控股地位,其余17家企业全部为民营企业,民营企业股东持股情况如表8-9所示。

表8-9 龙游义商村镇银行民企股东持股情况分析

民企股东	注册地	持股比例/%
华统集团有限公司	义乌	2.18
真爱集团有限公司	义乌	5.00
金鹰工艺品有限公司	义乌	1.44
浙江杜山集团有限公司	衢州龙游	8.00
浙江港派服饰有限公司	义乌	1.44
浙江恒达纸业有限公司	衢州龙游	5.00
浙江金绣织造有限公司	义乌	1.44
浙江凯丰纸业有限公司	衢州龙游	8.00
浙江永春针织有限公司	衢州龙游	6.00
义乌市华大压铸有限公司	义乌	1.44
义乌市万达运输有限公司	义乌	1.44
义乌市埴民剪刀有限公司	义乌	1.37
义乌市天都混凝土有限公司	义乌	1.44
浙江环达漆业集团有限公司	衢州龙游	8.00
义乌市奥龙汽车销售有限公司	义乌	1.44
义乌市永丰汽车销售有限公司	义乌	1.37
浙江尼尔迈特针织制衣有限公司	衢州龙游	5.00

通过观察龙游义商村镇银行民企股东持股情况分析表可以看出,龙游义商村镇银行的民企股东全部来自浙江省内,主要来源于村镇银行发起所

在地和控股股东所在地，民企股东的经营范围集中于纺织、造纸行业，尤其是来自于发起行所在地义乌的民企股东，其主营业务性质均为纺织业。其中，6 家民营企业属于衢州市龙游县的当地企业，与常山联合村镇银行同处于常山县，其余 11 家民营企业来自义乌。常山联合村镇银行的单个民企股东持股比例均低于 10%，与来自控股股东所在地的民企股东相比，当地民企股东持股比例相对较高。其中，浙江杜山集团有限公司、浙江凯丰纸业有限公司和浙江环达漆业集团有限公司的持股比例较高，均达到 8%；来自发起行所在地的民企股东普遍持股比例较低，单个民企股东持股比例均低于 2%。

3. 衢江上银村镇银行民间股东持股比例情况

衢江上银村镇银行成立于 2011 年 6 月，由 8 家企业共同发起设立，主发起行为上海银行，持股 51%，主发起行处于绝对控股地位，其余 7 家企业全部为民营企业。民营企业股东持股情况如表 8-10 所示。

表 8-10　衢江上银村镇银行民企股东持股情况分析

民企股东	注册地	持股比例/%
浙江华海合力科技股份有限公司	诸暨	9
浙江圣效化学品有限公司	衢州	9
浙江鑫丰特种纸业股份有限公司	衢州	9
衢州之江化工有限公司	衢州	7
浙江威龙高分子材料有限公司	衢州	5
浙江民心生态科技有限公司	衢州	5
浙江联华锌品有限公司	衢州	5

通过观察衢江上银村镇银行民企股东持股情况分析表可以看出，衢江上银村镇银行的民企股东全部来自浙江省内，其中，除了浙江华海合力科技股份有限公司来自浙江诸暨以外，其余 6 家民营企业均属于衢州当地企业。衢江上银村镇银行的单个民企股东持股比例均低于 10%，浙江华海合力科技股份有限公司、浙江圣效化学品有限公司和浙江鑫丰特种纸业股份有限公司的持股比例均达到 9%，所有民企股东的持股比例均不低于 5%。

4. 江山建信村镇银行民间股东持股比例情况

江山建信村镇银行成立于 2011 年 7 月，由 11 家企业共同发起设立，主发起行为建设银行,持股 51%,主发起行处于绝对控股地位,其余 10 家企业全部为民营企业。民营企业股东持股情况如表 8-11 所示。

表 8-11 江山建信村镇银行民企股东持股情况分析

民企股东	注册地	持股比例/%
浙江天际互感器有限公司	衢州江山	9.00
浙江江山特种变压器有限公司	衢州江山	9.00
江山世明水晶玻璃有限公司	衢州江山	6.00
浙江江山恒亮蜂产品有限公司	衢州江山	4.00
江山市红光电力发展有限公司	衢州江山	4.00
浙江伦宝金属管业有限公司	衢州江山	4.00
浙江天蓬畜业有限公司	衢州江山	3.50
浙江顾家门业有限公司	衢州江山	3.50
浙江金凯门业有限责任公司	衢州江山	3.00
浙江盛汇化工有限公司	衢州江山	3.00

通过观察江山建信村镇银行民企股东持股情况分析表可以看出,江山建信村镇银行的民企股东全部属于衢州当地企业。江山建信村镇银行的单个民企股东持股比例均低于 10%,浙江天际互感器有限公司和浙江江山特种变压器有限公司的持股比例均达到 9%,浙江金凯门业有限责任公司和浙江盛汇化工有限公司的持股比例最低,均持股 3%。

8.3.2 案例村镇银行民间股东投入资本情况

1. 常山联合村镇银行民间资本投入资本情况

常山联合村镇银行总注册资本 6000 万元,从表 8-12 可知,民企股东共出资 3600 万元,占总资本的 60%。其中,浙江四通轴承集团有限公司出资 540 万元,浙江富山纺织有限公司和浙江宏图建筑工程有限公司各出资 480 万元,浙江天健远见科技有限公司出资额最低,出资 150 万元。

表 8-12 常山联合村镇银行民企股东投入资本情况分析

民企股东	出资额/万元
浙江四通轴承集团有限公司	540.00
浙江富山纺织有限公司	480.00

续表

民企股东	出资额/万元
浙江宏图建筑工程有限公司	480.00
浙江天地金佰汇实业投资有限公司	360.00
浙江雪峰碳酸钙有限公司	360.00
浙江环宇轴承有限公司	180.00
杭州骏园园林生态工程有限公司	350.00
浙江汤溪工具制造有限公司	350.00
浙江新华集团有限公司	350.00
浙江天健远见科技有限公司	150.00

2. 龙游义商村镇银行民间资本投入资本情况

龙游义商村镇银行总注册资本为 16000 万元，从表 8-13 可知，民企股东共出资 9600 万元，占总资本的 60%。其中，浙江杜山集团有限公司、浙江凯丰纸业有限公司和浙江环达漆业集团有限公司出资额最高，均为 1280 万元，义乌市埴民剪刀有限公司和义乌市永丰汽车销售有限公司的出资额最低，均出资 220 万元。相比之下，出资额较高的民营企业均来自于龙游本地。

表 8-13 龙游义商村镇银行民企股东投入资本情况分析

民企股东	出资额/万元
华统集团有限公司	350
真爱集团有限公司	800
金鹰工艺品有限公司	230
浙江杜山集团有限公司	1280
浙江港派服饰有限公司	230
浙江恒达纸业有限公司	800
浙江金绣织造有限公司	230
浙江凯丰纸业有限公司	1280
浙江永春针织有限公司	960
义乌市华大压铸有限公司	230
义乌市万达运输有限公司	230

续表

民企股东	出资额/万元
义乌市埴民剪刀有限公司	220
义乌市天都混凝土有限公司	230
浙江环达漆业集团有限公司	1280
义乌市奥龙汽车销售有限公司	230
义乌市永丰汽车销售有限公司	220
浙江尼尔迈特针织制衣有限公司	800

3. 衢江上银村镇银行民间资本投入资本情况

衢江上银村银行总注册资本为10000万元,从表8-14可知,民企股东共出资4900万元,占总资本的49%。其中,浙江华海合力科技股份有限公司、浙江圣效化学品有限公司和浙江鑫丰特种纸业股份有限公司出资额最高,均为900万元,所有民企股东出资额均不低于500万元。

表8-14 衢江上银村镇银行民企股东投入资本情况分析

民企股东	出资额/万元
浙江华海合力科技股份有限公司	900
浙江圣效化学品有限公司	900
浙江鑫丰特种纸业股份有限公司	900
衢州之江化工有限公司	700
浙江威龙高分子材料有限公司	500
浙江民心生态科技有限公司	500
浙江联华锌品有限公司	500

4. 江山建信村镇银行民间资本投入资本情况

江山建信村镇银行总注册资本为10000万元,从表8-15可知,民企股东出资4900万元,占总资本的49%。其中,浙江天际互感器有限公司和浙江江山特种变压器有限公司的出资额最高,均为900万元,浙江金凯门业有限责任公司和浙江盛汇化工有限公司的出资额最低,均为300万元。

表 8-15　江山建信村镇银行民企股东投入资本情况分析

民企股东	出资额/万元
浙江天际互感器有限公司	900
浙江江山特种变压器有限公司	900
江山世明水晶玻璃有限公司	600
浙江江山恒亮蜂产品有限公司	400
江山市红光电力发展有限公司	400
浙江伦宝金属管业有限公司	400
浙江天蓬畜业有限公司	350
浙江顾家门业有限公司	350
浙江金凯门业有限责任公司	300
浙江盛汇化工有限公司	300

课题组通过对衢州地区 4 家村镇银行的实地调研发现，村镇银行经过几年的发展，已经初具规模，有效地为“三农”和小微企业提供了金融服务，有助于构建多层次的农村金融服务体系。在发展中，吸储难、人才不足、社会知名度不高是大部分村镇银行存在的普遍问题，村镇银行可以通过不断创新发展来突破这些瓶颈。在村镇银行的发展中，政府监管部门的支持是十分迫切和必要的。当前，监管部门对于村镇银行的监管参照的是一般商业银行的监管体系，这种监管体系显然与村镇银行规模小、服务“三农”小微的特点不匹配，因此，在村镇银行发展中，提高政府治理水平，开展差别化监管是非常必要的。此外，调研中，一些村镇银行民企股东情绪低迷，对村镇银行的未来发展深感迷茫。银监会主发起行制度以及对于民企股东持股比例的限制，使民企股东感到金融市场的“铁门”虽然打开，但又撞上了“玻璃门”。事实上，由于民企股东持股比例较低又没有话语权，加之村镇银行开业前三年一般不分红[①]，村镇银行民企股东已经失去了最初投资村镇银行的热情，鼓励民间资本积极投资村镇银行，还需要政府监管部门出具更加具体的支持政策。

① 有些村镇银行甚至在开业四五年后，也不向股东发放红利。

第9章　基于政府治理与民间资本投入的村镇银行发展国际经验

本章以美、德为发达市场经济国家代表，以孟加拉国、印度尼西亚为发展中市场经济国家的代表，按照欧美、亚洲的地区分布，分别介绍这些国家微型金融机构的运营实践，总结其成功经验，探究其发展历程、政府治理策略和资本投入模式，进一步检验并丰富和深化村镇银行发展中政府治理与民间资本投入的理论分析框架，为我国加快推进村镇银行可持续发展提供借鉴和启示。需要说明的是，国外微型金融机构并不是村镇银行，是在资本主义制度下，依据本国特殊群体的金融需求，结合本国金融环境特征而出现的。我国的村镇银行虽然具有其自身特殊性，但在政府治理、民间资本投入、促进村镇银行发展方面，国外微型金融机构的经验仍有一定借鉴意义。

9.1　欧美国家微型金融机构政府治理与资本投入的经验

9.1.1　微型金融机构政府治理与资本投入的美国模式①

社区银行是西方金融发达国家的一种成功的银行经营模式，能够很好地满足中小企业、居民家庭的资金需求。美国是发展社区银行较为成功的国家。

① 美国模式的中小金融结果主要是指社区银行。

1. 美国社区银行发展概况

美国没有专门服务农村的金融机构，但美国存在大量社区银行，它们是服务社区居民、服务中小企业的特色商业银行机构。美国银行业监管机构对社区银行的机构规模、组织形式等没有严格限定，主要从功能和服务定位来定义社区银行。判断商业银行是否属于社区银行的原则是看其是否具备社区银行的价值观以及相应的业务发展模式，其显著特征有两点：一是资产规模较小；二是服务特定"区域"①。由于社区银行规模跨度较大，为了便于资源配置、确定监管标准，美国监管机构根据一定的标准分类划定社区银行，分别加以动态监管。

美国社区银行与我国村镇银行相比具有许多相似之处：一是规模较小，专门为个人和中小企业客户提供服务；二是贷款资金来源和投向主要针对当地区域；三是委托治理层次少，股权结构相对简单。根据 ICBA②2011 年度报告显示，美国共有社区银行 7000 多家，占全美银行总数的 98%，营业网点超过 5 万个，贷款规模为 8740 亿美元，占美国银行贷款总规模的 11.2%。与美国其他商业银行相比，社区银行具有以下特点：

第一，客户定位方面。美国社区银行主要客户包括中小企业、社区居民和农户，社区银行通过简便的手续和快速的资金周转，凭借其深厚的信息积累和优良的服务，深受美国中小企业和社区居民的欢迎。根据 ICBA2011 年度报告显示，在美国小企业贷款总额中，社区银行占有份额达到 58%，社区银行成为美国小微企业（农场）和个人消费的主要资金来源渠道。应该说，社区银行与中小企业之间存在着共存共荣关系，社区银行的存在和发展是中小企业筹融资、扩大规模的重要条件，而中小企业的融资需求也是支撑社区银行生存发展的重要支柱。

第二，分布区域方面。美国社区银行大多设立于州以下，是为州以下地方经济服务的区域性银行。社区银行将从本地吸收的存款又投放回本地，有助于推动当地经济发展，有效防止了基层金融的空洞化，获得当地政府、中小企业和居民的支持。根据 ICBA2011 年网站公布信息，美国社区银行的网点有 54%分布在农村，29%分布在城市的郊区，17%分布在城市，因此，与我国村镇银行相似，社区银行也是主要为农村居民和农村经济提供金融服

① 在美国，区域弹性较大，可以是州、市或县，也可以是城乡居民聚居区，允许跨区域经营。

② ICBA 是美国独立社区银行家协会的缩写。

务的银行机构。应该说,社区银行的分布源于不同地区中小企业发展状况,社区银行以特定区域为自身主要发展区域,服务地方经济,而中小企业及农户的发展是社区银行生存的基础。

第三,产品定位方面。美国社区银行在发展中尤其强调差异化客户定位,为客户提供个性化服务。鉴于资金规模有限,社区银行以向客户提供零售服务为主,根据不同机构的业务特征,美国联邦储蓄保险公司将社区银行划分为抵押贷款、消费信贷、商业地产、工商企业贷款、农业贷款、多专业类型以及非专业化七种不同类型。此外,社区银行十分重视业务创新,近年来,银行业竞争加剧,许多社区银行被大型商业银行吞并,为了在激烈的市场竞争中生存下去,社区银行由过去单纯经营存贷款业务转为多元化经营,积极开发信托、保险、证券、咨询等新业务,以满足顾客多元化需求。

2. 美国社区银行政府治理手段

美国社区银行能够平稳发展,与美国政府部门给予的政策法律支持关系紧密,美国政府、监管部门以及银行业协会协同为社区银行营造了良好的治理环境,主要包括以下几个方面。

(1)法律保障方面

1953年,美国颁布了《小企业法》,并于当年成立联邦小企业管理局(U.S. Small Business Administration,SBA)。美国联邦政府根据该法制定了针对小企业的多种优惠贷款条件,建立了贷款担保二级市场,为小企业融资提供履约担保服务,并且通常指定社区银行作为优先向小企业贷款的银行。1977年,美国颁布了《社区再投资法》,该法案对社区银行的发展进行了规范和约束,其后经过多次修改,成为有关社区银行的成熟法案。《社区再投资法》规定,从事存贷业务的金融机构必须将客户的信贷需求信息登记备案,而且要求银行监管机构定期评估金融机构的信贷需求记录,当该机构申请增设存款分支机构、开展新业务以及并购时,信贷需求评估结果将成为批准审核的一个重要考虑因素。

(2)保险制度方面

1933年,美国根据通过的《格拉斯—斯蒂格尔法案》成立了联邦存款保险公司,半强制性地要求全美9900家独立注册的银行和储蓄机构必须参加存款保险。事实上,存款保险制度是一个专门针对所有存款类金融机构的保险措施,一旦金融机构经营出现风险甚至倒闭进而无法向存款者兑付存款时,该金融机构可利用保险基金向存款者还款。应该说,存款保险制度的建立，增强了存款人对社区银行的信心，使得社区银行的金融安全得到保障，为社区银行提供了与大银行平等竞争的重要制度环境[①]。

(3)监管制度方面

美国社区银行构建了一套完备的监管体系，该监管体系以社区银行内部控制为基础，以政府部门的专职监管为核心，以自律组织的自律监管为依托，以中介组织的社会监督为补充。在政府监管上，社区银行的监管分为两个层次：第一个层次是美国联邦存款保险公司和州政府的金融监管；第二个层次是美国联邦储备银行和美国货币监理署的金融监管。这两个层次监管的侧重点各有不同，联邦储备银行注重监管信用，货币监理署注重监管业务，存款保险公司注重监管资产的流动情况，而州政府则注重监管社区银行对于各项金融法规，特别是《社区再投资法》各项规定的遵守。在自律监管方面，美国已经形成了多个社区银行自律协会，例如，美国在全国范围内成立了独立社区银行协会，美国银行家协会专门设立了社区银行分会等。美国通过这种多层次的监管体系建立，有效保障了社区银行的金融安全。

3. 美国社区银行资本投入模式

美国政府对于社区银行投资者的限制并不多，股东一般都是当地自然人与企业法人，只要达到法规规定的各项条件，如资本金额、股东人数、产权制度与治理结构、高管人员任职资格、合规的章程等等，就允许组建社区银行。此外，美国社区银行的主要资金来源是大量稳定的核心存款。社区内的农场主、小企业和居民是社区银行的主要存款客户。这些存款为社区银行提供了低廉、稳定的资金来源。截至 2012 年，资产规模在 1 亿美元到 10 亿美元之间的社区银行平均核心资本充足率为 8.72%，而资产规模在 1 亿美元以下的社区银行平均核心资本充足率为 10.47%，分别比全美大型商业银行(资产规模大于 100 亿美元)高出 2.24%和 3.99%。社区银行较高的核心资本充足率在一定程度上限制其从事风险过高的业务。

9.1.2　微型金融机构政府治理与资本投入的德国模式

德国是世界金融合作组织的发源地，现代合作金融业就是由 19 世纪的舒尔茨在城市手工业领域兴办的大众银行和莱夫艾森在农业领域创办的莱夫艾森合作银行的基础上发展起来的。经过上百年的漫长发展演变过程，德国的农村合作银行体系发展日趋成熟完善。

---

① 我国目前存款保险制度并不完善，这也是当前村镇银行吸储难的一个重要原因。

1．德国合作金融机构发展概况

德国合作金融组织是欧洲最大的合作金融组织系统。德国农村合作银行体系在农村市场中占有重要地位，该体系采用了典型的金字塔结构，主要由中央合作银行、地区性合作银行和地方性合作银行这三个层次的银行机构组成。地方性合作银行处于底层，是由德国农民按照自愿的原则自发组织的，地方性合作银行可以直接为社员提供金融服务，为农业的发展提供资金融通。地区性合作银行处于中间位置，是由地方性的合作银行入股而形成的，因此，地方性合作银行既是地区性合作银行的股东，又是地区性合作银行的服务对象。地区性合作银行的主要职能是为下一级的银行和客户提供金融服务，并且为地方性合作银行保管存款准备金和提供闲置资金融通，因此，地区性合作银行可看作是中央合作银行和地方性合作银行之间的金融中介机构。德国中央合作银行处于顶层，是全国性的中央管理机构。中央合作银行作为全国合作银行的指导性机构，并不对下级银行进行行业管理。中央合作银行主要职责是为地区和地方银行进行金融产品开发，进行资金融通，提供资金的结算和支付服务，以及保险、证券、租赁和国际业务等金融服务。中央合作银行构建了较为健全的内部公司治理结构，由股东大会、监事和理事会组成了完整的治理机制。借助内部治理机制，中央合作银行的监管职责较为清晰，自我监督体系也很健全，确保其能够为社员获得稳定的经济利益。

2．德国合作金融机构政府治理手段

(1)监管体制方面

隶属联邦财政部的联邦金融监察局及联邦中央银行负责统一监察德国银行业和证券及保险业。德国的合作银行与其他商业银行在地位上是平等的。合作银行在组织结构上要遵循合作社法律要求，在业务运行上要遵循商业银行法。联邦监察局在各州和地方设有分支机构，因此联邦监察局对合作银行的监管主要是非现场监管，而依靠合作社审计联合会和联邦中央银行及其分行对合作银行实施现场监管和流动性监管，并获得监管数据和信息。

(2)行业自律方面

德国合作银行的行业自律组织是德国全国信用合作联盟。信用合作联盟的会员包括了地方合作银行、区域性合作银行和中央合作银行及一些专业性的合作金融公司，会员按规定向联盟缴纳会费，信用合作联盟的主要职责是向会员提供信息服务。此外，信用合作联盟还要沟通协调合作银行与政府各部门的关系，帮助合作银行做好对外宣传、处理公共关系以及管理信贷保证基金。

(3)政策倾斜方面

德国的农村 GDP 比重只占总 GDP 的 1%，但农村贷款占金融机构贷款总额的比重达到 2.5%。为鼓励金融机构参与农村信贷活动，德国政府组成包括欧盟、德国联邦政府和州政府的补贴组织，对农村信贷实行利息补贴，补贴范围涵盖所有种养业、农村生产资料、农村产品加工、水利设施、土地改良和房屋建筑、农业结构调整、生态农业、环境保护、旅游以及创立新企业等。由于对农村的金融优惠政策较多，几乎所有银行都乐于参与农村信贷市场活动。

3. 德国合作金融机构资本投入模式

德国农村合作金融体系是自下而上入股，自上而下服务的合作金融体系。在股权结构上，一方面坚持均股原则，允许股份差异，但单个社员的最高持股比例具有上限；另一方面，在社员结构上，以广大农户、专业户、个体工商户及小型村办、镇办企业为主。地方合作银行由农民、城市居民、个体私营企业、合作社企业和其他中小企业入股组成，由入股股东拥有；同时股东也是合作银行的主要客户，银行直接服务于农业、农民、农村经济和城镇个体私营企业。

9.2 亚洲国家微型金融机构政府治理与资本投入的经验

9.2.1 微型金融机构政府治理与资本投入的孟加拉国模式

1. 孟加拉国格莱珉银行发展概况

孟加拉国 85%的人口生活在农村，全国一半人口生活在贫困线以下。1974 年孟加拉国发生严重饥荒后，著名的经济学教授穆罕默德・尤努斯开始了他的小额信贷扶贫实验。1976 年，乡村银行首先在孟加拉国的乔布拉村成立，开创了世界村镇银行的先河。1983 年，格莱珉银行正式成立，它以借款人为股东，向包括社会底层妇女甚至乞丐在内的穷人发放基于无抵押贷款为核心的信贷业务，借款人即股东中 97%是农村贫困人口，每笔小额贷款以 100 美元为单位。格莱珉银行创办至今，除了 1991—1992 年两个水灾特别严重的年份外,其他年份都实现了盈利,2005 年的盈利达到 1521 万美元,不良贷款率低于 1.6%,2006 年的纯利润达到 2000 万美元,居孟加拉国银行业的首位。与传统的商业银行以取得抵押或担保为放款条件不同,格莱珉银行不需要穷人提供抵押和担保,它通过运用“整贷零还、小组模式、随机回访”等一系列风险防范措施来保证资金的安全性,通过这种制度安排,格莱珉银行成功地实现了高额还款率,保障了银行可持续发展。格莱珉银行的主要运营模式如下:

第一,准确的市场定位和客户选择。格莱珉银行成立的宗旨和目标是为穷人服务,它为穷人所拥有,它的市场和客户定位于农村地区的贫困人口,并且主要是农村的贫困妇女,对她们开展无担保、无抵押的小额信用贷款。

第二,严密清晰的层级组织结构。格莱珉银行采取层级严密的组织结构,组织系统由两部分组成。一部分是自身组织机构,分为四级,即总行—分行—支行—营业所,总行设在首都,总行之下是各地分行,每个分行下有 10～15 个支行,每个支行管理 120～150 个营业所;另外一部分是借款人组织机构,分为三个级别:乡村中心—借款小组—借款人,每个乡村中心是以 6 个借款小组为单位组成的,每个借款小组由 5 个借款人按自愿原则组成①。这种层级组织结构有效地提高了格莱珉银行的经营效率,也节约了运营和监督成本,有效规避了经营风险。

第三,制定切合实际的管理措施。格莱珉银行的管理措施包括了以下五个方面:实施贷前培训和考试制度,确立明确而受欢迎的贷款方式,实施可靠、便于操作的信贷偿付机制,建立借款小组成员之间的监督激励机制以及为借款人提供周全的服务。

2. 孟加拉国格莱珉银行政府治理手段

(1)营造法律政策支持环境

不仅孟加拉国政府对格莱珉银行的发展在态度和政策上是宽容和支持的,而且格莱珉银行也始终和政府保持着良好的关系。格莱珉银行成立之初,孟加拉国政府为其提供 60%的初始资本,到 1986 年 7 月,政府将实际支付给格莱珉银行的股份资本金额增加到 7200 万塔卡(当时约合 240 万美

---

① 在 2015 年中国普惠金融国际论坛上,格莱珉中国总裁兼首席执行官高战先生指出,格莱珉银行的贷款小组成员之间并不是联保关系,而是定期交流和学习脱贫知识的小组。

元)。此外，孟加拉国政府持续为格莱珉银行提供资金支持，以 4%～5%的利息向格莱珉银行提供贷款，累计已超过 50 亿塔卡。此外，孟加拉国政府为格莱珉银行提供了一系列法律、政策支持，允许格莱珉银行以非政府组织的形式从事金融活动，对格莱珉银行提供免税的优惠政策，在 2007 年之前，孟加拉国政府对格莱珉银行设置了一个条件，即要求其把所有的利润投入一个专门的救灾基金，为该行换取免税待遇。

(2)打造农村小额信贷体系

事实上，孟加拉国小额信贷已经发展为一个完整的金融体系。该金融体系包括格莱珉银行和孟加拉国农村发展委员会这两个专业性金融机构，农村就业支持基金会这一批发性机构，孟加拉国农村进步委员会、社会进步协会和普罗西卡这三个经营性非政府组织，拥有政府小额信贷项目、国有商业银行小额信贷项目这两个基金项目，以及一个孟加拉国乡村托拉斯组织。孟加拉国政府的孟加拉国农村发展委员会和农村就业支持基金会是国家小额信贷批发基金模式的典型。孟加拉国农村发展委员会和农村就业支持基金会是孟加拉国政府为集中管理国内外捐助机构和政府的扶贫资金，推动小额信贷持续发展而建立的。孟加拉国农村发展委员会的职能在于开展政府与国内外金融发展机构合作，农村就业支持基金会主要对符合其标准的合作机构提供能力建设和免于担保的小额信贷批发业务，并通过现场调查、审计，对合作机构实行监督，帮助其制定长期发展规划。孟加拉国小额信贷体系促进小额信贷行业标准和实践模式的推广，推动了小额信贷机构的良性竞争和可持续发展，极大地减少了小额信贷资金运作的设计成本。

3. 孟加拉国格莱珉银行资本投入模式

格莱珉银行成立之初，政府为其提供 60%的初始股份资本金，另外的 40%由格莱珉银行的借贷者提供。到 1986 年 7 月，政府将实际支付给格莱珉银行的股份资本金额增加到 7200 万塔卡(当时约合 240 万美元)，其中，政府份额占 25%，而 75%的股份额由银行借款人所有。1985—1996 年间，格莱珉银行接受了 1600 万美元的直接捐赠、8100 万美元的软贷款(低息贷款)和 4700 万美元的权益投资，同时所有者追加了 2700 万美元的贷款损失准备金。随着 20 世纪 90 年代中期部分会员退出会员中心，银行面临资金周转困难，不得不接受周转资金。1998 年洪灾造成会员还款率降低到历史以来最低水平 80%，这种危机的到来，银行又不得不向中央银行申请动用银行存款准备金，同时向同业银行拆借，并向国会申请免税。自 2000 年起，由原来的单一的会员存款为主转化为接受所有人员存款。根据《格莱珉银行法案》规定,政府拥有格莱珉银行25%的股份,其余75%股份为社会所有,但政府目前在格莱珉银行的股份仅为3.29%。为加强对格莱珉银行的控制,政府于2013年曾计划向格莱珉银行注资1.32亿塔卡,但这项提议并未获得格莱珉银行董事会的通过。截至2017年,格莱珉银行95%以上的股权由客户和居民所拥有。

9.2.2 微型金融机构政府治理与资本投入的印度尼西亚模式

1. 印度尼西亚人民银行乡村信贷部概况

印度尼西亚的小额信贷业务发展较早,已经完全实现了商业化、可持续运作模式。印度尼西亚目前有着100多年经营历史的农村信贷机构已超过4500家,这些机构由所在村庄所有,并在当地从事信贷业务。印度尼西亚的乡村银行经营小额信贷业务的历史也相当长,虽然大多数金融机构都经营小额信贷业务,但做得最好、业务量最大的仍是由央行监管的正规金融机构,其中具有较大影响的是印尼人民银行。

目前印尼小额信贷的不良率基本保持在8%以下,其中印尼人民银行等商业银行的不良率在2%左右,农村商业银行的不良率在8%左右。印尼小额信贷在运作方式上存在以下特点:

第一,业务范围。印尼商业银行的小额信贷部和其他小额信贷机构在业务范围上有所区别。商业银行的小额信贷部实际上更像是一个小额金融服务部,因为它不仅吸收存款、发放贷款,同时还提供支付清算业务及外汇业务。而乡村银行、农村信用社等其他小额信贷机构的业务范围比较单一,只提供存贷款业务,不提供支付清算服务,也不能经营外汇业务。

第二,贷款对象。印度尼西亚的小额信贷并不以贫困人口为主要服务对象,其主要贷款对象包括了农村人口、城市及郊区的中低收入人群以及年经营收入在1万美元左右的小企业。贷款种类主要有农业贷款、商业贷款、房屋贷款、营运资金贷款等。

第三,贷款期限及利率。印度尼西亚小额贷款的金额较低,一般在5000美元以下,贷款期限较短,一般最长不超过1年。实际上,印度尼西亚乡村银行大部分贷款期限都不超过3个月。贷款利率通常较高。

第四,还款方式。印度尼西亚小额贷款采用分期还款方式,在贷款发放1个月后,客户就要开始分期还款,一般是按月偿还贷款。对于能够按时还款的客户,有些银行会适当给予奖励,在偏远的农村地区,信贷员还会登门办理还款业务。

2. 印度尼西亚商业银行政府治理手段

20 世纪六七十年代，印度尼西亚政府实行了一系列小额信贷政策。然而，这些政策造成了大量的银行坏账，阻碍了小额信贷机构的商业化经营进程。其原因在于由政府提供资金的小额信贷工程大都是指令性计划，并且有政策性补贴，金融机构在经营这些信贷资金时，更注重的是能否将资金贷出去，而对贷款能否收回却漠不关心。在这个时期，这些小额信贷的不良率非常高，其中印尼人民银行的小额信贷不良率在 20%以上。

20 世纪 80 年代之后，印度尼西亚政府和中央银行采取了一系列政府治理措施来促进小额信贷机构向商业化经营转变。首先，印度尼西亚政府通过立法明确小额信贷机构可以吸收公众存款来作为其经营的资金来源，鼓励小额信贷机构运用自有资金来自主经营，使小额信贷利率能够覆盖其成本。其次，印度尼西亚政府通过与国际技术援助合作加强了市场化经营手段。1979 年，印度尼西亚政府和国际农业发展基金共同发起“提高农村收入计划(Radiation-induced graft polymerization，RIGP)”，由国家农业部和印尼央行具体贯彻实施。1983 年，在世界银行、美国国际开发署(USAID)和哈佛国际发展研究所(HIID)的技术援助下，印尼人民银行成功转型为商业银行。最后，印尼中央银行在亚洲发展银行等机构的帮助下，修订了一系列关于小额信贷业务和机构发展的政策计划，鼓励小额信贷机构创新小额信贷产品，提高小额信贷服务。应该说，这些措施极大地促进了小额信贷机构向商业化经营方式的转变，有助于小额信贷机构可持续发展。

3. 印度尼西亚人民银行乡村信贷部资本投入模式

印度尼西亚小额信贷机构已经完全实现了商业化经营模式，因此，其经营资金并不依赖于政府拨款和国际捐赠。实际上，这些小额信贷机构的资金来源主要包括三个方面：一是来源于自有资金，即小额信贷机构自身的营业利润；二是来源于吸收公众存款；三是来源于资金批发机构注入的资金。此外，印尼一些大的商业银行也提供小额信贷机构资金批发业务，而汇丰、花旗等国际性大银行也都有意经营对小额信贷机构的资金批发业务。

9.3 国外微型金融机构政府治理与资本投入的启示

自2006年我国全面启动新型农村金融机构建设以来,民间资本热情高涨,规模迅速扩大。虽然中外小额信贷机构在贷款对象、利率政策以及监管等方面各有不同,但国外小额信贷发展经验对于我国村镇银行的发展仍会起到非常重要的借鉴作用。

1. 准确的市场定位

村镇银行与大中型银行高中端企业的客户定位不同,应选择与自身情况相适应的市场定位,如格莱珉银行将市场定位于农村贫困人口,美国社区银行客户主要是当地的中小企业、家庭和农场主。只有这样才可以让村镇银行在发展过程中,不会面临其他大中型银行的强烈竞争、排挤和阻碍,且能够克服自身规模较小的缺陷,依据农村金融环境对金融机构所提出的要求,通过"做小、做散、做精"的经营方式,提高金融业务质量,更好地满足"三农"的金融需求,提升村镇银行核心竞争力。

2. 促进金融产品的创新,提供个性化的产品和服务

格莱珉银行在给穷人提供贷款的基础业务上不断创新出许多产品,如穷人住房贷款、微小企业贷款、教育贷款、退休金即付等;而美国社区银行针对客户提供个性化服务,如中小企业贷款和农业贷款、不同种类的楼宇按揭和消费者贷款产品、较低费用的信用卡和借记卡服务、自动提款机和电子银行服务等。我国的村镇银行业也应当不断创新出针对"三农"的金融产品,只有多样化的产品,才能满足人们多样化的需求,进而促进村镇银行的发展。

3. 打造高素质的人才队伍

人才是企业发展的动力,国外村镇银行恪守这一原则,如格莱珉银行配备比较合理,每个支行人员有6~7个工作人员、2~3个培训人员、1个会计和1个经理;在录取工作人员时,有自己的一套较为严格的标准;在工作人员的工资收入安排上,不低于同等商业银行职员的收入,此外还有一套论功行赏的晋升制度。我国村镇银行也应打造优秀的员工队伍,并重视员工的责任心与自我提升能力。同时,可以注重构建本土化用人机制,将诚实守信、有经营头脑的当地人员吸引到村镇银行中来,为完善公司治理结构奠定

坚实的人才基础。

4. 突出村镇银行的信贷管理，强化风险控制

制定出符合当地客观实际、科学合理的村镇银行制度，才能有效防范金融风险。村镇银行可以实行“无担保、无抵押”的小额信贷制度，并通过联保的方式，使小组成员间承担贷款连带责任，相互监督、相互鼓励，可以有效控制村镇银行的信贷风险。

综上所述，无论是发达国家还是发展中国家，无论是资本主义国家还是社会主义国家，培植符合本国国情的“草根”金融服务体系，是世界各国关注和研究的问题。中国是世界上最大的发展中国家，改革开放 30 多年来，我国的金融体制改革取得了世界公认的成绩，但是在广大的基层和农村，存在严重的金融服务缺位、错位现象，供给与需求矛盾突出。因此，建立和完善村镇银行服务体系是我国金融制度变迁中面临的重要课题。在这一过程中，如何借鉴国际上小微金融机构的成功经验和做法，是完成这一课题的重要手段。

第10章　研究结论与建议

10.1　研究结论

10.1.1　村镇银行的参与主体之间存在委托代理关系，参与主体之间的目标并不一致

第一，从委托代理关系出发，村镇银行存在多方参与主体。从广义上讲，政府治理村镇银行的参与方就是指政府和村镇银行。其中，政府是村镇银行的设计方，政府设立村镇银行的初衷是填补农村地区金融服务空白，满足“三农”的金融需求，村镇银行正是在服务“三农”这一既定目标下产生的。因此，政府与村镇银行的关系如果从委托代理角度思考，可以理解为政府委托村镇银行在农村地区开展金融业务，服务“三农”，村镇银行作为代理方，按照委托方要求，必须满足农户的小额贷款需求、服务当地中小型企业。

从狭义上讲，政府治理村镇银行的参与方包括了银监会、中央政府、地方政府、主发起行和民间资本。其中，前三个参与方属于政府部门，后两个参与方来自于村镇银行。银监会是村镇银行的直接监督管理部门，先后发布了《村镇银行筹建审批指引》《村镇银行管理暂行办法》以及《关于加快发展新型农村金融机构有关事宜的通知》等相关规定，对村镇银行的审批、核准、管理等提出要求、规定。中央政府是村镇银行的政策倡导者，主要通过发布出台文件，对村镇银行的发展方向提出政策、建议。与中央政府相比，

地方政府在村镇银行发起设立和运行管理中的角色虽未明确，但现实中地方政府又起着举足轻重的作用，从主发起人的选择到村镇银行的股权结构，甚至于村镇银行董事和行长人选的确定，地方政府都拥有不小的发言权和影响力。主发起行源于银监会关于村镇银行发起人制度（银监会规定村镇银行必须由一家符合监管条件，管理规范、经营效益好的商业银行作为主要发起行），村镇银行从日常经营管理到公司内部治理大都依靠主发起行，甚至有些村镇银行的管理模式完全复制村镇银行。民企股东主要是指村镇银行的少数股东，以参股形式成为村镇银行股东，他们有意愿参与到村镇银行经营管理，但由于参股股东的地位使得其实际参与村镇银行管理受到限制。

第二，政府与村镇银行之间、主发起行与民企股东之间存在目标冲突。村镇银行政府治理与民间资本投入存在两类基本矛盾：政府设定的“服务‘三农’”宗旨与村镇银行自身的资本逐利性的矛盾、银监会有关主发起行的硬性规定与吸引民间资本的矛盾。这两类矛盾具体表现为几类目标冲突：一是在建设村镇银行的过程中，政府部门与村镇银行之间目标具有不一致性，政府的目标在于服务“三农”和小微企业，村镇银行的目标在于获利。二是在政府部门内部，中央政府与地方政府的目标也不一致，中央政府更关注农村金融服务缺失问题，地方政府更关注当地经济的发展。三是村镇银行的主发起行与民企股东也存在目标冲突，政策性银行具有行政职能倾向，城商行和农商行具有跨区经营倾向，私营企业与自然人则具有盈利偏好。

10.1.2 村镇银行政府治理包括监督机制与激励机制，政府对于村镇银行的激励强度越大，村镇银行支农努力程度越高

第一，村镇银行的政府治理包含监督机制和激励机制两方面。监督机制由垂直分层治理结构实现，实施主体是银监会及其下属银监局；激励机制由水平分层治理结构实现，实施主体是地方政府。监督机制的核心目标是要控制村镇银行可能产生的金融风险；激励机制的目标则是实现设立村镇银行的初衷，使村镇银行能够真正服务“三农”。监督机制是通过银监会及其下属银监局对村镇银行进行定期监管，并对违规行为进行处罚来实现的；激励机制则是通过地方政府的财政与税收政策实现的。监督机制与激励机制共同发挥作用，并相互独立，构成了一套完整的村镇银行政府治理机制。

第二，在激励机制中，中央政府、地方政府对于村镇银行的激励强度越大，村镇银行的“支农”努力程度越高。地方政府给予村镇银行的激励强度与村镇银行“支农”努力的成效系数正相关，与村镇银行的支农成本、村镇银

行的风险规避系数以及村镇银行所处的外部风险程度负相关;而中央政府对于总收益的向下分成比例与村镇银行“支农”努力的成效系数负相关,与村镇银行的支农成本、村镇银行的风险规避系数以及村镇银行所处的外部风险程度正相关。这一结果说明,在实践中并没有一个统一的最优激励机制,中央政府和地方政府应该根据村镇银行的内、外部环境特征,设计差异化的激励机制。不仅如此,我们可以发现,中央政府和地方政府对于村镇银行的激励机制应具有互补特征,即当地方政府对于村镇银行的激励强度不足时,为了提高村镇银行的“支农”努力程度,中央政府应该相应地加大对于村镇银行的激励强度。

10.1.3 政府治理水平与民间资本投入具有正相关关系,区域政府治理水平的提高能够有效地抑制大股东持股对于村镇银行资本投入的负向影响

第一,政府治理水平和大股东持股都会对村镇银行的资本投入总额和民间资本投入产生影响。具体来说,村镇银行的资本投入总额和民间资本投入规模随着政府治理水平的提升而增大,随着大股东持股比例的增加而减小。这一结论表明,村镇银行的股东们,尤其是民间资本股东在进行资本投入决策时,首先会考虑村镇银行所处地区的政府治理水平。这是因为政府治理水平高的地区,金融发展水平也越高,并由此带来新的信贷需求,进而降低单位产品供给成本。同时,较为发达的金融体系能够有效降低银行与企业间的信息成本和交易成本,有助于银行向最有机会在创新产品和生产过程中成功的企业家提供融资,使其更容易获得由规模经济所产生的收益。此外,民间资本股东还会考虑村镇银行内部的“第二类代理问题”,即当大股东持股比例较高时,民间资本股东为了避免利益受到损害,将降低其资本投资额,甚至并不愿意向村镇银行投资。

第二,通过进一步对比分析发现,区域政府治理水平与大股东持股对于民间资本投入的影响并不是孤立存在的,两者之间具有交互关系。具体来说,区域政府治理水平能够有效地抑制大股东持股对于村镇银行资本投入的负向影响。这一结论表明,在政府治理水平较高的区域,企业所面临的外部法律环境较为完善,外部治理机制能够发挥对企业内部治理机制的替代作用,在一定程度上可以有效保护小股东的利益。因而,在这些区域,即使大股东持股比例较高,民间资本股东也愿意加大对村镇银行的资本投入。

10.2　政策建议

10.2.1　政府应构建面向村镇银行的分层治理结构，针对不同类型的村镇银行开展差别化治理

第一，构建面向村镇银行的水平分层与垂直分层相融合的政府治理结构。为了使村镇银行真正服务“三农”，中央政府应吸引具有独立财权的地方政府投入到村镇银行政府治理工作中。也就是说，要将水平分层治理结构引入村镇银行的政府治理机制，构造垂直分层和水平分层相融合的政府治理结构。具体来说，中央政府在垂直分层治理结构中，委托银监会对村镇银行进行审批与监管，控制村镇银行所带来的金融风险，这一治理路径可称为监管路径；另一方面，中央政府可以正式将地方政府引入对村镇银行的政府治理机制中来，通过水平分层治理结构，委托地方政府对村镇银行进行激励，使得村镇银行能够有效地为“三农”提供金融供给，这一治理路径可称为激励路径。此外，考虑到村镇银行内部的第二类代理问题，可以通过政府外部治理实现村镇银行内部治理的优化，即政府在对待村镇银行内部治理问题上，应给予村镇银行更多的自主权，即让村镇银行自主确定股东性质、类型和规模，变行政干预为外部治理。政府对村镇银行的治理应更多在于外部治理，通过外部治理渗透性改善其内部治理水平。例如：政府可以在适当时机逐步降低主发起人持股比例，提高民企股东股权比例，激发民企股东出资建设村镇的热情，使村镇银行股东多元化，以减少一股独大带来的危害，避免村镇银行成为主发起行的分支机构，提高内部治理效率。

第二，针对不同地区、不同类型的村镇银行开展不同的激励模式。目前，监管机构对于所有的村镇银行采用统一的激励政策，根据本书模型的结果可知，这种统一的模式并不是最优激励机制。在实际操作中，监管机构应根据不同地区的不同情况采用适合当地的激励机制。如对于外部金融环境较好、经营风险较低地区的村镇银行应加大激励强度，应采用以浮动补贴为主的激励模式，激励其提高“支农”努力；而对于外部金融环境较差、经营风险较高地区的村镇银行，应采用以固定补贴为主的激励模式，鼓励其进行“支农”活动。

10.2.2 重新审视村镇银行政府治理与民间资本投入的相关政策文件,理顺村镇银行发展相关政策前后衔接关系

第一,通过梳理政府有关村镇银行治理的政策,课题组发现政府的一些政策在衔接上存在前后矛盾、冲突等问题,一些政策随着农村金融机构改革进程的发展,已经不再适用,甚至会阻碍村镇银行科学构建治理结构、优化治理机制。例如:为了便于对村镇银行实施监管,银监会在《村镇银行管理暂行规定》(2007)中明确提出村镇银行最大股东或唯一股东必须是银行业金融机构,在村镇银行经营管理中实行主发起行负责制度,该规定明确提出单一自然人持股比例、单一其他非银行企业法人持股比例不得超过10%。虽然银监会于2014年《关于进一步促进村镇银行健康发展的指导意见》,提出支持和鼓励民间资本参与村镇银行组建,扩大民间资本进入村镇银行渠道,将主发起行持股比例降低为15%,但没能提高民企股东的最高持股比例。应该说,政府部门对于村镇银行的管理政策存在较为严重的滞后和脱节甚至相悖。银监会有关村镇银行最大股东必须是银行业金融机构的硬性规定与吸引民间资本的矛盾日趋明显。事实上,民间资本与国有资本相比,具有更高的敏锐性和灵活性。降低村镇银行对民间资本的准入门槛,将有助于完善中国的县域金融体系。如果允许民间资本根据当地经济发展水平、资金供求状况、债务人可承受能力自主确定投资额和持股比例,将会增加县域信贷市场的竞争性,有利于满足县域金融的需求①。

第二,根据《村镇银行管理暂行规定》的要求,村镇银行属于商业银行的一类。但通过实地调研发现,目前村镇银行缺乏基础的支撑体系,村镇银行的实际运行并不顺畅。首先,村镇银行并没有加入中国人民银行的大小额支付系统中,很多清算业务都不能正常处理。其次,受当地银监部门限制,很多村镇银行不能开展票据和银行汇兑业务,也不能发放银行卡,而且系统内通存通兑、同行拆借也无法实现。最后,对于一些广受欢迎的新型银行业务,如电子银行、电话银行、投资理财、担保咨询等业务,大部分村镇银行也不能开办。这使得村镇银行的产品基本上都是最原始、最简单的存款和贷款业务,业务经营模式单一,同质化问题严重,影响了村镇银行的发展。因此,政府部门应尽快着手制定促进村镇银行发展的相关政策、法规,在加强

---

① 对于民营资本的政策壁垒正在放松。如国务院在2010年下发的《关于鼓励和引导民间投资健康发展的若干意见》中,明确"鼓励民间资本发起或参与设立村镇银行等金融机构,放宽村镇银行或社区银行中法人银行最低出资比例的限制"。

风险管控的前提下，适度放开对于村镇银行经营业务的监管，增加村镇银行的财务可持续性。

10.2.3　完善村镇银行的政府治理机制，以监督机制防范村镇银行金融风险，以激励机制提高村镇银行“支农”效率

第一，村镇银行的政府治理不仅应该包含监督机制，而且还要引入激励机制。监督机制应由垂直分层治理结构实现，实施主体应该是银监会及其下属银监局；激励机制应该由水平分层治理结构实现，实施主体应该是地方政府。监督机制的核心目标是要控制村镇银行可能产生的金融风险；激励机制的目标则是实现设立村镇银行的初衷，使村镇银行能够真正服务“三农”。监督机制是通过银监会及其下属银监局对村镇银行进行定期监管，并对违规行为进行处罚实现的；激励机制则是通过地方政府的财政与税收政策实现的。监督机制与激励机制共同发挥作用，并相互独立，构成了一套完整的村镇银行政府治理机制。

第二，设计科学合理的村镇银行激励政策，鼓励村镇银行服务“三农”。当前，监管机构主要依靠事前严格的审批制度来约束村镇银行服务“非农”的行为，但这一治理机制不仅不能解决监管机构与村镇银行的目标冲突问题，而且还会抑制村镇银行的发展。因此，监管机构应将治理机制的重心从事前审批转移到事后引导上。为贯彻落实“一号文件”精神，财政部分别于2010年5月和6月颁布了《关于农村金融有关税收政策的通知》以及《中央财政农村金融机构定向费用补贴资金管理暂行办法》，这些措施都有利于提高村镇银行贷款积极性。然而，这类文件并没有对农村金融机构的贷款对象做明确要求，这使得进行非“三农”贷款的村镇银行依然有机会获得财政补贴。此外，中央财政毕竟有限，还应该建立多层次的财政补贴机制。具体来说，一方面，应进一步细化财政补贴标准，在注重贷款余额的同时，也应将贷款性质作为一项重要考核指标，以防止财政补贴对象出现偏误；另一方面，应积极引导地方政府积极参与财政补贴，通过中央与地方协调配合，平衡由于各地区农村金融生态环境差异所导致的村镇银行资金不均衡问题。

第三，提高政府监管效率，加强信用环境建设，提高村镇银行的努力程度。为了降低村镇银行的金融风险，可以从加强银监会监管力度和降低村镇银行高风险贷款意愿两方面着手。对于加强银监会监管力度，一是要加大银监会对于违规村镇银行的处罚力度，增加村镇银行的违规成本；二是要降低银监会的监管成本，使银监会更愿意去监管村镇银行。为了降低监管

成本,银监会需要尽量降低监督政策的调整频率与速度,简化各级监管部门的工作环境复杂程度。同时,银监会在向下属银监局传递指令时,应采用灵活的信息传递方式,根据情况的变化,采用最为合适的信息传递方式,并传递简单、易于理解的命令,这样可以有效降低银监会在监管过程中的信息损失成本。此外,应进一步引入信任机制,提高村镇银行的努力程度。由于信任机制的建立将会提升村镇银行"支农"活动的努力程度,监管机构应积极组织农村地区的信任机制建设,进一步扩大信任机制的适用范围。如监管机构可以引入村镇银行贷款保险制度,使村镇银行敢于尝试信用担保,并据此建立每个贷款人的信用记录。同时,建立贷款人信用记录档案,并将这类信息在各村镇银行间传播,扩大信任机制的使用范围。

附 件

村镇银行治理水平调查问卷

您好！为了解当前村镇银行治理水平，帮助村镇银行更好地支持农村经济，探索村镇银行发展新思路，实现村镇银行可持续发展，我们对村镇银行治理水平进行问卷调查，请您根据实际情况填写调查问卷。

我们将对您提供的信息保密。调查结果仅供汇总使用，不会对您的资信状况产生任何影响。

感谢您的大力支持！

一、基本情况：

1. 贵行成立时间为________，注册资本为________，总股数为________。

2. 发起人有________家，股东持股比例分别为____

____

____

____

3. 主发起人为____________________，目前持有股份数量为________，持股比例为________。

4. 民营资本投资总额为________，持股总量为________，总持股比例为________。

5. 2012年年底村镇银行的总资产为____________________。

6. 2012年年底村镇银行的总负债为____________________。

7. 2012年年底村镇银行存款余额为____________________。

其中：对公存款为____________；个人存款为____________。

8. 2012年村镇银行近三年的贷款余额为________________。

其中：涉农贷款为____________；小微企业贷款为____________。

9. 村镇银行近三年的盈利情况(净利润)为:2010 年________;2011 年________;2012 年________。

10. 村镇银行近三年的分红情况为______________。

二、内部治理情况

1. 近三年召开股东大会次数:2010 年________;2011 年________;2012 年________。

2. 公司民营资本投资额为________;持股比例为________。

3. 民营股东是否为本地企业 (　　)

A. 都不是　B. 一小部分是　C. 一半是　D. 大部分都是　E. 都是

4. 公司董事会人数 (　　)

A. 4 人及以下　B. 5 人　C. 6 人　D. 7 人　E. 7 人以上

5. 控股股东派遣董事人数 (　　)

A. 2 人及以下　B. 3 人　C. 4 人　D. 5 人　E. 5 人以上

6. 有银行业从业资格的董事人数 (　　)

A. 2 人及以下　B. 3 人　C. 4 人　D. 5 人　E. 5 人以上

7. 董事长是否由控股股东派遣 (　　)

A. 是　B. 否

8. 董事长年龄 (　　)

A. 35 岁以下　B. 35～40 岁　C. 40～45 岁　D. 45～50 岁　E. 50 岁以上

9. 董事长原工作行业 (　　)

A. 金融业　B. 非金融业

10. 董事长学历 (　　)

A. 本科以下　B. 本科　C. 硕士　D. 博士　E. 博士后

11. 行长是否由控股股东派遣 (　　)

A. 是　B. 否

12. 行长年龄 (　　)

A. 35 岁以下　B. 35～40 岁　C. 40～45 岁　D. 45～50 岁　E. 50 岁以上

13. 行长原工作行业 (　　)

A. 金融业　B. 非金融业

14. 行长学历 (　　)

A. 本科以下　B. 本科　C. 硕士　D. 博士　E. 博士后

15. 民营资本对于村镇银行的投资意愿 (　　)

A. 完全不愿意　B. 不太愿意　C. 无所谓　D. 愿意　E. 非常愿意

16. 民营股东之间在自身业务上是否有联系 (　　)

A. 都没有　B. 一小部分有　C. 一半有　D. 大部分都有　E. 都有

三、外部治理情况

1. 银监会对于村镇银行的监管 (　　)

A. 过于严格　B. 较严格　C. 可以接受　D. 较宽松　E. 非常宽松

2. 银监会是否对村镇银行的涉农贷款有要求 （　）

A. 无　B. 有，请具体说明＿＿＿＿＿＿＿＿

3. 银监会的监管对于村镇银行提高涉农贷款 （　）

A. 基本没作用　B. 作用不是很明显　C. 有一些作用

D. 作用很大　E. 有决定性作用

4. 当地政府对于村镇银行的财政补贴 （　）

A. 没有　B. 很少　C. 会有一些

D. 与农业贷款比例成正比　E. 每年都很多

5. 与信用社相比，村镇银行获得财政补贴 （　）

A. 少很多　B. 少一些　C. 一样多　D. 多一些　E. 多很多

6. 当地政府对于村镇银行的税收减免 （　）

A. 没用　B. 很少　C. 会有一些

D. 与农业贷款比例成正比　E. 每年都很多

7. 与信用社相比，村镇银行获得税收减免 （　）

A. 少很多　B. 少一些　C. 一样多　D. 多一些　E. 多很多

8. 当地政府对于村镇银行是否有其他政策支持 （　）

A. 无　B. 有，请具体说明＿＿＿＿＿＿＿＿

9. 当地政府安排给村镇银行的平台贷款 （　）

A. 没有　B. 少量　C. 有一些　D. 很多　E. 非常多

10. 当地新闻媒体对村镇银行的采访报道 （　）

A. 没有　B. 少量　C. 有一些　D. 很多　E. 非常多

11. 村镇银行与当地社区联合举办的活动 （　）

A. 没有　B. 少量　C. 有一些　D. 很多　E. 非常多

12. 村镇银行对于加强外部治理的主要建议(多选) （　）

A. 放松监管　B. 增加财税补贴　C. 加强媒体宣传　D. 加强信息分享

E. 增加培训机会　F. 增加交流机会　G. 其他＿＿＿＿＿＿＿＿

四、经营与风险情况

1. 主发起行对于村镇银行的制度设计 （　）

A. 没有参与　B. 参与一部分　C. 与其他股东共同设计

D. 是主要设计人　E. 全权负责

2. 村镇银行的经营模式为 （　）

A. 沿用发起行的管理模式　B. 受发起行的管理　C. 其他：＿＿＿＿＿＿＿＿

3. 主发起行对于村镇银行的日常经营管理 （　）

A. 不参与　B. 很少参与　C. 有时参与　D. 经常参与　E. 全权负责

4. 民营股东对于村镇银行的日常经营管理 （　）

A. 不参与　B. 很少参与　C. 有时参与　D. 经常参与　E. 全权负责

5. 当地居民对村镇银行的了解程度 （ ）

A. 没有 B. 有一点 C. 有一些 D. 有很多 E. 非常多

6. 村镇银行信贷人员是否到农户、小微企业了解情况 （ ）

A. 从不 B. 偶尔 C. 有时 D. 经常 E. 非常多

7. 村镇银行当前的经营业务 （ ）

A. 只有存贷款业务 B. 还涉及其他业务,如________________

8. 村镇银行是否准备开展新的经营业务 （ ）

A. 否 B. 是,如________________

9. 与信用社相比,村镇银行的经营业务种类 （ ）

A. 少很多 B. 少一些 C. 无差异 D. 多一些 E. 多很多

10. 与信用社相比,村镇银行的业务量 （ ）

A. 少很多 B. 少一些 C. 无差异 D. 多一些 E. 多很多

11. 当前,村镇银行单笔贷款的最高限额为________________。

12. 目前,村镇银行存款利率 （ ）

A. 下浮 10% B. 下浮 10%以内 C. 基准利率

D. 上浮 10%以下 E. 上浮 10%

13. 目前,村镇银行贷款利率 （ ）

A. 下浮为 0.9 倍 B. 下浮为 0.9 倍以内 C. 基准利率

D. 上浮为 2 倍以内 E. 上浮为 2 倍以上

14. 村镇银行对股东的贷款 （ ）

A. 占绝大部分 B. 股东贷款比例较大 C. 与其他贷款无差异

D. 股东贷款很少 E. 对股东无贷款

15. 村镇银行对股东贷款的利率 （ ）

A. 股东贷款利率很低 B. 股东贷款利率较低 C. 与其他贷款无差异

D. 股东贷款利率较高 E. 股东贷款利率很高

16. 村镇银行对于涉农贷款 （ ）

A. 需要完全的抵押品 B. 需要部分抵押品 C. 小额贷款不需要抵押品

D. 对于以往信用好的不需要抵押品 E. 完全采用信用贷款

17. 员工招聘形式(多选) （ ）

A. 股东指派 B. 社会招聘 C. 别人介绍 D. 猎头公司

E. 其他________________

18. 村镇银行资金主要来源渠道有(多选) （ ）

A. 企业 B. 个人 C. 政府

19. 村镇银行贷款主要发放(多选) （ ）

A. 农户 B. 商户 C. 小微企业 D. 自然人

E. 大型企业 F. 其他________________

20. 经营中遇到的困难(多选)　（　　）

A. 存款规模小　B. 贷款违约风险高　C. 城乡居民认可度低

D. 金融产品种类少　E. 员工素质参差不齐　F. 其他＿＿＿＿＿＿＿＿

五、银行业协会的工作及进一步建议

1. 协会是否开展过针对村镇银行的活动　（　　）

A. 没有　B. 少量　C. 有一些　D. 很多　E. 非常多

2. 协会开展的这些活动对村镇银行的帮助　（　　）

A. 没有　B. 少量　C. 有一些　D. 很多　E. 非常多

3. 您希望协会开展的活动是(多选)　（　　）

A. 业务培训方面　B. 企业文化与银行家精神培养方面　C. 企业内部治理方面

D. 多方互动式论坛交流方面　F. 其他＿＿＿＿＿＿＿＿

4. 协会在促进村镇银行与银监会之间沟通所起的作用　（　　）

A. 没有　B. 少量　C. 有一些　D. 很大　E. 非常大

5. 协会在提高村镇银行社会认可度方面所起到的作用　（　　）

A. 没有　B. 少量　C. 有一些　D. 很大　E. 非常大

6. 您希望协会在业务支持上提供的平台是(多选)　（　　）

A. 丰富结算手段(如大小额支付、跨行柜面通等)

B. 完善产品结构(如银行卡、理财业务等)

C. 为村镇银行进行社会宣传,认知度提升

D. 定期举行系列大型活动

E. 帮助村镇银行构建特色企业文化

F. 其他＿＿＿＿＿＿＿＿

7. 协会在培训村镇银行中层以上干部方面所起到的作用　（　　）

A. 没有　B. 少量　C. 有一些　D. 很大　E. 非常大

8. 您希望协会在业务培训上的方向和内容是(多选)　（　　）

A. 专业资质培训　B. 专项业务培训　C. 员工脱产深造　D. 论坛交流

9. 请您提出协会在组织村镇银行活动方面的建议和意见。

＿＿＿＿＿＿＿＿＿＿＿＿＿＿＿＿

＿＿＿＿＿＿＿＿＿＿＿＿＿＿＿＿

＿＿＿＿＿＿＿＿＿＿＿＿＿＿＿＿

10. 请您指出协会在村镇银行服务“三农”和小微企业方面应该提供哪些支持和帮助。

＿＿＿＿＿＿＿＿＿＿＿＿＿＿＿＿

＿＿＿＿＿＿＿＿＿＿＿＿＿＿＿＿

＿＿＿＿＿＿＿＿＿＿＿＿＿＿＿＿

参考文献

[1] Acharya V. V. , Hasan I. , Saunders A. Should Banks be Diversified? Evidence from Individual Bank Loan Portfolios [J]. Journal of Business, 2006, 79(3):1355-1412.

[2] Aghion B. A. , Gollier C. Peer Group Information in an Adverse Selection Model[J]The Economic Journal, 2000, 110(5):632-643.

[3] Aleem I. Imperfcet Information, Screening, and the Costs of Informal Lending: A Study of a Rural Credit Market in Pakistan[J]. The World Bank Economic Review, 1990, 4(3):329-349.

[4] Allen F. , Gale D. Comparing Financial Systems[M]. Cambridge: The MIT Press, 2000.

[5] Allen F. , Gale D. Bubbles and Crises[J]. Economic Journal, 2000, 460(2):236-255.

[6] Altunbas Y. , Fazylow O. , Molyneux P. Evidence on the Bank Lending Channel in Europe[J]. Journal of Banking and Finance, 2002, 26(11):2093-2110.

[7] Ashton J. K. Cost Efficiency, Economies of Scale and Economies of Scope in the British Retail Banking Sector [G]. Bournemouth University School of Finance and Law Working Paper Series, 1998, 98-113.

[8] Baele L. Does the Stock Market Value Bank Diversification[J]. Journal of Banking and Finance, 2007, 31(7):116-121.

[9] Bastelaer T. V. , Leathers H. Trust in Lending Social Capital and Joint

Liability Seed Loans in Southern Zambia [J]. Journal of World Development,2006, 34(10):1788-1807.

[10] Berger A. N. "Distribution-free" Estimates of Efficiency in the U. S. Banking Industry and Tests of the Standard Distributional Assumptions[J]. Journal of Productivity Analysis, 1993, 4(3): 261-292.

[11] Berger A. N. , Udell G. F. Relationship Lending and Lines of Credit in Small Firm Finance[J]. Journal of Business, 1995, 68(2):351-382.

[12] Berger A. , De Young R. The Effects of Geographic Expansion on Bank Efficiency[J]. Journal of Financial Services Research, 2001, 19 (2):163-184.

[13] Berger A. N. ,Udell G. F. The Economics of Small Business Finance: The Role of Private Equity and Debt Market in the Financial Growth Cycle[J]. Journal of Banking and Finance, 1998, 22(6): 613-673.

[14] Berger A. N. , Udell G. F. Small Business Credit Availability and Relationship Lending: The Importance of Bank Organizational Structure[J]. The Economic Journal, 2002, 112(1): 32-53.

[15] Beck T. , Levine R. , Loayza N. Finance and the Sources of Growth [J]. Journal of Financial Economics, 2000, 58(2): 261-300.

[16] Bell F. , Murphy N. Economies of Scale and Division of Labor in Commercial Banking[J]. Southern Economic Journal, 1968, 35(1): 131-139.

[17] Besley T. , Coate S. , Loury G. The Economies of Rotating Savings and Credit Associations[J]. American Economies Review, 1993, 83 (4): 792-810.

[18] Beston G. Branch Banking and Economies of Scale[J]. Journal of Finance, 1965, 20(3) :312-331.

[19] Besley T. , Coate S. Group Lending, Repayment Incentive and Social Collateral[J]. Journal of Development Economics, 1995, 46(1): 62-77.

[20] Binswanger H. P. , Khandker S. R. The Impact of Formal Finance on the Rural Economy of India[J]. Journal of Development Study, 1995, 32(2): 234-262.

[21] Bonin J. P. , Hasan I. , Wachtel P. Bank Performance, Efficiency and Ownership in Transition Countries[J]. Journal of Banking & Finance, 2005, 29(1): 31-53.

[22] Boot A. , Schmeits A. Market Discipline and Incentive Problems in Conglomerate Firms with Applications to Banking [J]. Journal of Financial Intermediation, 2000, 9(3):240-273.

[23] Bose P. Formal-informal Sector Interaction in Rural Credit Markets [J]. Journal of Development Economies, 1998, 23(2):203-214.

[24] Brickley J. , Linck J. S. , Smith C. W. Boundaries of The Firm: Evidence From The Banking Industry [J]. Journal of Financial Economics, 200370(3):351-383.

[25] Christen P. , Rosenberg R. , Jayadeva V. Financial Institutions with a Double Bottom Line: Implications for the Future of Microfinance[R]. CGAP Occasional Paper, 2004.

[26] Coase R. H. The Nature of the Firm[J]. Economica, 1937, 16(4): 386-405.

[27] Coase R. H. The Problem of Social Cost[J]. American Journal of Economics & Sociology, 1967, 56(4):399-416.

[28] Conning J. O. Sustainability and Leverage in Monitored and Peer-Monitored Lending[J]. Journal of Development Economics, 1999, 60 (1): 51-77.

[29] Darrat A. F. , Topuz C. , Yousef T. Assessing Cost and Technical Efficiency of Banks in Wuwait[R]. The ERF 8th Annual Conference, 2002.

[30] Deng S. , Elyasianit E. Geographic Diversification, Bank Holding Company Value, and Risk [J]. Journal of Money, Credit and Banking, 2008, 40(6): 1217-1238.

[31] Dichter T. W. Questioning the Future of NGOs in Microfinance[J]. Journal of International Development, 1996, 8(2): 259-269.

[32] Durham J. The Effects of Stock Market Development to Growth and Private Investment in Lower-Development Countries [J]. Emerging Markets Review, 2002, 3(3), 211-232.

[33] Dyck A. , Zingales L. Private Benefits of Control: An International

Comparison [J]. Journal of Finance, 2004, 59(2):537-600.

[34] Economides N. The Economics of Networks[J]. International Journal of Industrial Organization,1996, 14(6): 675-699.

[35] Faccio M., Lang H. P., Young L. Dividends and Expropriation[J]. American Economic Review, 2001 (1):54-78.

[36] Fama E. F. The Behavior of Stock-Market Prices [J]. Journal of Business, 1965, 38(1): 34-105.

[37] Fama E. F., Jensen M. Separation of Ownership and Control[J]. Journal of Law and Economics, 1983, 26(3): 301-325.

[38] Fuentes G. A. The Use of Village Agents in Rural Credit Delivery[J]. The Journal of Development Studies, 1996, 26(3):312-324.

[39] Gans J. Regulating Private Infrastructure Investment: Optional Pricing for Access to Essential Facilities[J]. Journal of Regulatory Economics, 2001, 20(2), 167-189.

[40] Ghatak M. Group Lending, Leal Information and Peer Selection[J]. Journal of Development Economies, 1999, 60(1): 27-50.

[41] Ghatak M. Screening by the Company You Keep: Joint Liability Lending and the Peer Selection Effect[J]. The Economies Journal, 2000, 110(5): 601-631.

[42] Ghura D., Goodwin B. Determinants of Private Investment: A Cross-Regional Empirical Investigation[J]. Applied Economics, 2000, 32 (14), 1819-1829.

[43] Goldsmith R. W. Financial Structure and Development [M]. New Haven: Yale University Press, 1969.

[44] Grossman S., Hart O. One Share One Vote and The Market for Corporate Control[J]. Journal of Financial Economics,1988, 20(2): 175-202.

[45] Guiso L., Haliasson M., Lappelli T. Household Portfolios [M]. Cambridge: The MIT Press,2001.

[46] Harhoff D., Korting T. Lending Relationships in Germany: Empirical Evidence from Survey Data [J]. Journal of Banking and Finance, 1998,22(10): 1317-1353.

[47] Hermalin B. E., Wallace N. E. The Determinants of Efficiency and

Solvency in Savings and Loans[J]. Rand Journal of Economics,1992, 25(1):45-71.

[48] Hoff K. , Stiglitz J. E. Introduction: Imperfect Information and Rural Credit Markets-Puzzles and Policy Perspectives[J]. The World Bank Eeonomie Review, 1990, 4(2): 235-250.

[49] Jackson P. M. , Fethi M. D. Evaluating the Efficiency of Turkish Commercial Banks: An Application of DEA and Tobit Analysis[M]. University of Leicester,2000.

[50] Jensen M. , Meckling W. Theory of the Firm: Managerial Behavior, Agency Costs and Ownership Structure [J]. Journal of Financial Economics, 1976, 3(4):305-360.

[51] Jeucken M. Sustainable Finance and Banking: The Financial Sector and the Future of the Planet[M]. London: The Earthscan Publication Ltd,2001.

[52] La Porta R. , Lopez-de-Silanes F. , Shleifer A. Corporate Ownership Around the World[J]. Journal of Finance, 1999, 54(2):471-517.

[53] Lawrence C. Bank Costs, Generalized Functional Forms and Estimation of Economies of Scale and Scope[J]. Journal of Money, Credit, and Banking, 1989, 21(3): 368-380.

[54] Laopodis N. Effects of Government Spending on Private Investment [J]. Applied Economics, 2001, 33(12), 1563-1577.

[55] Ledgerwood J. Sustainable Banking with the Poor: Micro-finance Handbook: An Institutional and Financial Perspective [M]. Washington, D. C. : World Bank Publications, 1998.

[56] Lewellen W. Pure Financial Rationale for the Conglomerate Merger [J]. Journal of Finance, 1971, 26(5):521-537.

[57] Levy J. The Effect of Shareholding Dispersion on the Degree of Control[J]. Economic Journal, 1983 (3): 351-369.

[58] Levine R. Finance and Growth: Theory and Evidence, in Aghion P. , Durlauf S. eds. Handbook of Economic Growth[M]. Amsterdam: North-Holland Elsevier Publishers,2005.

[59] Levine R. , Zervos S. Stock Markets, Banks and Economic Growth [J]. American Economic Review, 1998, 88(4): 537-558.

[60] Iqbal F. The Demand for Funds by Agricultural Households: Evidences from Rural India [J]. Journal of Development Studies, 2010, 20(1):68-86.

[61] Khandker R. S. Microfinance and Poverty: Evidence Using Panel Data from Bangladesh[J]. The World Bank Economies Review, 2005, 19(2): 263-286.

[62] Koehar A. An Empirical Investigation of Rationing Constraints in Rural Credit Markets in India[J]. Journal of Development Economics, 1997, 53(3): 339-371.

[63] Koehar A. Does Lack of Access to Formal Credit Contra in Agriculture Production? Evidence from the Land Tenancy Market in India[J]. American Journal of AgrieulturalEeonomies, 1997, 79(3): 754-763.

[64] Markowit H. Portfolio Selection[J]. The Journal of Finance, 1952, 7 (1): 77-91.

[65] McKinnon R. I. Money and Capital in Economic Development [J]. American Political Science Association, 1973, 3 (4): 679-702.

[66] Meade J. E. Agathotopia: The Economics of Partnership [M]. London: Palgrave Macmillan UK,1989.

[67] Mohieldin M. , Wright P. W. Formal and Informal Credit Markets in Egypt[J]. Economic Development and Culture Change, 2000, 48(3): 657-670.

[68] Nash J. Two-Person Cooperative Games [J]. Econometrical, 1953 (1): 128-140.

[69] Nisbet C. Interest Rates and Imperfect Competition in the Informal Credit Market of Rural Chile[J]. Economic Development and Cultural Change, 1967, 16(1): 73-90.

[70] Pal S. Household Sectoral Choice and Effective Demand for Rural Crediting India[J]. Applied Economics, 2002, 34(14):1743-1755.

[71] Patrick H. Financial Development and Economic Growth in Underdeveloped Countries [J]. Economic Development and Cultural Change, 1966, 14(1):174-189.

[72] Pindyck R. S. , Rubinfeld D. L. Microeconomics [M]. New Jersey:

Prentice-Hall International Inc, 1996.

[73] Rajan R., Zingales L. Financial Dependence and Growth [J]. American Economic Review, 1998, 88(3): 559-586.

[74] Ronald M. Money and Capital in Economic Development [M]. Brookings Institution, 1973.

[75] Samuelson P. A., Nordhaus W. D. Macroeconomics[M]. Yew York: McGraw-Hill Inc, 1996.

[76] Schreiner M. Aspects of Outreach: A Framework for Discussion of the Social Benefits of Microfinance [J]. Journal of International Development, 2002(5): 591-603.

[77] Schumpeter J. The Theory of Economic Development [M]. Cambridge: Harvard University Press, 1912.

[78] Segrario L. F., Youtopoulos P. A. Informal Credit Markets and the New Institutional Economies: The Case of Philippine Agriculture[J]. The Journal of Agricultural Economies Research, 1992, 44(1): 45-47.

[79] Shaw E. S. Financial Deeping and Economic Development [M]. Oxford: Oxford University Press, 1973.

[80] Shehzad C. T., Haan J. D., Scholtens B. The Impact of Bank Ownership Concentration on Impaired Loans and Capital Adequacy [J]. Journal of Banking & Finance, 2010, 34(2): 399-408.

[81] Shleifer A., Vishny R. W. A Survey of Corporate Governance[J]. Journal of Finance, 1997, 52(2): 737-783.

[82] Stieglitz J. E. Markets, Market Failures, and Development [J]. American Economic Review, 1989, 79(2): 197-203.

[83] Svejnar J. Fear of Disagreement, and Wage Settlements: Theory and Evidence from U. S. Industry[J]. Econometrics, 1986 (5): 1055-1078.

[84] Tang S. Informal Credit Market and Economic Development in Taiwan[J]. World Development, 1995, 23(5): 845-855.

[85] Tassel E. V. Group Lending under Asymmetric Information [J]. Journal of Development Economics, 1999, 60(1): 3-25.

[86] Voss G. M. Public and Private Investment in the United States and Canada[J]. Economic Modelling, 2002, 19(4), 641-664.

[87] Wurgler J. Financial Markets and the Allocation of Capital [J]. Journal of Financial Economics, 2000, 58(1):187-214.

[88] 白钦先,等. 金融可持续发展研究导论[M]. 北京:中国金融出版社,2001.

[89] 蔡志强. 金融创新与商业银行可持续发展[J]. 经济评论,1999(2):83—85.

[90] 曹晨光. 农村金融供给:一个基于制度经济学的分析视角[J]. 金融理论与实践,2007(8):67—69.

[91] 曹力群. 当前我国农村金融市场主体行为研究[J]. 金融论坛,2001(5):6—11.

[92] 曹艺,才凤玲,苗闫. 关于我国村镇银行经营模式的现实思考[J]. 中国集体经济,2009(3):81—82.

[93] 陈锋,董旭操. 中国民间金融利率——从信息经济学角度的再认识[J]. 当代财经,2004(9):32—36.

[94] 陈敬学,别双枝. 我国商业银行规模经济效率的实证分析及建议[J]. 金融论坛,2004(10):46—50,63.

[95] 陈玲. 印度、巴西和赞比亚三国农村金融创新的经验借鉴[J]. 农村经济与科技,2009,20(12):121—122.

[96] 陈盛伟. 我国政策性农业保险的运行情况与发展对策[J]. 农业经济问题,2010(3):65—70,111.

[97] 陈索新. 阳光村镇银行的"鲶鱼效应"[J]. 中国金融家,2009(6):160—162.

[98] 陈天阁,邓学衷,方兆本. 农户融资与信贷供给——来自安徽的调查分析[J]. 农村金融研究,2005(1):39—41.

[99] 陈有棠,卢莉. 对我国当前民间投资现状的分析与思考[J]. 西部论坛,2001(2):49—51.

[100] 陈中贤. 对国有商业银行可持续发展问题的探讨[J]. 金融科学,2000(1):26—27,88.

[101] 程昆,潘朝顺,黄亚雄. 农村社会资本的特性、变化及其对农村非正规金融运行的影响[J]. 农业经济问题,2006(6):31—35.

[102] 程昆,吴倩,储昭东. 略论我国村镇银行市场定位及发展[J]. 经济问题,2009(2):97—99.

[103] 成思危. 改革与发展:推进中国的农村金融[M]. 北京:经济科学出版

社,2005.
[104] 仇颖.引导民间资本进入民营中小企业融资领域之管见[J].天津财经大学学报,2011(6):71—80.
[105] 川金众,张乐.非正规金融与小额信贷:一个理论综述[J].金融研究,2004(7):123—131.
[106] 董满章.美国防范银行系统性风险的做法及启示[J].经济问题,2005(5):64—66.
[107] 董希淼.对商业银行网点作用的重新审视[J].零售银行,2014(1):37—41.
[108] 丁忠民.村镇银行发展与缓解农村金融困境研究——以城乡统筹试验区重庆市为例[J].农业经济问题,2009(7):49—53.
[109] 杜晓荣,张玲.基于资源和能力的我国商业银行可持续发展影响因素研究[J].生产力研究,2007(19):28—29.
[110] 范香梅,邱兆祥,张晓云.我国商业银行跨区域发展的经济效应研究 [J].财贸经济,2011(1):64—71.
[111] 樊纲,王小鲁,朱恒鹏.中国市场化指数——各地区市场化相对进程2009 年报告[M].北京:经济科学出版社,2010.
[112] 费孝通. 乡土中国[M]. 北京:生活·读书·新知三联书店,1985.
[113] 冯匹斯克.发展中经济的农村金融(中文版)[M].汤世生译. 北京:中国金融出版社,1990.
[114] 符浩勇.美国《社区再投资法》实施效果及对我国的启示[J].海南金融,2004(4):43—45.
[115] 高凌云,刘钟钦.对村镇银行信用风险防范的思考[J].农业经济,2008(5):85—86.
[116] 高沛星,王修华.我国农村金融排斥的区域差异与影响因素——基于省际数据的实证分析[J].农业技术经济,2011(4):93—102.
[117] 高彦彬.农村“草根银行”运作模式的国际比较[J].商业研究,2010(8):157—160.
[118] 格里·斯托克.作为理论的治理:五个论点[J].国际社会科学杂志,1999(1):19—31.
[119] 顾巧明,胡海鸥,王宏.社区银行:金融危机背景下推进新农村建设的催化剂[J].软科学,2009,23(9):59—63.
[120] 郭妍. 我国商业银行效率决定因素的理论探讨与实证检验[J].金融

研究，2005(2)：115—123.

[121] 郭俊.村镇银行市场定位：独特性与阶段性[J].武汉金融，2008(4)：42—43.

[122] 郭明奇.小额信用贷款与农村信用体系建设[J].金融研究，2002(10)：118—125.

[123] 郭树华，王健康，袁天昂.对农村金融的差异需求与分层供给行为选择的模型分析——基于机制设计理论的视角[J].上海金融，2008(5)：22—26.

[124] 郭晓鸣，唐新.村镇银行：探索中的创新与创新中的选择——基于全国首家村镇银行的实证分析[J].天府新论，2009(2)：71—75.

[125] 韩俊，罗丹，程郁.农村金融现状调查[J].农村金融研究，2007(9)：9—20.

[126] 郝云宏，汪茜.混合所有制企业股权制衡机制研究——基于"鄂武商控制权之争"的案例解析[J].中国工业经济，2015(3)：148—159.

[127] 何昌.中国银行业可持续发展的初步评估[J].金融与经济，2005(10)：22—23.

[128] 何广文.从农村居民资金借贷行为看农村金融抑制与金融深化[J].中国农村经济，1999(10)：42—48.

[129] 何广文.农户小额信用贷款的制度绩效、问题及对策[J].中国农村信用合作，2002(11)：11—13.

[130] 何广文.农村金融改革成效及深化改革路径[J].中国农村信用合作，2008(10)：22—24.

[131] 何广文.解决农村弱势群体贷款融资难问题的逻辑思路[J].中国农村金融，2010(1)：17—19.

[132] 何光辉.存款保险制度研究[M].北京：中国金融出版社，2003.

[133] 侯世宇.美国《社区再投资法》理论争议与实践述评[J].河南金融管理干部学院学报，2005(6)：102—107.

[134] 胡宜挺，罗必良.我国农业市场风险演化：判断与评估[J].农村经济，2010(4)：10—13.

[135] 胡宏兵.我国民间资本投资环境及对策探析[J].经济与管理评论，2003(2)：13—15.

[136] 黄明哲，方良平.我国民间投资存在的问题及对策思考[J].当代财经，2002(12)：27—29.

[137] 黄韩星.村镇银行可持续发展问题研究[J].广西金融研究,2008(12):10—14.

[138] 黄鹏.基于供求视角的河南农村金融服务充分性研究[J].金融理论与实践,2009(5):53—56.

[139] 黄庆安.中东欧4个转型经济体国家的农村信用担保计划及其经验借鉴[J].中国农学通讯,2010(5):351—355.

[140] 黄庆安.农村信用担保机构发展研究——基于福建省的调查分析[J].农业经济问题,2011(1):13—17.

[141] 黄英君.政府职责与中国农业保险的发展[J].保险职业学院学报,2010(6):50—58.

[142] 黄宗智.长江三角洲小农家庭与乡村发展[M].北京:中华书局,1992.

[143] 黄祖辉,刘西川,程恩江.贫困地区农户正规信贷市场低参与程度的经验解释[J].经济研究,2009(4):116—128.

[144] 霍学喜,屈小博.西部传统农业区域农户资金借贷需求与供给分析——对陕西渭北地区农户资金借贷的调查与思考[J].中国农村经济,2005(8):58—67.

[145] 纪瑞朴.新型农村金融机构降低准入门槛带来的隐患[J].红旗文稿,2008(2):27—28.

[146] 江成会,吴楚平.信贷供求非均衡状态下农户信贷模式的理性选择——京山县农户信贷模式个案研究[J].金融研究,2006(4):176—184.

[147] 姜明慧,朱闻东.我国村镇银行市场准入制度研究[J].今日南国,2010(3):90—91.

[148] 蒋永穆,纪志耿.农户借贷过程中信任机制的构建——一种基于完全信息动态博弈模型的分析[J].四川大学学报(哲学社会科学版),2006(1):5—9.

[149] 凯恩斯.就业利息和货币通论[M].北京:商务印书馆,1983.

[150] 科斯,阿尔钦,诺斯.财产权利与制度变迁:产权学派与新制度学派译文集[M].刘守英译. 上海:上海三联书店,上海人民出版社,2004.

[151] 孔荣.信任、利率与农村金融市场竞合关系田[J].农业技术经济,2007(5):4—9.

[152] 孔祖根,施茜,潘丽青.关于农村信用体系建设思考——以丽水市为例[J].浙江金融,2009(22):12—13.

[153] 寇军中.村镇银行贷款模式探究[J].消费导刊,2008(10):110—111.
[154] 李成,秦旭.银行股权集中度与经营绩效的相关性分析[J].金融理论与实践,2008(1):29—32.
[155] 李春.农户借贷行为演变趋势比较研究——以1986—2002年浙江10村固定跟踪观察农户为例[J].农业经济问题,2005(5):16—22.
[156] 李聪,吕拴军.我国建立显性存款保险制度的现实性分析[J].现代经济信息,2010(23):319—320.
[157] 李广子.跨区经营与中小银行绩效[J].世界经济,2014(11):119—145.
[158] 李华峰.大银行如何办好村镇银行[J].中国金融,2010(18):31—33.
[159] 李建华,许传华.约束与深化:我国村镇银行研究[J].中州学刊,2008(5):47—50.
[160] 李敏新.风险管理体系的完善与商业银行的可持续发展[J].中国浦东干部学院学报,2009(1):66—70.
[161] 李锐,李宁辉.农户借贷行为及其福利效果分析[J].经济研究,2004(12):96—104.
[162] 李锐,朱喜.农户金融抑制及其福利损失的计量分析[J].经济研究,2007(2):146—155.
[163] 李锐,李超.农户借贷行为和偏好的计量分析[J].中国农村经济,2007(8):4—14.
[164] 李志辉,张晓明.我国农村金融制度的开发性金融支持研究——基于微观农户行为的分析[J].当代经济科学,2007(11):24—28.
[165] 李治文.构建完整金融体系大力推进兰州金融中心建设[J].甘肃金融,2008(3):28—29.
[166] 黎和贵.国外农村金融体系的制度安排及经验借鉴[J].国际金融研究,2009(1):36—41.
[167] 历志刚.四川:村镇银行"鲶鱼效应"[J].财经,2007(10):48—49.
[168] 廖润雪.商业银行可持续发展评价[D].厦门:厦门大学,2009.
[169] 梁山.对农户小额信贷需求、安全性、盈利性和信用状况的实证研究[J].金融研究,2003(6):128—134.
[170] 林毅夫,孙希芳.信息、非正规金融与中小企业融资[J].经济研究,2005(7):35—44.
[171] 林毅夫.我国经济体制改革的方向是什么[J].经济前沿,2005(8):

8—10.
[172] 凌华薇.刘明康.谈农村金融[J].武汉金融,2007(7):10—11.
[173] 刘峰,许永辉,何田.农户联保贷款的制度缺陷与行为扭曲:黑龙江个案[J].金融研究,2006(9):171—179.
[174] 刘民权.中国农村金融市场研究[M].北京:中国人民大学出版社,2006.
[175] 刘玲玲,杨思群.中国农村金融发展研究[M].北京:清华大学出版社,2007.
[176] 刘玲玲.清华经管学院中国农村金融发展研究报告(完结篇)2006—2010[M].北京:清华大学出版社,2010.
[177] 刘敏,冯虎军.我国上市银行高管团队内部薪酬差距、股权集中度与绩效研究[J].武汉金融,2011(9):26—33.
[178] 刘仁伍.金融结构健全性和金融发展可持续性的实证评估方法[J].金融研究,2002(1):101—107.
[179] 刘伟,李绍荣,李笋雨.货币扩张、经济增长与资本市场制度创新[J].经济研究,2002(1):27—32.
[180] 刘星,安灵.大股东控制、政府控制层级与公司价值创造[J].会计研究,2010(1):69—78.
[181] 刘渝阳.农村金融的模式选择与运营绩效[J].西南金融,2007(10):30—32.
[182] 刘毅,王颖.城市商业银行跨区域经营对其绩效的影响[J].金融论坛,2012(9):73—77.
[183] 刘志英.农户小额信贷信用风险控制研究——基于新疆玛纳斯县、吐鲁番市、托克逊县的农户调查[J].南方经济,2008(8):40—48.
[184] 柳宗伟,毛蕴诗.基于GIS与神经网络的商业银行网点选址方法研究[J].商业经济与管理,2004(9):1—5.
[185] 鲁朝云,廖航.农村小型金融机构的经营风险与管理[J].金融与经济,2009(7):79—81.
[186] 卢燕.玻利维亚阳光银行模式对我国小额信贷发展的启示[J].黑龙江对外经贸,2009(2):133—134.
[187] 陆智强,熊德平,李红玉.新型农村金融机构:治理困境与解决对策[J].农业经济问题,2011(8):57—61.
[188] 陆智强.基于机构观与功能观融合视角下的村镇银行制度分析——以

辽宁省 30 家村镇银行的调查为例[J]. 农业经济问题,2015(1):101—106.

[189] 陆智强,熊德平. 金融发展、大股东持股与村镇银行投入资本[J]. 中国农村经济,2015(3):68—83.

[190] 罗恩平. 农村信用社农户信贷行为影响因素及政策选择. 福建农林大学学报(哲学社会科学版),2006(5):19—22.

[191] 罗来武,刘玉平,卢宇荣. 从"机构观"到"功能观":中国农村金融制度创新的路径选择[J]. 中国农村经济,2004(8):20—25.

[192] 陆彩兰. 城市公共品融资 PPP 模式研究[D]. 南京:南京大学,2005.

[193] 马九杰,崔卫杰,朱信凯. 农业自然灾害对粮食综合生产能力的影响分析[J]. 农业经济问题,2005(4):14—17.

[194] 马克思. 资本论[M]. 郭大力,王亚南译. 北京:人民出版社,1975.

[195] 茅剑宇. 浙江村镇银行发展状况考察[J]. 浙江经济,2008(24):44—45.

[196] 莫鸿雁. 对一家村镇银行的监管报告[J]. 中国农村信用合作,2008(3):40—42.

[197] 聂峰,许文新. 从日本农协发展看我国农村金融改革[J]. 农业经济,2008(1):73—74.

[198] 欧阳志荣. 农业自然灾害与农业保险模式的选择[J]. 农业考古,2010(6):210—212.

[199] 潘海英. 农村非正规金融研究:一个综述[J]. 经济问题探索,2009(6):174—180.

[200] 彭克强,陈池波. 农村合作金融存量改革与增量发展:一个增量渐进发展论的分析框架[J]. 经济研究参考,2007(67):25—34.

[201] 钱学礼. 村镇银行:游入农村金融市场的一尾"鲶鱼"[J]. 中国农村科技,2008(11):50—51.

[202] 青木昌彦. 比较经济分析[M]. 周黎安译. 上海:远东出版社,2001.

[203] 邱元直. 中国民间投资问题研究[D]. 北京:中国社会科学院,2003.

[204] 阮红新,杨海军,雷春柱. 信贷资产分散条件下的风险与收益:对农户小额信用贷款的实证研究[J]. 管理世界,2003(9):95—102.

[205] 阮勇. 村镇银行发展的制约因素及改善建议——从村镇银行在农村金融市场中的定位入手[J]. 农村经济,2009(1):55—57.

[206] 萨缪尔森. 经济学[M]. 高鸿业,等译. 北京:中国发展出版社,1992.

[207] 佘桂荣.基于市场约束的国际显性存款保险制度改革趋势及启示[J].金融理论与实践,2009(4):57—61.

[208] 石俊志.小额信贷发展模式的国际比较及其对我国的启示[J].国际金融研究,2007(10):4—9.

[209] 史清华,陈凯.欠发达地区农民借贷行为的实证分析——山西745户农民家庭的借贷行为的调查[J].农业经济问题,2002(10):29—35.

[210] 史清华,万广华,黄君.沿海与内地农户家庭储蓄借贷行为比较研究:以晋浙两省1986—2000年固定跟踪观察的农户为例[J].中国农村观察,2004(2):26—33.

[211] 舒尔茨.改造传统农业[M].梁小民译.北京:商务印书馆,1987.

[212] 斯科特.农民的道义经济学:东南亚的反叛与生存[M].刘东译.南京:译林出版社,2001.

[213] 苏士儒,段成东.从非正规金融发展看我国农村金融体系的重构——以宁夏盐池县、中宁县、同心县为例[J].金融研究,2005(12):131—139.

[214] 孙峰.中西部地区村镇银行成立缓慢[J].中国金融,2009(18):86—86.

[215] 谭灿灿.我国上市商业银行可持续发展研究[D].长沙:湖南大学,2011.

[216] 汤敏.亚行金融专家:农村金融完全可以商业化[J].农村·农业·农民,2006(9):30—31.

[217] 田建湘.浅谈我国农业保险发展现状与对策[J].时代金融,2010(1):25—27.

[218] 田素华,徐明东,徐晔.人口红利、流动性短期过剩与中国现代金融服务供给——对2008—2010年中国金融市场走势的判断[J].金融研究,2008(9):56—76.

[219] 田天.村镇银行:城商行跨区经营的“敲门砖”[J].农村金融研究,2007(3):48—49.

[220] 王芳.我国农村金融需求与农村金融制度:一个理论框架[J].金融研究,2005(4):89—98.

[221] 王国华,李克强.论我国农村金融抑制与金融制度创新[J].中央财经大学学报,2006(5):27—46.

[222] 王建英,王秀芳.新型农村金融机构运行风险及其防范[J].金融经济,

2009(8):159—160.

[223] 王婧,胡国晖.中国普惠金融的发展评价及影响因素分析[J].金融论坛,2013(6):31—36.

[224] 王景富.农村信用社推广农户小额信用贷款的实证研究[J].金融研究,2002(9):118—123.

[225] 王奇波,宋常.国外关于最优股权结构与股权制衡的文献综述[J].会计研究,2006(1):83—88.

[226] 王擎,吴玮,黄娟.城市商业银行跨区域经营:信贷扩张、风险水平及银行绩效[J].金融研究,2012(1):141—153.

[227] 王庆国.大型金融机构提供农村金融服务的机制设计[J].金融纵横,2009(3):52—55.

[228] 王曙光.开放农村金融市场的五大突破[J].中国农村信用合作,2007(4):24—25.

[229] 王曙光.新型农村金融机构运行绩效与机制创新[J].中共中央党校学报,2008(2):60—65.

[230] 王曙光.产权和治理结构约束、隐性担保与村镇银行信贷行为[J].经济体制改革,2009(3):76—79.

[231] 王小华,温涛,王定祥.县域农村金融抑制与农民收入内部不平等[J].经济科学,2014(2):44—54.

[232] 王修华,贺小金,何婧.村镇银行发展的制度约束及优化设计[J].农业经济问题,2010(8):57—62.

[233] 王煜宇.新型农村金融服务主体与发展定位:解析村镇银行[J].改革,2012(4):116—123.

[234] 王元.信息处理、博弈参与和农村金融服务中介[J].金融研究,2006(10):162—169.

[235] 王冀宁,赵顺龙.外部性约束、认知偏差、行为偏差与农户贷款困境——来自716户农户贷款调查问卷数据的实证检验[J].管理世界,2007(9):69—75.

[236] 王荫林,范淑莲,闰福龙,温红丽.小额贷款的激进创新:理论分析与临汾市农村信用社个案[J].金融研究,2002(12):135—141.

[237] 王自力.香槟塔效应与中小企业信贷市场[J].金融研究,2004(1):98—104.

[238] 向东明.村镇银行:湖北金融业发展的一道亮丽风景——专访湖北银

监局局长李怀珍[J]. 银行家,2008(10):47—49.
[239] 卫娴. 对银行业可持续发展评价指标选择的思考——基于实际银行信贷供求增长率对比法的实证分析[J]. 世界经济情况,2008(9):71—75.
[240] 文学. 我国村镇银行主发起人比较分析及政策建议[J]. 南方金融,2013(5):60—63.
[241] 温涛,冉光和,熊德平. 中国金融发展与农民收入增长[J]. 经济研究,2005(9):30—43.
[242] 巫建华,丁文格,徐燕. 江苏省村镇银行视点工作成效与问题的调查分析[J]. 金融纵横,2008(8):45—48.
[243] 吴少新,李建华,许传华. 基于 DEA 超效率模型的村镇银行经营效率研究[J]. 财贸经济,2009(12):45—49.
[244] 吴晓轮,田丰,关冬宇. 对韩国、日本农村金融的思考[J]. 农业发展与金融,2009(1):77—80.
[245] 夏祥谦. 各省区市金融发展水平的比较研究[J]. 金融理论与实践,2014(1):63—68.
[246] 谢平. 中国农村信用合作社体制改革的争论[J]. 金融研究,2001(1):1—13.
[247] 谢平,徐忠. 公共财政、金融支农与农村金融改革[J]. 经济研究,2006(4):106—114.
[248] 谢琼,方爱国,王雅鹏. 农村金融发展促进农村经济增长了吗?[J]. 经济评论,2009(2):61—68.
[249] 谢欣. 玻利维亚阳光银行的草尖金融[J]. 银行家,2008(6):110—113.
[250] 谢永刚,袁丽丽,孙亚男. 自然灾害对农户经济的影响及农户承灾力分析[J]. 自然灾害学报,2007(6):171—179.
[251] 熊德平. 农村金融与农村经济协调发展研究[M]. 北京:社会科学文献出版社,2009.
[252] 熊存开. 市场经济条件下农业风险管理的研究[J]. 农业经济问题,1997(5):43—47.
[253] 徐加胜. 关于商业银行可持续发展问题的思考[J]. 理论前沿,2006(7):38—39.
[254] 熊学萍. 农户联保贷款制度的博弈机制及其完善[J]. 理论月刊,2005(11):186—188.

[255] 熊学萍,阮红新,易法海. 农户金融行为、融资需求及其融资制度需求指向研究——基于湖北省天门市的农户调查[J]. 金融研究,2007(8):167—181.

[256] 许崇正,高希武. 农村金融对增加农民收入支持状况的实证分析[J]. 金融研究,2005(9):173—184.

[257] 许飞琼. 农业灾害经济:周期波动与综合治理[J]. 经济理论与经济管理,2010(8):74—79.

[258] 徐向艺, 张立达. 上市公司股权结构与公司价值关系研究——一个分组检的结果[J]. 中国工业经济,2008(4):102—109.

[259] 徐雪高,沈杰. 我国农业自然灾害风险现状、成因及应对机制[J]. 天府新论,2010(1):62—66.

[260] 徐瑜青,周吉帅,刘冬. 村镇银行问题调查与研究[J]. 农村经济,2009(4):55—59.

[261] 徐忠,沈艳,王小康,沈明高. 市场结构与我国银行业绩效:假说与检验[J]. 经济研究,2009(10):75—86.

[262] 严谷军. 社区银行与小型家庭农场金融支持——基于美国经验的分析[J]. 农村经济,2008(1):123—125.

[263] 杨华,商业银行营业网点竞争力影响因素研究[J]. 金融理论与实践,2010(7):116—120.

[264] 杨晓敏,姜亚萍,姜丁华. 村镇银行在欠发达地区可持续发展分析——以包头市包商惠农村镇银行为例[J]. 经济研究导刊,2008(2):77—78.

[265] 尹晨,许晓茵. 论天气衍生产品与农业风险管理[J]. 财经理论与实践,2007(1):56—59.

[266] 尹晨,严法善,王明栋. 从低水平非均衡走向高水平均衡——论中国农村金融改革与发展[J]. 复旦学报(社会科学版),2012(3):1—9.

[267] 应宜逊. 我省村镇银行发展状况考察[J]. 浙江金融,2009(2):34—46.

[268] 于良春,高波. 中国银行业规模经济效益与相关产业组织政策[J]. 中国工业经济, 2003(3): 40—48.

[269] 于楠,冉晓东,杨雪. 印度尼西亚的农村金融互联实践及启示[J]. 农村金融研究,2010(12):64—67.

[270] 詹姆斯·N. 罗西瑙. 没有政府的治理[M]. 张胜军译. 南昌:江西人民出版社,2001.

[271] 章芳芳.村镇银行的界定与特点分析——从与商业银行、农村信用社、农村合作基金会的比较出发[J].河南金融管理干部学院学报,2008(3):50—52.

[272] 张传良.村镇银行金融风险控制及其防范[J].福建金融管理干部学院学报,2010(2):9—12.

[273] 张贯一,达庆利.信任问题研究综述[J].经济学动态,2005(1):99—101.

[274] 张吉光.村镇银行面临六大难题[J].银行家,2010(10):114—116.

[275] 张杰.经济变迁中的金融中介与国有银行[M].北京:中国人民大学出版社,2003.

[276] 张杰.解读中国农贷制度[J]. 金融研究,2004(2):1—8.

[277] 张靖.村镇银行可持续发展研究——以汇丰村镇银行为例[J].时代金融,2009(7):90—92.

[278] 张静.农村金融市场担保方式创新——基于湖北的实践[J].中国金融,2010(2):77—78.

[279] 张军.储蓄差以及贷款需求的满足——一个经济外向型村庄农户金融活动分析[J].中国农村观察,2000(3):12—21.

[280] 张军.金融改革与农村金融市场发展——温州农村金融改革考察报告[J].中国发展,2005(2):59—69.

[281] 张蕾蕾,刘向前.我国村镇银行发展现状与对策简析[J].农村金融研究,2010(2):76—78.

[282] 张龙耀,褚保金.美国《社区再投资法》与我国农村金融发展[J].金融纵横,2008(8):41—44.

[283] 张瑞怀.对四川省农村土地流转及金融需求情况的调查[J].中国金融,2009(15):77—78.

[284] 张霆.论我国股份制商业银行的可持续发展[J].特区经济,2006(1):174—175.

[285] 张维迎. 产权激励与公司治理[M]. 北京:经济科学出版社,2005.

[286] 张亚维.农户信贷市场的信息不对称与风险规避[J].农村金融研究,2004(5):21—26.

[287] 张正刚,张继民.如何引导民间借贷向村镇银行发展——秦安案例研究[J].西部金融,2007(12):19—20.

[288] 张正平,何广文.国际小额信贷可持续发展的绩效、经验及其启示[J].

金融理论与实践,2012(11):84—92.
[289] 张正乐,王麦秀.小额信贷机构能兼顾服务穷人与财务可持续的双重目标吗?——来自国际小额信贷市场的统计证据及其启示[J].农业经济问题,2012(1):98—109.
[290] 张忠永,朱乾宇.村镇银行的风险控制问题[J].银行家,2008(11):106—109.
[291] 赵丙奇,杨丽娜.村镇银行绩效评价研究——以浙江省长兴联合村镇银行为例[J].农业经济问题,2013(8):56—61.
[292] 赵昌文,蒲自立,杨安华.中国上市公司控制权私有收益的度量及影响因素[J].中国工业经济,2004(6):103—107.
[293] 赵冬青,李子奈,刘玲玲.印度微型金融对我国农村金融发展的启示[J].金融理论与实践,2008(6):98—101.
[294] 赵海燕.美国的复合农村金融体系给我国农村金融改革提供的借鉴[J].黑龙江金融,2007(5):19—21.
[295] 赵建玲,侯庆娟.村镇银行:障碍因素分析与对策启示[J].经济研究导刊,2010(1):80—81.
[296] 赵可利.日本农村金融发展现状及对中国的启示[J].世界农业,2008(7):36—39.
[297] 赵天荣.农村金融监管的理论必然与现实制约——基于我国农村金融新格局的思考[J].农业经济问题,2007(10): 41—44.
[298] 赵岩青,何广文.农户联保贷款有效性问题研究[J].金融研究,2007(7):61—77
[299] 赵忠世.信贷全流程风险管理研究[J].中国农业银行武汉培训学院学报,2010(2):48—52.
[300] 甄严.农村金融机构的管理和服务要有根本转变[J].宏观经济研究,2002(5):27—28.
[301] 郑志刚.对公司治理内涵的重新认识[J].金融研究,2010(8):184—198.
[302] 周振海.基于垄断和价格管制条件下的中国农村小额信贷市场分析[J].金融研究,2007(8):182—190.
[303] 朱海洋,许源,张晓丽.我国东部农户生产性信贷金融抑制的差异性及对策——以沪郊两区一县农户调查为例[J].北京林业大学学报(社会科学版),2005(2):74—77.
[304] 祝健,张传良.我国村镇银行信用风险防范对策分析——马克思金融

风险理论的视角[J].当代经济研究,2010(12):7—11.

[305] 朱建芳.农村金融供求的实证研究——基于浙江省农户调查数据[J].金融理论与实践,2009(9):32—35.

[306] 周雪平.村镇银行或将推进城商行的跨区域发展[J].时代金融,2008(4):77—78

[307] 周怡.浅谈银行零售业务与网上银行[J].上海金融,2000(3):53—53.

索　　引

C

村镇银行 2,60,102,166,198,206

D

地方政府 9,36,96,107,205

F

分层治理 51,58,201,203,205

G

公司治理 18,56,113,192,198

股权结构 7,46,81,131,162,201

J

激励机制 45,66,97,194,205

监督机制 45,66,92,201,205

监管机构 19,41,96,190,203,206

金融发展 1,16,129,137,195,202

金融供给 1,33,102,161,162,177

金融需求 4,35,87,188,1200

K

控股模式 11,90,101,148,155

控制权收益 79,113,121,125

跨区域经营 91,103,146,189

M

民间资本 2,31,72,125,187,206

N

农村金融 1,33,98,166,180,205

T

谈判优势 80,113,120,123,125

W

委托代理 6,24,48,75,200

X

新型农村金融机构 2,33,92,155,200

Y

营业网点 68,92,123,152,178,189

Z

政府治理 2,16,56,96,151,198,206

治理机制 6,38,131,202,205

中央政府 9,40,74,127,200,203

主发起行 4,40,115,152,204

资本投入 2,46,88,129,191,206

后　记

本书内容是在我主持的国家社科基金项目国家社科基金项目“村镇银行、政府治理与民间资本投入”(项目号:12CJY061)基础上深化凝练获得的。本书内容从2012年年底开始进行构思,并先后开展了写作方案设计、资料搜集、实地调研、理论分析与文本撰写等工作。2013年,我应邀到北美地区进行为期6个月的学术交流活动,利用这一访学机会,我对国外微型金融机构做了调查访谈,研究发现国外微型金融机构的治理模式十分值得我国建设村镇银行学习和借鉴。为此,我决定适当调整原有研究框架,增加有关微型金融机构的国际经验部分。此外,我计划在书中对村镇银行股权结构安排、政府治理与民间资本投入关系以及村镇银行发展效果评价进行实证研究。然而,目前还没有成型的数据库可以提供村镇银行数据,因此,有关村镇银行数据全部由课题组问卷发放、网站摘取等手工搜集方式完成,这使得本书的写作难度有所增加,任务量也进一步加大。虽然写作难度与任务量的增加影响了写作进度,但本着本书作为基于中国农村金融体制改革现实背景的村镇银行发展中政府治理与民间资本投入研究,因此研究成果必须紧密结合村镇银行发展的客观现实,确保研究成果的前瞻性和对现实的具体指导意义。

在本书的写作过程中,我根据中国农村金融改革与发展的最新进展,在进一步实际调查和文献梳理基础上,不断优化和完善研究方案,广泛挖掘和吸收、利用现有理论资源,以适用的研究成果为起点,高度概况与提炼了村镇银行发展中所存在的政府设定“服务‘三农’”宗旨与村镇银行自身资本逐利性的矛盾、主发起行制度与吸收民间资本的矛盾,进而以这两类矛盾为切入点，确定了研究村镇银行发展中政府治理与民间资本投入这一主要内容；系统回顾和梳理了商业银行发展理论、政府治理理论和资本投入理论，在此基础上，将政府治理、民间资本投入与村镇银行发展纳入一个统一的理论分析框架。基于以上理论分析，本书综合运用多种统计与计量分析方法对村镇银行股权结构安排、政府治理与民间资本投入关系以及村镇银行发展效果进行了实证检验，以期进一步揭示政府治理、民间资本投入的内在关系及其对村镇银行发展的作用机理。最后，借鉴国际经验和案例分析，形成研究启示，并围绕促进村镇银行健康发展，从营造适于村镇银行发展的外部制度环境、减少约束村镇银行发展的行政干预以及构建适应村镇银行发展的差异化治理体系等方面提出了政策建议，进而形成了本书成果。

在本书的写作过程中，云南财经大学熊德平教授为研究提出了十分宝贵意见，使得整个研究成果框架更为扎实、内容更为饱满。中国农业大学何广文教授、山东财经大学王家传教授对本书提出了中肯的建议。宁波大学及其宁波大学商学院等单位和领导对研究提供了支持。在此，向大家表示衷心的感谢，但写作的缺陷与不足由本人负责。

陆智强

2017 年 8 月 30 日

图书在版编目(CIP)数据

村镇银行发展:政府治理与民间资本投入 / 陆智强著. —杭州: 浙江大学出版社, 2017.12
ISBN 978-7-308-17597-5

Ⅰ.①村… Ⅱ.①陆… Ⅲ.①农村金融—金融机构—经济发展—研究—中国 Ⅳ.①F832.35

中国版本图书馆 CIP 数据核字(2017)第 271114 号

村镇银行发展:政府治理与民间资本投入

陆智强 著

责任编辑 吴伟伟 weiweiwu@zju.edu.cn
责任校对 杨利军 刘 郡
封面设计 春天书装
出版发行 浙江大学出版社
(杭州市天目山路 148 号 邮政编码 310007)
(网址:http://www.zjupress.com)
排　　版 杭州隆盛图文制作有限公司
印　　刷 杭州日报报业集团盛元印务有限公司
开　　本 710mm×1000mm 1/16
印　　张 15.25
字　　数 266 千
版 印 次 2017 年 12 月第 1 版 2017 年 12 月第 1 次印刷
书　　号 ISBN 978-7-308-17597-5
定　　价 48.00 元

浙江大学出版社发行中心联系方式 (0571)88925591;http://zjdxcbs.tmall.com